U0070990

ISBN 978-986-9372-56-5

執著離念靈知心爲實相心而不肯捨棄者，即是畏懼解脫境界者，即是畏懼無我境界者，即是凡夫之人。謂離念靈知心正是意識心故，若離**俱有依**（意根、法塵、五色根），即不能現起故；若離**因緣**（如來藏所執持之覺知心種子），即不能現起故；復於眠熟位、滅盡定位、無想定位（含無想天中）、正死位、悶絕位等五位中，必定斷滅故。夜夜眠熟斷滅已，必須依於**因緣**、**俱有依**緣等法，方能再於次晨重新現起故；夜夜斷滅後，已無離念靈知心存在，成爲無法，無法則不能再自己現起故；由是故言**離念靈知心是緣起法**、**是生滅法**。不能現觀離念靈知心是緣起法者，即是未斷我見之凡夫；不願斷除**離念靈知心常住不壞之見解**者，即是恐懼解脫無我境界者，當知即是凡夫。

——**平實導師**——

一切誤計**意識心為常**者，皆是佛門中之常見外道，皆是凡夫之屬。意識心境界，依層次高低，可略分爲十：一、處於欲界中，常與五欲相觸之離念靈知；二、未到初禪地之未到地定中，暗無覺知而不與欲界五塵相觸之離念靈知，常處於不明白一切境界之暗昧狀態中之離念靈知；三、住於初禪等至定境中，不與香塵、味塵相觸之離念靈知；四、住於二禪等至定境中，不與五塵相觸之離念靈知；五、住於三禪等至定境中，不與五塵相觸之離念靈知；六、住於四禪等至定境中，不與五塵相觸之離念靈知；七、住於空無邊處等至定境中，不與五塵相觸之離念靈知；八、住於識無邊處等至定境中，不與五塵相觸之離念靈知；九、住於無所有處等至定境中，不與五塵相觸之離念靈知；十、住於非想非非想處等至定境中，不與五塵相觸之離念靈知。如是十種境界相中之覺知心，皆是意識心，計此爲常者，皆屬常見外道所知所見，名爲佛門中之常見外道，不因出家、在家而有不同。

——**平實導師**——

如《解深密經》、《楞伽經》等聖教所言，成佛之道以親證阿賴耶識心體（如來藏）爲因，《華嚴經》亦說**證得阿賴耶識者獲得本覺智**，則可證實：證得阿賴耶識者方是大乘宗門之開悟者，方是大乘佛菩提之眞見道者。經中、論中又說：證得阿賴耶識而轉依**識上所顯真實性**、**如如性**，能安忍而不退失者即是**證真如**、即是大乘賢聖，在二乘法解脫道中至少爲初果聖人。由此聖教，當知親證阿賴耶識而確認不疑時即是開悟眞見道也；除此以外，別無大乘宗門之眞見道。若別以他法作爲大乘見道者，或堅執**離念靈知**亦是實相心者（堅持意識覺知心離念時亦可作爲明心見道者），則成爲實相般若之見道內涵有多種，則成爲實相有多種，則違實相絕待之聖教也！故知宗門之悟唯有一種：親證第八識如來藏而轉依如來藏所顯眞如性，除此別無悟處。此理正眞，放諸往世、後世亦皆準，無人能否定之，則堅持離念靈知意識心是眞心者，其言誠屬妄語也。

——**平實導師**——

目次

第九輯：

第十輯：

第十一輯：

第十二輯：

第十八輯：

第十九輯：

第二十輯：

第二十一輯：

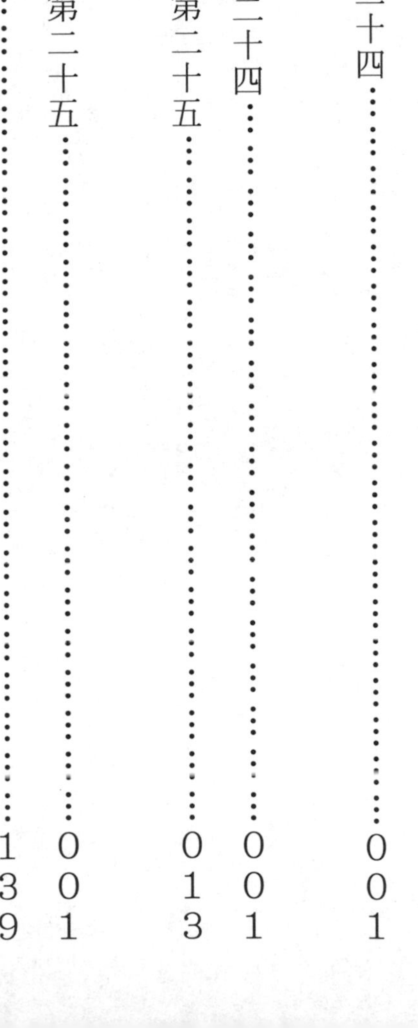

自序

大乘佛法勝妙極勝妙，深奧極深奧，廣大極廣大，富麗極富麗，謂此唯一佛乘妙法，意識思惟研究之所不解，非意識境界故，佛說為不可思議之大乘解脫境界，名為大乘菩提一切種智，函蓋大圓鏡智、成所作智、妙觀察智、平等性智；然而此等極勝妙乃至極富麗之佛果境界，要從因地之大乘眞見道始證，次第進修方得。然大乘見道依序有三個層次：眞見道、相見道、通達位。眞見道者位在第七住；相見道位始從第七住位之住心開始，終於第十迴向位滿心；通達位則是圓滿相見道位智慧與福德後，進修大乘慧解脫果，再依十無盡願的增上意樂而圓滿，名為初地入地心菩薩。衆生對佛、法、僧等三寶修習信心，十信位滿心後進入初住位中，始修菩薩六度萬行，皆屬外門六度之行；逮至開悟明心證眞如時，方入眞見道位中；次第進修相見道位諸法以後，直到通達而得入地時，歷時一大阿僧祇劫，故說大乘見道之難，難可思議。

大乘眞見道之實證，即是證得第八識如來藏，能現觀其眞實而如如之自性，名爲證眞如；此際始生根本無分別智，同時證得本來自性清淨涅槃。乃至證悟般若不退而繼續進修之第七住位始住菩薩，轉入相見道位中，歷經第一大阿僧祇劫中三十分之二十有四的長劫修行，同時觀行三界萬法悉由此如來藏之妙眞如性所生所顯，證實《華嚴經》所說「三界唯心、萬法唯識」正理；如是進修眞如後得無分別智，終能具足現觀非安立諦三品心而至十迴向位滿心，方始具足眞如後得無分別智，相見道位功德至此圓滿，然猶未入地。

此時思求入地而欲進階於大乘見道之通達位中，仍必須進修大乘四聖諦，現觀四諦十六品心及九品心後，要有本已修得之初禪或二禪定力作支持，方得相應於慧解脫果；或於此安立諦具足觀行之後發起初禪爲驗，證實已經成就慧解脫果；此時已能取證有餘、無餘涅槃，方得與初地心相應，而猶未名初地。而後再依十大願起惑潤生，發起繼續受生於人間自度度他之無盡願，不畏後世長劫生死眾苦，於此十大無盡願生起增上意樂而得入地，方得名爲大乘見道之通達位，眞入初地之入地心中，完成大乘見道位所應有之一切修證。此時已通達大乘見道位應證之眞如全部內涵，圓滿大乘見道通達位應有之無生法忍智慧，及慧解脫果與增上意樂，方證通達位之無生法忍果，方得名爲始入初地心之菩薩。

然而觀乎如是大乘見道之初證眞如，發起眞如根本無分別智，得入第七住位，成爲眞見道菩薩摩訶薩；隨後轉入相見道位中繼續現觀眞如，實證非安立諦三品心而歷經十住、十行、十迴向位之長劫修行，具足眞如後得無分別智，生起初地無生法忍之初分，配合解脫果、廣大福德、增上意樂，名爲通達見道位眞如而得入地。如是諸多位階所證眞如，莫非第八識如來藏之眞實與如如二種自性，同屬證眞如者。依如是正理，故說未證眞如者，皆非大乘見道之人；證眞如者謂現觀如來藏運行中所顯示之眞實與如如自性故，實相般若智慧依如來藏之眞如法性建立故，萬法悉依如來藏之妙眞如性而生而顯故，本來自性清淨涅槃亦依如來藏之眞如法性建立故。

如是證眞如事，於眞藏傳佛教覺囊巴被達賴五世藉政治勢力消滅以後，由於時局紛亂不宜弘法故，善知識不得出世弘法，三百年間已經不行於人世。及至時局昇平人民安樂之現代，方又重新出現人間，得以繼續利樂有緣學人。然而，縱使末法時世受學此法而有實證之人，欲求入地實亦匪易，蓋因眞見道之證眞如已經極難親證，後再論及相見道位非安立諦三品心之久劫修行，而能一一教授弟子四眾者，更無其類；何況入地前所作加行之教授，而得具足實證大乘四聖諦等安立諦十六品心、九品心者？眞可謂：「善知識者出興世難，至其所難，得值遇難，得見知難，得親近難，得共住難，得其意難，得隨順難。」如是八難，具載於《華嚴經》中；徵之於末法時世之現代佛教，可謂誠言，眞實不虛。

縱使親値如是善知識已，長時一心受學之後，是否即得圓滿非安立諦三品心及安立諦十六品心、九品心而得入地？觀乎平實二十餘年度人所見，誠屬難事；殆因大乘見道實相智慧極難實證，何況通達？復因大乘慧解脫果並非隱居深山自修而可得者，如是證明初始見道證眞如已屬極難，更何況入地進修之後，所應親證之初地滿心猶如鏡像現觀，解脫於三界六塵之繫縛；二地滿心猶如光影之現觀，能依己意自定時程及範圍而轉變自己之內相分，令習氣種子隨於自己施設之進程而分分斷除；三地滿心前之無生法忍智慧，能轉變他人之內相分；以及滿心位之猶如谷響現觀，能觀見自己之意生身分處他方世界廣度眾生，而使無生法忍及福德更快速增長。至於四地心後之諸種現觀境界，更難令三賢位菩薩了知，何況未證謂證、未悟言悟之假名善知識，連第七住菩薩眞見道所證眞如都只能想像者？

雖然如此，縱使已得入地，而欲了知佛地究竟解脫、究竟智慧境界，亦仍無法望其項背，實因初地菩薩於諸如來不可思議解脫及智慧仍無能力臆測故。縱使已至第三大阿僧祇劫之修行——已得八地初心者，亦無法全部了知諸佛的境界，則無法了知佛法之全貌，如是而欲了知十方三世諸佛世界之關聯者，即無無其分。以是緣故，世尊欲令佛子四眾如實了知三世佛教之亙古久遠、未來無盡，以及十方虛空諸佛世界等佛教之廣袤無垠；亦欲令弟子眾了知世間萬法、出世間法及實相般若、一切種智無生法忍等智慧，悉皆歸於第八識如來藏妙眞如性者，則必於最後演述《妙法蓮華經》而圓滿一代時教；是故 世尊最後演述《法華經》時，一仍舊貫而如《金剛經》稱此第八識心爲「**此經**」，冀諸佛子醒悟此理而捨世間心、聲聞心，願意求證眞如之理，久後終能確實進入絕妙難思之大乘法中。斯則世尊顧念吾人之大慈大悲所行，非諸凡愚之所能知。

然而法末之世，竟有身披大乘法衣之凡夫亦兼愚人，隨諸日本歐美專作學問之學者謬言，提倡六識論之邪見，以雷同常見、斷見外道之邪見主張，公開否定大乘諸經，謂非佛說，公然反佛聖教而宣稱「**大乘非佛說**」。甚且公然否定最原始結集之四大部阿含諸經中之聖教，妄判為六識論之解脫道經典，公然貶抑四阿含諸經中之八識論正教，令同於常見外道之六識論邪見；全違世尊依八識論而解說聲聞解脫道之本意，亦令聲聞解脫道同於斷見、常見外道所說之解脫，則無餘涅槃之境界即成為斷滅空而無人能知、無人能證。如是住如來家，著如來衣，食如來食，藉其弘揚如來法之表相，極力推廣相似像法而取代聲聞解脫道正法，最後終究不免推翻如來正法；如斯之輩至今依然寄身佛門破壞佛法，而佛教界諸方大師仍多心存鄉愿，不願面對如是破壞佛教正法之嚴重事實，仍多託詞高唱和諧，而欲繼續與諸多破壞佛教正法者**和平共存**，以互相標榜而**維護名聞利養**。吾人若繼續坐令如是現象存在，則中國佛教復興，以及中國佛教文化之推廣，勢必阻力重重，難以達成；眼見如是怪象，平實不得不詳解《法華經》之眞實義，冀能藉此而挽狂瀾於萬一。

如今承蒙會中多位同修共同努力整理，已得成書，總有二十五輯，詳述《法華經》中世尊宣示之眞實義，因名《法華經講義》，梓行於世，冀求廣大佛門四眾捐棄邪見，回歸大乘絕妙而廣大無垠之正法妙理，努力求證，共為復興中國佛教文化、抵禦外國宗教文化之侵略而努力，則佛門四眾今世、後世幸甚，中國夢在文化層面即得實現。乃至繼續推廣弘傳數十年後，終能使中國成爲全球最高階層文化人士的歸依聖地、精神祖國；流風所及，百年之後遍於歐美社會各層面中廣爲弘傳，則中國不唯民富國強，更是全球唯一的文化大國。如是復興中國佛教文化之舉，盼能獲得廣大佛弟子四眾之普遍認同，乃至廣有眾人付諸實證終得廣爲弘傳，廣利人天，其樂何如。今以分輯梓行流通在即，因述如斯感慨及眞實義如上，即以爲序。

佛子　**平實**　謹序

公元二〇一五年初春　謹誌於竹桂山居

第十二輯：

《妙法蓮華經》

〈安樂行品〉第十四（上承第十一輯〈安樂行品〉未完內容）

增上慢有兩個層次，第一個層次就是說，在通世間法的禪定上面未證言證，是第一類增上慢；第二類是在佛法中，在三乘菩提中未悟言悟；同樣都是增上慢。還有一種增上慢，就是說，他自己在實證的果位上面誤判，因爲心中自高，所以自己誤判了，變成增上慢。

先來講第一種人，例如世間禪定未證言證，這個在佛門裡面也可以看得見，不只是外道法中的人。我們很早期時，我有講過《童蒙止觀》，就是《小止觀》，是智者大師寫的《小止觀》；當然他的法義是沒什麼，主要是講禪定。那麼我們那時講《小止觀》，包括禪定等等都作了說明，那個有很多年了喔？

應該有超過十五年了？（有人答話，聽不清楚。）以上了喔？（編案：這是二○一一年五月二十四日所說。）那時我們還有同修特地去拷貝，製作成一整套錄音帶，好像有六十五卷。現在已經絕版了，我也不想再出版，因爲未來會在正覺寺裡重新再講，一定會錄得更好。當時我們有人製作出來，也有人把它拿出去流通，後來我要求他們不要再製作。跟著就有外道說：「欸！這正覺同修會，他們可以實證初禪。」然後他們就誇口說：「正覺才只有證得初禪，我們可是先證第四禪的，然後再往下來修三禪、二禪、初禪的，初禪是留在最後才修的。」其實我們的證境不只是初禪，但《小止觀》裡面講的就只有初禪，我們當然就解釋到初禪爲止。

當外道們那樣虛妄吹噓時，會裡也有一些同修相信，我就說：「你爲何這麼愚癡啊？這禪定叫作次第禪觀，它是有順序的。就好像你要蓋四樓，先得要蓋一樓；一樓蓋好了蓋二樓，然後再蓋三樓；縱使一樓、二樓蓋好了，三樓還沒蓋起來，你也蓋不了四樓。」沒有得初禪的人能先證得四禪，眞的好奇怪！後來我有一天讀到一本書，終於知道他們爲什麼敢公開宣稱先得第四禪；就是南懷瑾老師有一本書《如何修證佛法》，他說，而且是在一開始前兩、三頁就講：「當我們打坐，坐到沒有語言妄想、妄念的時候，就是無想定。」諸位！那你們都會無相念佛了，早都得到無想定了，你們將來都可以生到色界天去了！無想定的境界比四禪天的天主更高欸！是比廣果天更高欸！喔！原來他們是這樣認定的！那我就知道，馬上就推論出來：他們所謂的第四禪呢，就是坐到一念不生，認爲就是捨念清淨定。

第四禪叫作捨念清淨定，他們誤會了，就以爲：「我把妄想、妄念捨了，那我這個就是清淨心，這樣的定境就是第四禪的定境。」可是他們都誤會到很嚴重，無想定中是離見聞覺知的，是在定中把意識等六識全都滅掉了，才叫作無想定；《阿含經》說的無想定本名叫作「無知定」。你看！連大名鼎鼎的南老師也都誤會，那外道誤會第四禪也就平常了！四禪是捨清淨、念清淨，而不是把妄想捨掉就說已經變成清淨心了，那是完全不一樣的境界。原來他們是把離念靈知的境界當作是四禪，我說那還只是在欲界定中而已；第四禪定境中是離開五塵境界的，也是息脈俱斷的境界，不是具足六塵的一念不生境界。且不說這四禪境界，單說我們所證的二禪等至，了然分明而清淨地安住於無五塵的境界中，他們就無法想像了。

那後來也有人宣稱證得第二禪，那時因爲我還沒有破參，還不懂這些法；我記得他曾經去光復南路或是復興南路說法，那地方的主人好像是姓紀吧？應該是紀居士，他在那邊開了一家菩提園，賣水晶、佛像、沈香等。那時我還沒有破參，當時也很好奇，也去買了一些那位居士的錄音帶回來聽，記得好像買了不同的兩套，回來聽了覺得也不錯啦！但對我沒有幫助，所以就擺著。後來我自己悟入，又發起禪定了，不單知道他落在意識中，也發覺他所講的二禪也是假的，也是誤會後所說的二禪。

那麼台南也有個法師，也宣稱他有證得初禪。因爲有一次我三點多正在吃午餐——下午三點多，正好他在法界衛星講佛法，我一聽就知道那個也不是初禪，也是騙人的。他就提出什麼「捷徑解脫之道」，我心裡面覺得好笑：「你連我見都沒有斷，還是個凡夫，還懂得捷徑解脫喔？」他意思是說他已經證得三果了，可是我見具足存在，這些人都是增上慢者。外道在禪定上面未證謂證也是增上慢，佛門中也有這種人。

那麼再來說三乘菩提中的增上慢吧！在聲聞菩提上面，以前有人自稱得阿羅漢果，有人自稱三果、二果、初果。也有人爲弟子印證是三果、二果、初果，不過後來他很好，他眞的很不錯！因爲他後來公開懺悔說那些全都是因中說果，都不算數，他就趕快向佛教界承認；這樣可以滅罪，這是個聰明人。可是還有許多自稱證果的人，到現在都還沒有向佛教界懺悔過呢！那就是增上慢者。因爲他們所謂的阿羅漢果，結果都是沒有斷我見；那都是被釋印順所害的人，全都要怪印順法師。所以他們下了地獄以後見了閻羅王，都會跟閻羅王告狀：「**都是印順法師害我。**」因爲印順法師認爲人類只有六個識，既然只有六個識，要入涅槃時得把十八界滅盡，那十八界滅盡時不就變成斷滅空了嗎？所以只好回頭再把意識一分拿回來建立作不生滅法，於是又落回意識境界，卻自認爲是證得第四果，這就是被釋印順陷害的！如果釋印順相信八識論，他就不會斷不了我見。所以被他所害的人們下去以後，應該都會跟閻羅王告狀，說是印順法師害的：「**請你把釋印順提溜過來打入阿鼻地獄，我如今在無間地獄受苦，他應該比無間地獄更下一層，應該下到阿鼻地獄去。**」因爲事實是這樣啦！所以那些都是未證言證的增上慢人。

我記得以前跟你們講，十來年前我在士林美崙街，士林國稅局那一條街上，那時有一家小麵店，因爲我吃飯都很不正常，跟你們不一樣，我一天吃兩餐。往往下午一點多、兩點，我才去吃麵，然後遇到一個居士，可能那個老闆娘多嘴告訴他說：「這書的作者常常來我這邊吃麵。」所以他就去那邊等待，那天終於給他等著了。那時夏天，我吃麵吃不到一半，他進來了；然後就跟我說他是阿羅漢，我說：「先不談阿羅漢，先說初果人。你認為這個離念靈知是常住的，還是生滅的？你認為入無餘涅槃的時候，這個離念靈知該不該斷滅？」他說：「這個離念靈知不能斷滅啊！這個離念靈知，到時候死了就是保持離念靈知，不去投胎就成為涅槃了。」我說：「老兄！你連我見都沒有斷喔！因為這個離念靈知正是意識。且不說實證，單說佛陀聖教就講：『入無餘涅槃時，是五陰、十八界都要滅盡的。』那你說你這個意識要帶去無餘涅槃中存在，就是我見沒有斷啊！我執也就不必談了。」這樣反覆跟他解釋了很久，解釋到麵都涼了，然後他很不耐煩，就站起來說：「啊！我不跟你講了啦！你很會講。」他就轉身離去打開玻璃門，因為那時候是夏天，有開冷氣；他打開了玻璃門走出門外，轉回頭要關門時丟下一句話：「我自己知道我是阿羅漢，你信不信無所謂！」（眾笑…）

那你們說，這是不是增上慢？是啊！我已經解釋到很清楚了！我當時眞的對他有夠客氣、有夠調柔的，因爲想要滅他的罪，很委婉和他說法，沒想到依舊幫不上忙，他臨走時還是講出那一句話。他如果不再講了，倒還好一點，就姑且存疑，自己回去檢討，倒也不錯。偏偏還要爭執說他就是阿羅漢，哎呀！眞的救不了他！無可奈何！然後我就繼續吃我的「涼麵」，因爲冷氣吹了差不多二十分鐘，都已經涼了！這也是佛門中在家居士的增上慢。那麼南部，台南那位法師以前曾自稱是三果人，可是我見具在啊！那也是增上慢。看來在聲聞法中增上慢的人還眞不在少數！

那麼再來看看緣覺法，緣覺法從來沒有人講過，也沒有人宣稱他是辟支佛，所以緣覺法裡面倒是還沒有找到增上慢者，因爲台灣、大陸還沒有人宣稱是辟支佛。也好在他們沒有宣稱，不然看到我《阿含正義》寫十因緣、十二因緣的關聯時，他們又得要懺悔了。那麼接著來談菩薩法。在正覺同修會正式弘法之前的那幾年，就是我開始弘法那五、六年，正覺同修會還沒有成立之前，那時全台灣漫山遍野都是開悟的聖者，不管哪一個山頭，都說他們開悟了。甚至於有一位大法師，我們已經弘法很多年了，他也很努力研究我的書，後來去閉關半年；閉關半年出來以後到師大去演講時，他怎麼說呢？

他公開說：「師父我說法的一念心就是眞如佛性，諸位你們在下面聽法的一念心就是眞如佛性。聖人講話是不打誑語的。」你們猜猜看是誰？所以他就是故意要跟大家說：「我某某法師就是聖人，你們要相信我說的不是誑語。」可是最近這幾年好像沒聽到他的聲音了？這表示他有在進步，表示他知道自己弄錯了，這倒是個好現象。

可是他這個大妄語還不算最嚴重的，其他兩個山頭我們就不談它，你們去讀《公案拈提》就知道了。我現在要說的是一個特大號的大妄語者，那個釋印順已經走人了，今天就不再談他；但是後山那位比丘尼，她是宇宙大覺者。原來十號之上還可以冠上一個宇宙大覺者欸！那她的意思是在告訴我們什麼呢？（有人答話：…）對！她就是在宣示，說她已經成佛了！可是這一尊佛竟然這麼說：「意識卻是不滅的！」這眞是未斷我見的「佛」，是沒有證得聲聞初果的「佛」，這也是大妄語！這可以說是目前全球最大號的大妄語者，她才是最嚴重的增上慢人。

那麼這一類人我們都不應該親近，你如果親近了這種人，就沒有資格如實演講《法華經》，也就是說你沒有資格宣講如來藏妙理！因爲凡是講如來藏的人，都能判別什麼人有沒有斷我見，什麼人有沒有證果，什麼人有沒有開悟明心。講如來藏是因爲你親證了，那你親證了就有能力去判別出來：某一些人有證如來藏，某一些人沒有證得。證如來藏的人，一定也同時斷我見，所以世間沒有不斷我見的開悟聖者。

好，現在又跑出一個附佛法的外道，是一貫道的講師，曾經在大學當教授，如今他在大陸自稱他是三地、四地菩薩，印證他的最重要的徒弟姓吳，說是初地菩薩。可是他們師徒的我見還在喔！世間竟然有不斷我見的四地菩薩，可笑的是，他竟敢自稱是百丈再來。我心裡想：「**百丈大師這麼倒楣，一千多年後，不但沒有進步，反而退回常見外道去了！**」所以顯然他根本就不是百丈大師嘛！百丈大師如果聽見了，可以去找他，不要找我，因爲我只是敘述那個事實。百丈大師當年證量也很高，他不可能歷經一千多年繼續進修以後，反而退回常見外道裡面去。他沒那麼倒楣的！因爲我繼續受生到了這一世，也都沒那麼倒楣，他怎麼可能那麼倒楣！那就是外道的增上慢者。可是說了這麼多的增上慢者，都比不上另一種增上慢的外道，什麼人？欸！你們都知道是密宗嘛！他們連欲界境界都擺脫不了，竟然敢公開說（這時平實導師伸出雙手作出擁抱的模樣說）他們已經成就比 釋迦如來更高的**抱身佛**，原來只是同音不同字（大衆笑…）。他們現在想方設法要去策動一些下級官員——市政府跟教育部的下級官員，想要把我們九樓破斥達賴的LED燈給拆掉，但我不讓他們給拆掉。

他們可以繼續搞，那我們就來對付他們。因爲正法傳到這個時節，這是驅逐附佛法最大號外道的最好時機，我怎麼能輕易讓它流失！我一定要好好把握，這是咱們累積大福德的好機會，不能輕易放過！假使我們這一世能把密宗趕出佛教，讓全球人類都知道密宗不是佛教，我就可以拿這個作爲福德資糧，來世再跳上一地；那諸位可以藉這個福德資糧跳上十個位階、二十個位階，也都有可能跳過去。所以你們不要小看這一件事情，這件事情的福田太大了。這是個好福田、大福田，特別肥沃的福田。

人家種下一粒稻子，長出來不過是一兩百粒的稻穀，可是這一個福田種下一粒稻子，長出來是百千萬億粒的稻穀；人家種一大片福田，你只要在這上面種一粒就夠了。種一大片田，要勞動多少人，還要煮點心供應給工人，可要累翻了呢！但他們那一些收成，你只要種一粒就足以相比了。人家要不斷地一直種，數不清到底種下多少棵秧苗；但你只要種下一粒種子就夠了，因爲這個福田太好了！所以只要這一世努力參與了這件事，把喇嘛教趕出佛教外；每一個人只要參與了這件事，隨分多少都有大福德，只是大與小的差別而已。但是這個福德是很大的，這一世超越十個階位、二十個階位，不是困難。

我們好多老師常常在說，智慧的增進不是最困難的事，最困難的就是福德。因爲你如果沒有福德支撐，智慧就不能到達那個階段。就好像鳥要飛高，不能只靠一隻翅膀就一直飛上去，這不可能嘛！所以特大號增上慢者就是這個密宗，而且它的本質就是外道，從裡到外，它沒有一絲一毫的佛法本質！它套用了很多的佛法名相，假冒佛教，但那些名詞到它手裡全都變了，全部都變調爲外道法。內涵都是外道法，可是你從表面看來它好像是佛法啊！密宗借用佛教裡的**菩提道**這幾個字，也借用佛法中的**眞如**名相，還借用**如來藏**名詞，它全都有。你佛法中有的，它就都有，但都不是佛法中說的內涵。例如你講如來藏，他說他們也有證如來藏，但他們的如來藏是什麼呢？只是觀想中脈，從頂輪到海底輪有一條微細的中空的管子，在這個管子中間觀想出一個光亮的明點，說那個明點就叫作第八識如來藏。所以他們也說有如來藏，宣稱他們也眞的證如來藏了！但他們說的如來藏不是你佛教中所證的如來藏。不管你講什麼佛法，他們全都有，但都不是你佛法中所講原來的意涵。

他們進佔了佛教的廟裡倒也罷了，廟祝也沒有說他們什麼，一切資源都跟他們共享，結果他們卻反過來說：「你不是眞的廟祝，我才是眞的廟祝；你要搬出去，或是全部聽我的，因爲我證量比你高，我比你更有資格。」他們把正主的廟祝趕出門，正是台灣俗諺說的「乞丐趕廟公」。這眞是豈有此理！所以說，我們好不容易逮著了現在可以自由言論的好機會，當然要好好處理密宗啊！只要能夠把密宗定名爲喇嘛教，不許再自稱爲佛教；當佛教界所有人士，大家都認定它不是佛教的時候，我們這一世要修集的福德便已成就了。因爲這個緣故，來世的證量都會是用跳躍的；人家是用爬的，你是用跳的，一跳就是三尺、五尺、一丈，你就這樣跳過去。

密宗的達賴喇嘛等一群人，都是天下最大號的增上慢人，再也沒有人比他們更增上慢了。因爲他們完全不懂佛法，竟然自認爲證量比顯教的佛更高，其實是連聲聞初果都證不到，因爲他們的根本教義是樂空雙運！樂空雙運是什麼境界？幾個識的境界？就是識陰六識具足的境界，顯然我見都還沒有斷除！我見沒有斷的凡夫，竟然可以宣稱證得比應身佛更高的報身佛境界！而且他們的報身佛境界只是欲界人間最低層次的男女交抱行淫境界，顯然他們完全不懂佛法，是一千多年來最大的增上慢人。這種增上慢人已經延續一千多年了，所以從十三世紀以來到現在不曾中斷過。那我們佛教把它養到這麼大，養到一千多歲了，如今確定不是親生的兒子，而且是來敗壞家財的惡人，可以不必再養了，密宗如今應該可以自立更生了。所以我們現在要把密宗的嘴，從佛教的脖子上拉開，不要讓它再從脖子吸我們佛教的血。我們得要讓它離開佛教，只要它不再自稱佛教；當他們四大派開會，公布出來說：「**我們紅、白、黃、花，四大教派都承認我們不是佛教，我們是喇嘛教。**」只要他們如此公開宣示了，我們就不再評論它。

這就是說，密宗喇嘛們才是最大號的增上慢人，並且他們的增上慢已經維持一千多年了。密宗的人，你們遇到的時候，有時會覺得很好笑，因為他們有一個法叫作**佛慢**，有沒有聽過？佛慢。他們自認為已經成佛了，心想：「**要是遇到像你們正覺這些不可理喻的人，我就用佛慢來降服你們。**」對這種邪見信以爲眞的密宗行者，就會對你很大聲，裝得很傲慢，似乎證量很高的樣子，想要讓你嚇住。可是我這個人，有一句閩南話說：「無懶無餒。」意思是說不會有什麼硬脾氣，好像果凍一樣軟趴趴的，從來不會生起什麼佛慢、菩薩慢；雖然我總是軟軟的，可是我的彈力十足（眾笑⋯⋯），他們碰到我，越用力就要彈得越遠，不得不受傷。

這是因爲當你沒有慢的時候，表示你的轉依很成功。爲什麼轉依很成功？因爲你的實證很深、很廣，所以你對如來藏的轉依才能很成功嘛！那你轉依很成功的時候，根本不會想要跟人家比高下，所以我們從來不去跟人家比高下。我如果想要跟人家比高下，可以廣發英雄帖，這一週寄給某大山頭說我要去拜訪他們，他們一定回信說：「我們很忙，沒空接待你。」我下週再換另一個山頭，再寄去拜帖；我就把拜帖一週寄一個道場，一直寄。小道場有一些會接受：「哎呀！這某某人要來。不錯，不錯，看得起我呢。」他們有些會接受。大道場一定對我敬謝不敏。可是我不想跟誰比高下，而且我的時間只有二十四小時，沒有二十六小時可用，時間不夠，所以就算了。

這就是說凡是有增上慢的人，你都不應該親近；因爲你是弘揚如來藏的菩薩，親近他們就會有不好的後果出現。我以前也曾想當老好人，人家問說：「印順法師說的法好不好？」「好啊！」「月溪法師說的法好不好？」「好啊！」不管問什麼人，我永遠都說他們好；不論是問哪個大山頭，我都說好。結果聽我這麼說的人就認爲說：「喔！那他們一樣是開悟的人囉！」就變成這樣了。然後就有後遺症出現了：「你既然說月溪法師好，那就表示你是認同他囉！可是他說的法跟你不一樣啊！那月溪的法既是對的，就是你的法不對。」結果老好人當不成。當老好人反而會受傷，除非我們跟他們一樣是落在離念靈知識陰中，也就是要和他們同流合污，才能當得起老好人，否則當不起。可是我們不能那樣當啊！我們絕不能承認離念靈知是眞實法，所以後來只好分道揚鑣，這就是佛講的：「亦不親近增上慢人」。

還有這一種人不能親近：「貪著小乘三藏學者。」貪著於小乘經律論的那一些學人，你都不應該親近。除了他是聲聞種性而不該親近以外，還有原因；最主要的原因是你親近了他，等於變相承認他，然後大眾就會以他的說法來檢驗你的法，最後就說：「你的法跟他不一樣，所以你的法是錯誤的。」而且也會變相鼓舞別人去親近那一些貪著小乘三藏的人。可是一定會有人這樣想：「世尊！那小乘三藏不也是您帶出來的嗎？為什麼您今天說不許親近？」一定有人會這樣想，我們當然得要解釋一下。小乘三藏是指什麼？小乘法中一樣是有經、律、論，或者就如《阿含經》中說小乘法有經、律、雜，也就是經藏、律藏、雜藏。那小乘也有論藏，阿羅漢們寫的好多論。世親菩薩轉修菩薩道之前寫的《俱舍論》，也是屬於聲聞論。

「貪著小乘三藏學者」會用小乘三藏來抵制大乘三藏。世尊說「貪著小乘三藏學者」，特地用貪著兩個字。為什麼要用貪著兩個字？因為這些人都是凡夫。在聲聞三藏上有所實證的人，其實不會有貪著，他只有認同小乘三藏而無貪著，凡是有貪著的人都是凡夫。你們可以看得見，這一兩百年來，從日本發端，接著就是台灣的釋印順；接著就是松本史朗、宇井伯壽，還有一個什麼啊？袴谷憲昭，這三個人一直在搞什麼「大乘非佛說」。

大約十年前有一本書叫作《修剪菩提樹》，內容收錄了他們寫的論文。菩提樹，他們能修剪、能剪裁喔？那麼厲害喔？他們連菩提樹在哪裡都還看不見呢？還能修剪喔？好了！可能這四、五年來，我們的書有流通到日本去了，因為我知道日本也有不少人在讀我們的書；然後大陸今年有個單位要幫松本史朗印書流通，他拒絕了。人家要印他的書，他應該很歡喜，很高興接受才對，結果竟是拒絕了，他是爲什麼呢？可能因爲他的書如果流通得越多，我們就越會針對他，因爲他的說法完全是在破壞中國佛教的正法。

他們極力主張「大乘非佛說」的貶抑說法，也大力主張說「如來藏是外道神我思想」；也就是說，日本那一些沒有斷我見、在佛法中全無實證的人，他們去研究《阿含經》時，會用《阿含經》來排斥一切大乘經典。所以你如果說《阿含經》不究竟、不了義的時候，他們會很生氣，會反駁你，因爲他們對《阿含經》很貪著；可是對大乘經呢，他們根本不瞧在眼裡。他們認爲大乘經典都不是 佛陀親口講出來的，所以他們才會認爲只有「原始佛法」才是佛法，意味說親耳聽聞世尊所說的《阿含經》，才是眞正的佛法，以後的大乘經典都是後面再發展出來的，不是佛說。他們公然違背事實而亂講，會使中國佛教的大乘法被無根貶抑，正法就會漸漸消滅、無法弘傳了。

我們當然需要針對這一點來對治，所以我不得不撥出時間寫《阿含正義》。好在我此生剛一學佛，就訂購了一套《大正藏》；我是從第一冊開始讀的，第一冊、第二冊都是《阿含經》，我悟前都已經讀過了；等我破參以後又重新請出來讀，覺得哪一些地方以後可能會用得著，我就用鉛筆把它圈起來；之後當我想起某一個法義時，我會記得在《大正藏》的左邊或右邊，是在上欄、中欄或者下欄；雖然不記得是哪一頁，但是我就一頁一頁翻，我就專門注意這個左右邊的上中下某一地方，一頁一頁翻過去，很快就會翻到：「哦！找到了。」所以我寫《阿含正義》寫得蠻快的，因爲我本來就讀過了。好，《阿含正義》寫出來，證明四大部《阿含經》根本就是一次結集就完成的，也證明《阿含經》裡面有很多其實原本是大乘經，被他們聲聞人結集錯了；因爲他們聽不懂其中的大乘法，只聽懂其中跟二乘法有關的部分，他們結集起來就變成二乘經。其實有許多部本來是大乘經，他們是跟菩薩們同時聽聞大乘法的。如今我寫了出來，誰能反駁？反駁看看啊！他們名聲那麼大，終究沒有一個人作得到。

所以那一些人，他們「貪著小乘三藏」，就會不斷地排斥大乘經典；那他們特別排斥的是第三轉法輪的唯識增上慧學經典，第二轉法輪的《般若經》倒不怎麼排斥。那是因爲他們誤會了《般若經》，他們以爲：《般若經》裡面說的那麼多內容，講的不過就是一切法空，那跟《阿含》講的緣起性空一樣，所以釋印順才會說：「般若雖然不是佛說的，也算是經典。」為什麼呢？因為他認為《般若經》是講一切法空，跟《阿含經》講的蘊處界緣起性空是一樣的，都是講一切法空。可是他嚴重誤會了。《般若經》講的是：「此經」眞實不虛，而「此經」所生的諸法緣起性空，「此經」又對諸法沒有任何執著。是講這個道理，但他根本就誤會了。

所以那一些「貪著小乘三藏」的人，其實都是誤會小乘經律雜等三藏的凡夫；他們最會排斥大乘經，也就是排斥「此經」眞如心，所以他們絕對不會承認第八識眞實存在。這一些人最具體的表現就是：尊阿含、貶大乘。你看那一些聲聞凡夫僧，個個都是如此；可是你們有看過哪一位阿羅漢，或者三果、二果、初果人是尊阿含、貶大乘的？你們絕對看不到！自古至今，你找不到這樣的人。只要是眞的斷三縛結，當他讀了大乘經典以後，只敢說：「我讀不懂，但這應該是佛說的。」一定不敢否定的，因為他已有聲聞解脫道的智慧，足夠讓他判斷是否 世尊所說的經典了。只有凡夫位的聲聞人才會尊阿含，卻來貶大乘，實證的聲聞人都不會貶大乘法。

接下來，既然說是經律論三藏，小乘經講過了，接著來說「律」。律藏分為兩個部分，一個部分是大乘律，另一個部分是聲聞律。聲聞律是什麼戒律呢？就是「比丘戒、比丘尼戒」，附帶的「式叉摩那戒、沙彌戒」等等，就是持八戒（八關齋戒）等等，這是附帶的；主要就是比丘律、比丘尼律，這是屬於聲聞戒，本質為別解脫戒，不是成佛之道應受的正解脫戒。那麼關於比丘戒、比丘尼戒的部分，就是在《大正藏》裡面或其他的藏經裡面都有，例如《四分律》、《五分律》、《摩訶僧祇律》等，這都是聲聞律。那菩薩的戒律是什麼？就是菩薩戒，包括《優婆塞戒經》，也包括《菩薩瓔珞本業經》，都屬於菩薩律，這才是成佛之道中所應該永生永世受持不捨的正解脫戒。瞭解了這個定義之後，你們可以去觀察那一些大山頭們，有幾個是尊重菩薩律的？你們很難找得到，他們都是尊重聲聞律呵！

我講一個自己親身的體驗。破參前，那時我在農禪寺走動，他們有個週末晚上的唸佛會，唸佛過程中有一段時間是繞佛。繞佛時法師們當然是走在最前頭，不論男眾、女眾，都是法師們走最前頭；然後是受過菩薩戒的信徒跟在法師們的後面，最後面才是沒有受菩薩戒的信徒——會員。可是後來有一天突然改了，規定受菩薩戒的居士們不許穿海青、搭縵衣一起繞佛，為什麼呢？因爲居士們參加唸佛會的時候，如果穿海青也搭縵衣，那看起來跟出家人就沒兩樣了，他們覺得自己出家人的身分被侵犯了。所以從那一年開始他們就改了，傳菩薩戒的時候就不發給你這一件縵衣，只給你一條長長的繡了圖案與一些字的布條，以後繞佛時就戴著這個布條，就不會侵犯到他們出家僧寶的表相了。

但他們是從哪裡學來的？是從東密學來的，就是從日本密宗學來的。東密的上師們就是這樣啊！脖子掛著一條大概這麼寬的布條，有沒有？那以後唸佛會繞佛的時候，你們受菩薩戒的在家人要戴這個。然後聖嚴法師怎麼說？他的《戒律學綱要》裡面說：「比丘戒、比丘尼戒是正解脫戒，菩薩戒是別解脫戒。」那麼請諸位看看：他到底是聲聞人，還是菩薩呢？(大眾回答：聲聞人。)欸！他都沒有想一想說，當年他受三壇大戒的時候，最重要的戒、正受時間最長、擺在最後的是什麼戒？(有人回答：菩薩戒。)是菩薩戒啊！他都忘了呢！可是你去看其他的大小山頭，不也是這樣？都認爲聲聞戒是正解脫戒，菩薩戒是別解脫戒。

好了，現在有個問題囉！菩薩戒一受永受，你這一世受了，就算下一世沒有受，你的戒體也還在，因爲菩薩戒有犯無捨。有人因爲犯了最重戒，成爲波羅夷罪而失去戒體，但沒有人可以去 佛前說：「佛陀啊！我要捨棄菩薩戒了！」不行，你受了就捨不掉了。這好像很恐怖呵！不！一受永受，這個戒可以陪著你一直到佛地，才是最珍貴的戒，爲什麼呢？因爲菩薩戒裡面有很多的開遮，才能使你一受之後可以受持到成佛。若是在聲聞戒裡面，寧可被人殺了，也不許殺人，雖然那個惡人將會殺害幾萬人，受聲聞戒的人也不許去殺那個惡人；可是菩薩不一樣，菩薩已經確定這個人要去殺害幾萬人，菩薩當場就可以把他砍了。如此殺了人，不但沒有過失，還有大功德。

這跟聲聞戒完全不同，只有這種戒可以陪著你一直到達佛地；聲聞戒卻只能陪你一世，所以聲聞戒是才一捨壽，戒體就不在了，就消失了，那這樣的戒能陪著菩薩修行到佛地嗎？不行欸！只能陪你一世而已，那怎麼能叫作佛法中的正解脫戒？而且你要是依照聲聞律去行菩薩道，很多地方你都會窒礙難行，都會有困難，也都會妨礙你，使你無法具足行菩薩道。所以我常常說：我們會裡的比丘、比丘尼們，不必注重聲聞戒，聲聞戒只是作爲什麼用的？作爲跟常住眾相處的一個守則，作爲出家眾應該有的守則。但是那不是正解脫戒，那只是別解脫戒，最多只能使你成為阿羅漢果，沒有辦法使你成為菩薩。除非你兼受了菩薩戒，以菩薩戒為正解脫戒，把比丘、比丘尼戒當作別解脫戒，你才有辦法在菩薩道中輕鬆地修道。

所以「貪著小乘三藏」的那些學法者，他們會用聲聞律來排斥大乘律。前年我們有一位姓呂的師兄就是這樣啊！用聲聞律來指責我們主持羯磨的親教師，說我們不對。我們處理的是大乘法中的犯戒之事，但他卻用聲聞律來解釋大乘法中的犯戒之事。我們不是有一本小冊子嗎？叫作《破羯磨僧眞義》，就是因為這樣而印出來的。那就是用小乘律來解釋大乘律，本質上是個聲聞人，所以就出問題了啊！因為小乘法中的破羯磨僧，以及大乘法中講的破羯磨僧，定義是不一樣的；結果他把小乘法中的定義，拿來解釋大乘的戒律，那就是一個根本的錯誤，我就說他是「貪著小乘三藏」嘛！

貪著小乘律的時候，就會曲解了大乘律；曲解了大乘律以後，在行菩薩道的時候就會綁手綁腳，很多事情就不能作，很多不該作的事情他就敢去作。例如某一個大師說法錯了誤導眾生，你要去救他，那你就寫書說明：他這裡錯、那裡錯，結果人家竟然用聲聞律指責，說你是在謗僧。可是這個謗僧的聲聞律，在菩薩道中的摧邪顯正、救護眾生的事相上是用不上的，這反而是救護大師以及救護他座下的廣大群眾的大功德，正符合菩薩戒。

以前高雄也有一位蠻有名的法師，我們被逼而不得不廣破月溪法師的邪法，他就故意流通出一卷錄音帶來說：誹謗僧寶會下地獄。我認爲，他其實是想要流通來給我聽的；但我連聽都不聽，根本就沒有拆封，把它擺著，現在不曉得還在不在。因爲誹謗僧寶的是他，不是我啊！他出家了都不曉得什麼叫作僧。僧有大乘僧，也有小乘僧，他是不懂的。僧有凡夫僧，也有勝義僧，他也不懂啊！所以他完全不懂「沙門」的定義，以爲那一卷錄音帶流通到我這裡來，那我就不會再破斥月溪了；我不會破他，但我破斥他的祖師月溪法師；他只是一個凡夫僧，我是勝義僧，我怕他幹嘛？他很努力推廣月溪法師的邪法，當初還燒了我幾箱的《護法集》欸！這個業他將來得要自己承擔。

然後眼看著月溪法師的東西推廣不下去了，他轉而開始搞密宗；沒想到我早就計劃要破密宗了，結果我開始破密時他正好開始搞，他也眞倒楣。那他這件事情顯示出來就是執著聲聞律：「**我是僧寶啊，你蕭平實算啥！**」哪一天有機會遇見了，我會告訴他：「我是大乘勝義僧，你算啥？」（大眾笑…）所以他們眞的需要再教育，他們對佛法的認知太膚淺了。這就要等待我們蔡老師《眞假沙門》的書，已經快要開始連載了；因爲他太忙了，本來應該一年半前就該開始連載了，唉！我這叫作望穿秋水！

那麼接著就有一個問題，以前有一位居士捨壽時，請求一位法師幫他剃度，幫他授戒，請問諸位：他那個僧寶的身分成不成立？不成立。因爲聲聞戒只有一世受，那他是死了再受，根本沒有戒體啊！如果活著的時候受，受後還活兩天，他就有兩天的戒體；第三天死了，也就沒戒體了。那如果死了以後再來幫他授戒、圓頂，有沒有戒體？完全沒有。所以我說，那個傳戒的法師也眞沒智慧（眾笑…），顯然他都還不懂聲聞戒，因爲聲聞戒是盡形壽受，不是盡未來際受啊！如果爲他補受菩薩戒的話還可以，也就是說他捨報了，當他正在中陰境界裡面，可以聽得懂你說的話，而他捨報前也有意願說要受菩薩戒，在捨報前一直怨嘆說：「我這一世怎麼沒有機會受菩薩戒？如果有人能來幫我傳菩薩戒該有多好！」他若是有這個意願，好，這時正在中陰的階段，你去爲他授菩薩戒，這是成立的，因爲他能聽懂你說的戒律，也聽得懂你說的話，進行受戒儀軌時，他可以跟著你進行，所以在中陰階段他受菩薩戒，還是可以成立，因爲這是盡未來際受持的。可是聲聞戒呢，一旦斷了氣，頭髮剃得再光亮也沒有用，儀式辦得多莊嚴也沒有用，因爲那只是一世受的聲聞戒，死後就沒有戒體了！那位傳戒的法師等他死了再幫他傳比丘戒，亡者能有什麼戒體？所以我說那位法師也是不懂聲聞戒。受過三壇大戒的人，比我這個沒有受三壇大戒的人還不懂。

這就顯示他貪著於小乘律，貪著於小乘律的人都是凡夫。大乘賢聖都不會貪著小乘律，自稱聲聞初果的人，聽到大乘律有這麼多開遮，他反而會怕，怕自己無法把握那個開遮，死後會下墮三惡道，他害怕。可是眞悟的菩薩不怕，爲什麼呢？「我就算違犯了，可是我的『根本』是正確的。『方便、成已』即使是錯了，我的『根本』是正確的，那我死後就算下到三惡道去，我也願意，因爲我是利益眾生。所以我殺了那兩個人，都不後悔，我該下地獄就下去，但是因爲殺那兩個人，使很多人得救了。」菩薩是願意這樣承擔的。所以殺人的根本罪是不存在的，因此他雖然設了「方便」去殺死那兩個人，也殺成功了，那個「方便」跟「成已」的罪也就不成立；因爲根本是要救很多人，方便與成已就變成爲了救很多人而殺死那兩個惡人。

方便與成已究竟是罪或功德，全看根本與所作的事實；若是所作的方便、成已都顯示出救了很多人，當然得依根本來確定是功德或是罪惡。菩薩律是這樣，你才有辦法行菩薩道直到成佛；而這個盡未來際受的菩薩戒，會陪著你一直到成佛，戒律的精神是永遠不會改變的，是從因地一直到佛地都不會改變的。可是如果要依聲聞律受持，你沒辦法作這件救人的工作。所以眞正有證果的人，雖然他是聲聞人，一定不敢來否定菩薩戒，也不敢來推翻菩薩戒，更不敢用聲聞戒來規範菩薩戒。只有貪著小乘三藏的學者，沒有眞正悟入大乘法而只是解悟的人，才會尊聲聞律來貶菩薩戒。

接著說論——小乘三藏的論，聲聞人結集的《阿含經》中說是「雜藏」，算是一藏；經藏、律藏、雜藏，叫作小乘三藏，這是結集《阿含經》時說的。可是《阿含經》結集完成以後，小乘阿羅漢也有不少的論留下來；所以他們也還是有論，不單是雜藏。但是他們寫的論，在佛菩提道中不一定適用。有些人，如果不是眞懂，就會用阿羅漢寫的論來評議咱們正覺的法，那他寫文章出來評論時就要倒楣了。因爲定性聲聞阿羅漢寫的論，都叫作言不及義，他們的論所說的都在解脫道上面，談不到第一義諦！既然談不到第一義，就叫作言不及義。

「言不及義」本來是從佛門中被援用到世間法裡來的；以前有人用《俱舍論》來否定我說的法，因此我就寫了《平實書箋》回應。《俱舍論》的所說，不可能違背菩薩藏啊！否則就一定違背聲聞解脫道的正理，所以他其實是曲解了《俱舍論》，不免被我在書中舉出正理來正確回應他，使他無法回應。但《俱舍論》的定位在哪裡？《俱舍論》是不可以超越菩薩藏的，因爲《俱舍論》所說的，只在解脫道範圍內，談不到菩薩藏第一義諦，因爲那只是聲聞法的解脫道內涵。假使《俱舍論》就是大乘法，那麼當年唐三藏玄奘菩薩具足實證《俱舍論》成爲阿羅漢，又悟了如來藏以後，就不必再去西天取經了。但他知道佛法不是只有成就四果解脫與大乘的開悟明心而已；因爲知道這樣的智慧境界依舊還不能使人成佛，一定還有悟後起修的成佛次第，所以發願要去西天取經，回來譯給中國的佛弟子了知。

其他阿羅漢寫的論，有的阿羅漢在這一世已經迴小向大，成爲證悟佛菩提的菩薩了，但是他寫的論，你要看是前期、後期；如果是他證得菩薩道之後才寫的論，那就符合大乘法了！如果是迴心於大乘法之前，是他還在小乘法中所寫的論，那就不一定完全符合大乘法了！而這個只有誰能分辨呢？只有已經開悟並且已有道種智的菩薩才能分辨。已經開悟的菩薩去讀那一些聲聞阿羅漢寫的論之後，不一定都能分辨；若有道種智了，就可以判定出來：這是屬於聲聞藏的法，不屬於菩薩藏。

同樣一位阿羅漢又有另外一部論，結果這裡面談到大乘法，談的也都是正確的，那麼菩薩就可以判定這一位是已經迴心大乘的阿羅漢，已經是實證的菩薩，不再是聲聞阿羅漢了。開悟道種智的菩薩才有能力作這樣判定的，還沒有道種智的開悟者，不一定有能力作判定的。聲聞人或是未悟言悟的凡夫們就全無能力判定了，爲什麼沒有能力判定？因爲讀不懂啊！就是說，他根本就沒有胃腸，所以讀了以後完全沒辦法消化，好像吃了蘋果以後整顆一塊又一塊全都排出去，完全沒有消化。凡夫就像這個樣子，不管大乘人、小乘人，根本分不清楚；讀了就只是讀了，可是都不懂，自以爲眞的懂了，其實都是誤會，根本沒有能力判別。

怕的是不懂還要自以爲懂，然後隨意判教，就判出毛病，還要別人都聽他的。所以印順法師把前後三轉法輪的法教作了判教，他對第二轉法輪的般若系列諸經所說內涵，是怎麼判定的？判爲「性空唯名」。他對第三轉法輪諸經又怎麼判？「虛妄唯識」。他是這樣子亂判一場，我才說那是胡人講的，他對佛法三系的判教結論，眞的叫作胡說八道。請問：「不懂佛法的胡人講八聖道，你聽懂嗎？」對啊！一個不懂佛法的胡人來爲你講八聖道，你怎能聽得懂？當你聽完了，你只有搖搖頭說：「胡說八道。」事實正是這樣啊！《般若經》怎麼會是性空唯名？《般若經》的中心主旨在講「此經」，是講常住不壞的金剛心啊！是「實、無所有」：祂自身的境界沒有三界中的任何一種「有」，卻是實，是眞實常住不壞的金剛法性，所以能生一切萬法；釋印順根本不懂，他對般若諸經其實是讀都讀不懂的。

那麼唯識經典呢？他更是不懂裝懂。第三轉法輪的唯識系列經典，所說的法義有二門：眞實唯識門、虛妄唯識門；這二門合起來就是不生滅法與生滅法和合運作，名爲阿賴耶識。這在《起信論》已由馬鳴菩薩說得夠清楚了，若是眞悟了，自己深入唯識諸經中直接閱讀，也能多少瞭解這二門的意旨。

但釋印順根本不懂，由於誤會般若諸經是在宣示性空唯名，跟著就誤會第三轉法輪的唯識諸經，只知道經中說識陰等六識虛妄所以性空唯名，而不知道虛妄唯識門還有一個意根也是性空唯名，雖然恆審思量而自無始以來就一直存在著，卻也是阿羅漢們可以滅除的，也該歸入性空唯名之內。即使如此，這七識心都從第八識眞如心中出生，這正是眞實唯識門，但印順把這些聖教全都視而不見，也把虛妄唯識門中說的七轉識都要依第八識眞如心才能存在及運作的道理，全都當作不存在；把眞實唯識門的很多聖教都視而不見，所以他判教時就判出問題。可憐的元覽居士當年還用釋印順那個三系判教來質疑我，怎麼可能質疑成功？

所以說，貪於小乘三藏的學者，即使在善知識幫助下明心了，當他不肯被大乘善知識攝受時，他會以聲聞律來規範菩薩律，也一樣會用聲聞藏來破菩薩藏。他會用阿羅漢寫的論來破菩薩寫的論，也會用聲聞藏裡面的《雜藏》來破菩薩結集出來的《本生經》，因此釋印順他們才會說：《本生譚》裡面講的都是神話啦！那個都不能信啦！那明明是經典，都是世尊爲弟子們說明往世的緣起，但他不認爲那是經典，所以印順派他們都認爲那只是《本生譚》，不承認是世尊親口所說的《本生經》。那麼，他們其實是否認世尊十力中的宿住隨念智力，也是主張說：「世尊一生都不曾交代弟子們與祂的往世因緣。」所以毀謗說：「那只是後代弟子對佛陀永恆的懷念而寫出來的一種說法，都不是眞的。」

哪一天有機會討論這個，我倒想問他們，請問：「你們都沒有過去世嗎？」我得要問他們啊！「如果你們都有過去的無量世，你們往世是不是曾有無量的眷屬？那你們有無量的眷屬，未來你們成佛時，以及你們行菩薩道時，這些眷屬會不會常常跟你相遇？」我一定要問他們這些問題。等他們答完了，我要問印順：「那你們將來成佛時，弟子們與你們之間發生了種種奇怪的事情時，你要不要爲弟子們解說往世的因緣？敘述你在因地時跟某某人、跟某某菩薩、跟某某阿羅漢，在過去世有些什麼因緣？這能不能說爲神話？」不能。「未來世你們當佛陀時該不該爲弟子們說明往世的因緣？」該！那你爲什麼可以說釋迦佛講的《本生經》都是神話？我得要問他們啊！所以我眞的想不通，他們那個腦袋瓜到底在想什麼？爲何能夠淺思到這個地步？一般學佛人都知道自己有過去的無量世，自己的親人，自己的朋友，所有的人都有過去的無量世，在 佛陀座下修學時，往世的因緣果報成熟了，發生這些奇怪的事情也都是必然的，那怎麼可以說 佛陀講的過去菩薩因地的事情，只能叫作《本生譚》而不許叫作《本生經》？

因爲釋印順很淺智、很愚癡，所以他們那些人對菩薩寫的論很不能接受，因此就會把菩薩寫的論都加以曲解，最現成的例子就是釋印順。印順不承認他自己是三論宗的人，可是你看他說的東西都是三論宗的主張。他講解及推廣三論倒也罷了，偏偏他講出來的三論諸法卻都不符合三論，所以到最後，我們還是只能接受他說的：「我釋印順不是三論宗的人。」因爲他尊崇《百論、中論、十二門論》。三論宗的祖師也都尊崇這三論，可是問題來了，三論宗的祖師們一直到釋印順爲止，都是誤會三論內涵，因爲他們都用六識論來解釋三論。

所以寫三論的菩薩們如果今天還在人間，一定會登門去質問他們說：「我們寫的三論明明不是這個意思，竟然把我們解釋成這樣子！」好在菩薩們之中有人已不在娑婆世界了，例如龍樹已經去極樂世界了。但也還是有人仍然在娑婆人間，他們就免不了要被破斥。所以三論本身是正確的，可是三論宗的那一些弘揚者，把那三論單獨提出來立宗、立派，然後去弘揚；結果講的都是六識論的邪知邪見，全都違背三論所說以八識論立論的宗旨，所以三論宗的法師們所說全都是錯誤的法義。為什麼會這樣？因為他們的思想就是聲聞論的思想，而且自身都還在聲聞法的凡夫位中，屬於「貪著小乘三藏學者」，所以才會由於誤會而錯解三論。這就是貪著小乘三藏的學者，以聲聞藏來否定大乘三藏的八識論正法，他們這樣弘法的結果，不但沒有弘法的功德，還成就了破法的大惡業，我們今天看清楚他們的本質了，當然得救他們，最主要還是救他們座下的學法者。今天講到這裡。

《妙法蓮華經》上一週我們講到一百二十六頁倒數第三行講完了。上週最後一句是講應該遠離「貪著小乘三藏學者」，那麼這一句要再作一個小小的補充，就是作一個小總結。為什麼要遠離「貪著小乘三藏學者」？這就是我們常常在講的遠離「僧衣崇拜」，你們在會裡常常聽到。僧衣本身沒有過失，現聲聞相的菩薩們也沒有過失，問題出在僧衣崇拜的人本身，大家應該要瞭解這一點。因為菩薩有現聲聞相的二眾，也有現在家相或天人相的二眾；菩薩本來就有這四眾，所以菩薩現聲聞相本身並沒有過失，有過失的是崇拜僧衣的人。

崇拜僧衣的人有兩類，一種是他自己穿著僧衣，另一種是沒有穿僧衣的信徒，但這都跟穿著僧衣的菩薩僧無關；我再說一次：都跟穿著僧衣的菩薩僧無關，要注意這一點。那，問題究竟是出在哪裡呢？問題在於聲聞凡夫僧們認為佛法就只有解脫道，只能證阿羅漢果，阿羅漢就是佛，只有證聲聞果而沒有菩薩果可證。所以他們認為說：「只要穿起僧衣來，就是在一切人之上。」他們不承認大乘佛法，主張大乘非佛說。也許有人覺得奇怪：「眞的有這種事情嗎？他們不都自稱為大乘的僧寶嗎？」可是實際上就有這個事情啊！諸位可以看得見的是什麼呢？就是一個事實：他們認為出家了就是僧寶，在一切人之上，從來不跟你談大乘菩薩的五十二個階位；他們也不承認有如來藏，不承認人們都有八個識；他們認為佛陀也只是阿羅漢，沒有比阿羅漢們證得更高的智慧與功德，所以阿羅漢其實就是佛。

那一些出家人就是這個樣子啊！好在正覺努力弘法以後，現在有很多出家人開始轉變了，知道什麼是眞正的佛法了，因此這種僧衣崇拜的情況正在減少中，可是減少的程度還是不很多。那他們教育下的結果就是：只要穿上了僧衣，就是他們最大。他們可不管自己是不是凡夫，而你們大乘五十二個階位的菩薩實證，他們全部否認，所以也不管你的實證。他們認爲沒有這五十二個階位的實證，那是後人所建立而不是世尊所建立的，所以佛法的實證，總共就只有初果到四果。因此，他們穿起僧衣來就瞧不起一切人，所以每當有人送正覺同修會的書給他們時，他們一看就說：「**我們不讀居士寫的書。**」有沒有聽過？我相信你們諸位出家菩薩們送書時都曾經遭遇過：「**我們不讀在家人寫的書。**」這就是僧衣崇拜，他們只看重那一件僧衣；至於僧衣崇拜的根源在於哪裡？在於不懂三乘菩提，問題就出在這裡。所以當他們有這種小乘三藏的執著時，就會有僧衣崇拜的現象出現，心裡總是想：「**我穿著僧衣，我是僧寶，我最大。**」

那麼我跟諸位講一個眞正的故事。我有一個姪女出家，在北部，哪一個寺院就不談。有一次，那是十幾年前的事，差不多有十五、六年了。有一次她身體不好，說要找誰調理，說那個人醫術有多行（我看不只十五年，可能有十七、八年了），我就說：「**我送妳去吧！**」路上就跟她談一些話，說一點佛法；她就大剌剌坐在後座。我是她的叔叔，她還是個凡夫，而我是證悟者；

在路上當然就會談一些話，她也都用僧寶的身分在跟我談話，你們感覺怎麼樣？（大眾笑…）我從來沒有跟任何人講過這件事，連我同修都不知道，今天是第一次爆料。這顯示她的師父沒教好她，因為她師父自己就是個僧衣崇拜者；我說，這就是僧衣崇拜。

他們對佛法不懂，對於大乘法跟二乘法的相同處，以及二者的相異處都完全不瞭解，認為她穿著僧衣就是很大了，反而不如她的一位師兄比丘尼。她的那位師兄比丘尼，我開始正式弘法以前，我有時會講一些法義給她們聽，是她們都沒聽過的妙法。那時我還在她們那邊當義工，我會接送那位好學的比丘尼，我去金山鄉的寺裡接她，然後送她去基隆上課，她去基隆主持共修的課程；上完課我送她回金山，我再從金山那邊開山路回家。我回到家裡大概都是將近凌晨一點鐘了。但是她很不錯，很清楚知道自己只是個凡夫，反而常常會向我請問一些法義，我當然會教導她。我當司機，她坐在後座，我教導她——一面開車一面教。她很好學又沒有慢心，可惜後來癌症過世了，眞的很可惜，她的心性很不錯！那麼這兩個人對比相差多少？這就是有僧衣崇拜跟沒有僧衣崇拜的差別！

那麼佛陀為什麼在重頌之中要特地講這一句話？正是教我們不要親近這種人——「貪著小乘三藏學者」。只要貪著於小乘三藏，就是一個崇拜聲聞法、崇拜聲聞律、崇拜聲聞經的人。這一種人，當你宣講《法華經》妙義時，他們聽不進去；唯一聽得進去的宣講方式就是依文解義，不作深入的說明。只依文解義簡單地講過去，或者你只作科判；反正作科判，他們也不懂，就會因為崇拜古人而接受。但你若是如實宣講《法華經》，他們聽不進去的；所以這種崇拜僧衣的人，當你講《法華經》時，就應該遠離他們。所以這一句聖教簡單地說，就是你要遠離僧衣崇拜的人，因為那是聲聞人。但是過失其實不在那一件僧衣，不是所有穿著僧衣的人都有僧衣崇拜。過失就在於他們不懂大乘法，不懂三乘菩提。過失都在這裡，而僧衣本身沒有過失，這是諸位要瞭解的一點。

世尊接著說，要遠離的還有這幾種人：「**破戒比丘名字羅漢，及比丘尼好戲笑者**」。這是講出家菩薩或者出家的聲聞人。末法時代的「**破戒比丘**」其實很多，我們就不談它——不談平常的那些戒相，我們單單從法義上來講「**破戒比丘**」。就是說，有許多比丘在律儀戒上的破戒，乃至他們有不少人暗中修持雙身法等等，我們且不管它，單說破法的「破戒比丘」。有好多比丘們造作了破法大惡業，但他們自己並不知道！也有比丘尼破法，她們自己也不知道，還認為她們作的事情正確。例如她們這樣說法：「大乘非佛說。」她們主張：「大乘法是佛陀入滅後，後代的弟子們長期集體創作出來的。」又認為說：「沒有第七識與第八識存在，那只是經中的方便說。」又說：「第七識跟第八識是後來佛法有所演變，然後才產生出來的。」

其實，當她們這樣說的時候，已經是「謗菩薩藏」的重罪成就了。因為菩薩藏的根本就是第八識，就是大乘法，當她們這樣否定大乘法，否定大乘法所依的根本，以及否定二乘法根本的第八識，「謗菩薩藏」的戒罪——這是最重罪，已經成就了，《楞伽經》中世尊說這種人是一闡提人，斷盡一切善根，說這種人只要一講出這種謗法的話，當場就成為斷盡一切善根的一闡提人。當「謗菩薩藏」這個罪成就的時候，他們已經失去比丘、比丘尼戒體，並且還得要承受菩薩戒十重戒中的無根毀謗三寶重罪。那是無間地獄罪，可是他們全都等閒視之，都不當一回事，這些人都叫作「破戒比丘」。

甚至還有一位小有名氣的比丘尼在公堂上（我要說明一下，這個公堂指的是法院），她公開說：「我不承認第八識如來藏。」成爲公署裡面的一個錄音證據，不單是記在她的如來藏裡面，而且也記在現場所有人的如來藏裡面，這叫作「破戒比丘尼」。當她一開口毀謗如來藏—謗菩薩藏—的時候，就連同比丘尼戒體都一併失去了，所以本質就已經成爲一個穿著僧衣的在家人。這種人，依據 佛的開示，不許受人供養，乃至國王的任何土地，她都不應該踩，世尊的意思是，這種人連一步路都不許走。佛陀的開示是這樣的，那我們講《法華經》的人對這種人該不該遠離呢？當然該遠離啊！因爲 佛陀說這種人不應該穿著僧衣受人點滴之食，也不應該踩在國王的大地上一步，連一步都不許踩；那我們講《法華經》的人是弘揚菩薩藏、護持菩薩藏的人，竟然還去跟她親近，就完全違背 佛陀的訓示了。所以對於這一類「破戒比丘」我們應該要遠離。

還有一種要遠離的人叫作「名字羅漢」。也就是說他的果位名稱叫作阿羅漢，可是他的本質並不是阿羅漢。自從我們正覺同修會弘法以來，我們看到很多（這五、六年來少了，以前很多的），有好多人自稱是阿羅漢。南部也有一位小有名聲的法師自稱他證得三果，可是那些人都是「名字羅漢」、名字三果。也有人自稱證得初果、二果等等，也都叫作名字初果、名字二果，徒有其名。因爲他們的我見都還具足存在，而在他們說法時分明顯現出來。那爲什麼我們要遠離這種人，因爲爲人如實演講《法華經》時，表示你是有很深證量的人，至少你得通達了三乘菩提，才能如實演講《法華經》；但你是個講《法華經》的人，卻跟那種「名字羅漢」、名字三果、名字初果的人站在一起，跟他們親近，等於你在表相上是認同他們的修證了！

人們不懂三乘菩提，只會看到表相說，你是認同他們的，表示你認爲他們證得的阿羅漢、阿那含、斯陀含或者須陀洹都是眞的。等於變相承認他們宣稱的證量都是眞的。那你變相承認他們是眞的證果者，本身沒有問題，衍生出來的事相就會是大問題。也就是說，當他們誤導眾生的時候，你要跟他們擔共業，你得挑這個共業，因爲眾生看到說這是證量高的菩薩承認他啊！那麼他爲弟子們印證的所謂初果乃至阿羅漢，也就是眞的了！變成這樣。因爲甲等於乙，乙等於丙，所以甲就會等於丙。眾生的邏輯是這樣的，這個邏輯是正確的。

所以你不應該再親近他們，因爲眾生會看到說：「這個人雖然自稱是阿羅漢，但菩薩從來不親近他，就是不承認他，顯然菩薩認爲他的證果有問題。」那麼他跟人家所作的印證，人家就會懷疑：「這個印證可能不正確。」眾生就會從表面上這樣判斷。所以能夠講《法華經》的人，講出勝妙法的人，顯示你是有證量的，你卻跟那些假阿羅漢、假初果人在一起，常常親近，人家就會說：「那他們所謂的證阿羅漢、證初果應該是眞的。」人家會有這樣的看法。那麼當他們誤導眾生的時候，他們其實是在害眾生同犯大妄語業，這大妄語業是十重戒之一，那你跟他們親近就會產生這樣的結果出現，而這結果跟你親近他們有關聯，就會誤導眾生的認知。所以 佛陀告誡我們說：「名字羅漢不應該親近。」

那麼接著還有一種人也不能親近：「及比丘尼好戲笑者，」也就是說出家以後，成爲比丘尼了，可是她一天到晚都喜歡喧囂、笑鬧，跟世俗人沒有兩樣；這樣會使人對僧寶產生不良的觀感，因此僧寶的格就被降低了。同樣的道理，我們爲了要提高格，就必須要由僧寶——特別是現聲聞相的人——出來破斥密宗。這樣才能夠很明顯地提高僧寶的格，因爲一般學佛人對菩薩僧的定義是不懂的，他們看到的是佛教的出家人，穿著僧衣，知道這是僧寶；如果大家都知道密宗是搞雙身法的，但是佛門僧寶卻跟喇嘛們來往密切，甚至於成為同路人，大家會怎麼聯想？「喔！原來出家人是可以搞雙身法的！所以法師們跟喇嘛常常走在一起。」那僧寶的格就被拉下來了！

我所知道的持戒清淨的某些法師們，他們很氣喇嘛；為什麼呢？因為他們覺得出門去辦事，採購點生活用品等等，都會覺得大家在背後指指點點：「他們有沒有在修雙身法？」他們很氣喇嘛就是氣這一點。明明就沒有，但就是被密宗喇嘛們拖累，導致人家會帶著有色的眼光來看！所以我們破密宗的時候，他們不和密宗喇嘛來往的僧寶們出來說：「你們正覺為什麼不更早幾年就出來破密宗！」結果反而是被人家說我們動作太慢了。等於是說，我們為他們吐一口氣了。

所以如果能夠有一些，例如說（當然不可期待），例如台灣四大山頭的堂頭和尚站出來說：「喇嘛傳的不是佛法，密宗根本不是佛教，雙身法不是佛法。」眞要是能夠如此，佛門僧寶的格才有辦法提高一些。否則人家在背後會指指點點，只要看見出家人去店裡買點什麼生活物品，人家心裡面會想：「他們有沒有在修雙身法？」難免會這樣想啊！那就使僧寶的格被貶低了。

所以最好的方法就是有出家的法師站出來說明，並且最好是聞名的大法師出來講：「密宗不是佛法，喇嘛不是佛門僧人，喇嘛根本就不是僧寶。」但是可期待嗎？不可期待。因爲修雙身法的大師們已經都修了，甚至孩子都生了；那麼沒修過的大法師個個想要當濫好人，咱們有什麼可期待的？所以我對他們完全沒有期待了！七、八年前對他們還有一點期待，現在完全沒有期待了！這意思就是說，既然現聲聞相，就有基本的威儀必須要受持；所以身爲比丘尼，不可以一天到晚跟人家吵吵鬧鬧，或是一天到晚在講笑話，插科打諢，也不可以跟人家攀肩搭背。

妳們女眾要注意喔，妳們對女眾師父們，不可以出門就跟她們拉著手走路，因爲妳這樣是在害她們違背聲聞律；因爲她們同時示現了聲聞相，另外有聲聞律要遵守，不像在家菩薩們。妳們也不可以說：「哎呀！我跟比丘尼師父很好！」見了面就要熊抱：「我是女生啊！有什麼關係？」不行！這會使她們的威儀受損。要怎麼幫她們維持那個威儀，諸位得要知道，要認識這一點；妳不可以辯解說：「我跟師父很好啊！」妳跟比丘尼是很好，但她的威儀妳不可以損害到；所以不能見了師父就摟著師父，攀肩搭背。男眾也是一樣啊，你們不可以遇到哪一位比丘就跟他拉手，或者把手搭在他的肩上，不可以這樣，因爲聲聞相的菩薩也有他們的威儀。但在家菩薩例外，有你的方便善巧，另外還有開遮，但是在聲聞律裡是不許這樣的。

因此對於那些好戲笑的比丘尼，她們一天到晚喜歡看戲，或者每天都要打開電視看連續劇，這一類的比丘尼，妳都不能親近。出家所爲何事，還有時間看連續劇？我在家菩薩，都沒時間看連續劇了，她們出家了還有時間看連續劇呵？我知道有些寺院晚上都是要看連續劇的，在三十年前，我就常常跟孩子們說：「連續劇那個『劇』，我的寫法不一樣，我的寫法是那個鋸子的『鋸』。」因爲你每天固定要被它鋸掉一個鐘頭、兩個鐘頭，那你還有時間學佛啊？上班朝九晚五，至少八點得要出門，這還是主管級的人；如果是一般職員，八點鐘就得要趕到，那你是七點得要出門了。而且下班回家還有家事要作，那你還有時間去看連續劇啊？每天要被它鋸一個鐘頭，在家人往往如此。

那麼出家所爲何事？爲了要求解脫！如今連初果都還沒有證得，哪有時間每天晚上被電視臺鋸去一大段時間呢？所以那都是不對的。依聲聞律來講，也不允許看連續劇，因爲這個等於是看戲，正是歌舞戲笑，這是違背戒律的，也不行啊！所以比丘、比丘尼看連續劇是不行的，是違背戒律的。因此說，你既然爲人如實演講《法華經》，對於這一類的比丘尼，你應該要遠離，免得被人認爲你是認同她們的行爲。

爲什麼 佛陀說這個「好戲笑者」只說比丘尼，沒有說到比丘？又爲什麼「破戒比丘名字羅漢」會連在一起？爲何這二件事只講比丘，不講比丘尼？因爲通常比丘尼們比較保守，比較不會大妄語。通常比較不會，但是也有例外啊！（眾笑……）有例外的是說南部——很南部，台灣有一位以前是很有名，而且也是真正開悟的法師，他已經捨壽了，而他有一位徒弟比丘尼，自稱是報身佛，宣稱她已經成就報身佛果報了。那麼台灣東海岸那邊也有一位比丘尼叫作宇宙大覺者，這種事情在古時候都是不可能出現的，因爲大家都知道女身不可能示現成佛。除非轉生到另一個世界去，才有可能示現，所以不可能現時就以女身來示現成佛的。

結果現在末法時代的佛門中，什麼怪事都有，而且還自稱是報身佛，好厲害喔！這種報身佛都不用開悟證如來藏，也不用眼見佛性出現成所作智，連斷我見都用不著，成爲凡夫位的報身佛，眞的好厲害！看起來 釋迦如來還不如他們，因爲 釋迦如來還得要明心，要眼見佛性，同時也得要有四果的果證等等，全都要有啊！可是她們全都不用，看來她們都比 釋迦如來更厲害！這就是末法時代的現象。那麼在古時——在正法時期、像法時期，「名字羅漢」只會有比丘，不會有比丘尼；但是到末法時代，「名字羅漢」已經函蓋比丘尼了！

到末法時代，「好戲笑者」就不是只有比丘尼了。以前爲什麼會說「好戲笑者」？就是因爲喜歡在人家背後「東家長、西家短」的，常常講人家的笑話，這是女生比較會的，男生比較不會。可是到末法時代，男眾也會了；所以末法時代的男眾也有這種「好戲笑者」。佛法弘傳本身沒有所謂正法、像法、末法，法的本身沒有這些差別，都是因爲人的根性越來越差，導致有這樣的區分。那你既然如實演講《妙法蓮華經》，講得這麼勝妙，對於這些人，你可得要遠離，否則人家會認爲你是承認他們的。

還有就是：「深著五欲求現滅度，諸優婆夷皆勿親近。」人間眞的有這二種優婆夷，你可千萬不要親近她們；第一種是「深著五欲」，第二種是「求現滅度」。爲什麼講優婆夷而不講優婆塞？當然有原因。古天竺的背景，在那個時空，女人是沒有任何權利的，女人是男人的財產，男人隨時可以把妻子賣掉。不是休掉，而是賣掉。休掉只是回娘家，依舊是獨立的個人。古時印度女人是丈夫的財產，隨時可以把她賣掉，所以那時的女人是很辛苦的，也很沒有安全感。

妳們要知道妳們多幸福，世間法可以過得去，還可以在正覺聽聞妙法，丈夫管不了妳，對不對？甚至於丈夫還鼓勵妳。而且丈夫還陪著妳來，也有很多這樣喔！夫妻同修，太幸福了！可是古天竺的女人是沒有什麼人權可說的，那就等於現在阿富汗塔利班統治下的女人一樣。因此在這一種很痛苦的背景下，就只會有兩個現象出現，第一種就是深著五欲，能夠得到多好的享受，就儘量去追求享受，這是第一個現象。所以，雖然信佛了，可是她繼續在五欲上很努力追逐，叫她努力修行是不可能的，只是停留在信仰階段。這一種人，你是不能親近的；你如果親近了，人家會說：「嗄？原來菩薩專門度這種女人！想來他也差不多。」人家會有閒話。

另外一種就是「求現滅度」，因爲她根本沒有任何五欲可說；雖然學佛了，但她窮得要死，很努力又辛苦，依舊三餐不繼；不然就是被虐待，她的日子很難過，一心只求解脫生死，希望現生可以入無餘涅槃。這是她心中的唯一希望，什麼下輩子再來度眾生，連一點點這種念頭都沒有。她不願意再來受苦了，一心只想求滅度。這一種優婆夷呢，你也不可以親近；她們可以來聽你說法，但是你絕對不可以去親近這種人；因為你如果親近這種人，等於在變相鼓勵大家要求取現生、現世的滅度，會產生這一種暗示的作用。

《法華經》講的不是鼓勵大眾求自己解脫生死的道理，《法華經》說的是你要永生、永世、永劫，在無量無數劫、盡未來際要去利樂眾生的；乃至成佛以後，還是繼續再利樂眾生，沒有休止，永無盡期。結果這種「求現滅度」的人，你卻一天到晚樂於跟她們親近，那麼人家會覺得說：「你作出來的行為，跟你所開示的《法華經》內容是互相衝突的。」那到底人家應該信受你哪一種的示現？說法的示現是要盡未來際利樂眾生，可是你身口意行的示現卻是在告訴大家：「『求現滅度』是對的，所以才跟那些『求現滅度』的女人常常走在一起。」這是互相矛盾的，所以這種情況要避免。因此說「深著五欲」的優婆夷，或者「求現滅度」的優婆夷，你身為演說《法華經》的法主，絕對不能親近這種人。

那麼如果有這一些人，世尊說：「若是人等以好心來，到菩薩所為聞佛道；菩薩則以無所畏心，不懷悕望而為說法。」「是人等」是哪一些人？就是國王、王子、大臣、官長、兇險戲者、旃陀羅、外道、梵志、增上慢人、貪著小乘三藏學者、破戒比丘、名字羅漢、好戲笑之比丘尼、深著五欲的優婆夷、求現滅度的優婆夷，函蓋的範圍有這麼廣！這一些人如果他們不是惡意而來，是以好心而來，想要聽聞你演說的《法華經》佛菩提道，那你應該接受，因為他們願意來聽你說佛菩提，表示你還有機會轉變他們。

例如國王，國王是動不動就要殺人的，他是一點點忍辱行都不可能修的，可是願意來聽你演說《法華經》，表示他有可能被你轉變。他如果轉變，就會有很多人得到利益；本來可能因為他一怒之下就要被砍頭的人，結果變成抓去關而免死；本來要被他關很久的人，可能被他關個一、兩年就出來了；有的人要被他關一、兩年的，可能他罵一罵就放過了。這對眾生看來是有利的，是仁心治國，所以你應該要以無所畏之心為他說法，但是不存著希望說：「國王來了，會供養我什麼？會護持我推廣的正法嗎？」不存希望。王子、官長……等人來聽你講經時，也是如此看待。

如果是「破戒比丘名字羅漢」來了，或者「貪著小乘三藏學者」來了，爲了要聽你解說《妙法蓮華經》，爲了聽你演述佛菩提道，那你就爲他們解說，攝受他們。這表示說，如果他是破戒比丘，當他聽你說完法以後，可能就知道自我檢點，或許就懂得要趕快懺摩，把它羯磨清淨，因此他的戒罪或許可以滅掉；將來甚至有可能轉變，成爲你在弘法上面的得力助手，對眾生是有利的。如果是「貪著小乘三藏」的學者，或者是「名字羅漢」，他們都有可能因爲聽聞你如實演述了《法華經》—演述了佛菩提道—以後而有所轉變，那對他們是有利益的，對眾生也是有利益的，所以應該要以無畏之心而爲他們說法。

菩薩演述《法華經》的時候，不可以畏首畏尾；你既然要講《法華經》，你就如實說，不可以考慮：「這個眾生聽了會不會毀謗？」不可以考慮說：「這個眞正的意涵講出來以後，眾生會不會懷疑？」你不必考慮，必須要如實演述。所以，對於那一些聽經者，他們會不會生起想法說：「你這個假菩薩亂講經，我要砍你的頭。」即使他貴爲國王，你也不考慮這個，該說的就說。

如果他敢砍你的頭，就讓他砍，但你應該如實說，不能拿佛法作人情：作給自己人情也不行，作給國王也不行。如果那個法講出來，講到國王，他可能砍你的頭，你也照講，因爲他自己要對號入座，不是你故意講他嘛！法就是這樣！所以心裡面不應該有所畏懼，當你有所畏懼時，國王也就看輕你：「哎呀！原來這是假名菩薩。」就是這樣啊！

所以菩薩沒有畏懼之心，只看重這件事情對眾生有利或無利，假使今天馬英九是國王，他說：「我認定你正覺的法是正法，就把佛教立爲國教，頒令全國施行，貫徹到底，條件是你要叫我老爸。」我說：「可以，我叫你爺爺都行。」（眾笑…）「老爸還不夠大啦！我叫你爺爺好了，連我老爸都來當你兒子也行。」可是你如果要否定正法，我就公開破斥你；你要殺我，那你就殺！我就這樣作！菩薩可以這樣作，不從利害來考量，而是從眾生的利益去考量，不考量自己的利害。所以你得要有膽識，這樣你才可以如實演說《法華》啊！例如古時候宋朝，宋朝時誰最兇狠？秦檜！但是你如果要當菩薩，就不能怕他，你該斥責他就斥責他！那他有種敢砍你的頭，就讓他砍。行菩薩道本來就這樣啊！

因此要以無所畏之心來演說《法華經》，不應該有所恐怖說：「哎呀！今天國王來聽經，那這一段經文講解時，會牽涉到國王的身口意行，那我還是不要講。」那就是有所畏懼了，那就不應該。因爲你若是眞的如此考慮，眾生對法的信心就受損了。所以菩薩應該「以無所畏心，不懷悕望而爲說法」，前提是什麼？是他們「爲聞佛道」。如果他們是爲聞聲聞道，你也該爲他們說，但是要把佛道帶進來，你要有善巧方便；你既然佛法通達了，應該有各種方便善巧。

所以他們若是爲聞聲聞道，也沒關係，你就爲他們講解聲聞道；但是，當你講解聲聞涅槃時：如何是涅槃、五蘊如何虛妄、該如何證涅槃？都講完時，最後將他們一軍：「那你們把十八界、五陰都滅掉，入了無餘涅槃，是不是斷滅空？」他們一定要想到這個問題：「是啊！是不是斷滅空？」你這時就可以把大乘佛法帶進來，你說：「不是斷滅空，因爲還有一個本際，這個本際是常住不變的，是眞實、是清涼、是寂滅；那這個本際就是什麼呢？就是菩薩所證的金剛心如來藏。」你把它帶進來，就告訴他們，如果不是因爲有這個本際常住不變，那你將來入了無餘涅槃時就變爲斷滅空了！那他們就會想：「喔！原來還有這個本際喔！」他們就會問：「那這個本際到底是什麼樣的狀況？」你就告訴他：你如果願意迴小向大，願意盡未來際行菩薩道，我就教你們實證這個本際。還是可以把大乘佛法帶進來，不一定全講聲聞法啊！這就是菩薩的方便善巧。

因此「不懷悕望」是不懷什麼希望？是不懷世間財利的希望。可是卻要從另外一方面懷著希望——希望他們可以迴小向大，成爲菩薩；或者希望這個國王可以成爲眞實義菩薩，擁護正法盡未來際；你可以懷著這個希望，但是對世間法「不懷悕望」。這就是菩薩的安樂行處，如果你要爲人如實演講《法華經》，一定要遵守這個行處。若不能遵守這個「菩薩行處」，演講《法華經》時將會誤導眾生。接下來的重頌是要講到兩個親近處：

經文：【「寡女處女及諸不男，皆勿親近以爲親厚；

亦莫親近屠兒魁膾，畋獵漁捕爲利殺害，

販肉自活衒賣女色，如是之人皆勿親近。

兇險相撲種種嬉戲，諸婬女等盡勿親近；

莫獨屏處爲女說法，若說法時無得戲笑。
入里乞食將一比丘，若無比丘一心念佛；
是則名爲行處近處，以此二處能安樂說。
又復不行上中下法，有爲無爲實不實法，
亦不分別是男是女，不得諸法不知不見，
是則名爲菩薩行處。

語譯：【「失去丈夫的女人、還沒有出嫁的女人、以及各種非男之人，全都不要親近而作爲自己所親暱厚重之人；也不要親近屠夫以及烹煮眾生肉的人，在野外設網抓捕或射獵動物及魚類，爲了自己的利益而殺害眾生，或是販賣眾生肉而求自己活命，或是在屋子裡販賣女人色身，像這一類的人們都不該親近。若是表演兇狠危險相撲之類的種種嬉戲，以及所有賣婬的女人之類，全部都不應該親近；也不要獨自一人在有屏蔽之處爲女人說法，如果必須如此爲女人說法時，不可以稍有戲笑的行爲。

進入市里之中乞食時應該帶著一位比丘同行，如果沒有比丘同行時，應該一心念佛而入里巷之中乞食；

這樣就是我所說的菩薩行處和近處，演講《法華經》的菩薩就以這兩個行處爲依止，能夠身心安樂而爲人們演說。

而且也不應該對眾生施行上中下的分別法，不要分別眾生是要來求有爲法或無爲法、實法或不實法，也不要分別來求法的眾生是男人或是女人，應該住於不得諸法的境界中，轉依眞如對世間諸法不知不見的境界，這就是我所說的菩薩行處。】

講義：現在重頌中先講初親近處。「寡女處女及諸不男，皆勿親近以爲親厚；」初親近處就是第一個親近處，就是與眾生應如何親近、哪一些眾生應該親近、哪一些眾生是不應該親近的、心態是怎麼樣？這個初親近處講的是說：你身爲比丘，公開爲人演講《法華經》；或者你身爲菩薩——出家菩薩，公開爲人如實演講《法華經》時，也許你示現的不是聲聞比丘相，而是菩薩相，但你公開爲人演講《法華經》時，就是眾所周知的人物了！這時不要去跟寡女、處女以及不男之人親近，也不要跟他們培養深厚的情誼。

寡女是失去丈夫的人，人家丈夫不在了，你身爲比丘或出家菩薩，去她家裡拜訪就會惹來閒話，何況是有親近之心。也許你本身沒有問題，但是會惹來閒話，人家會懷疑的。「處女」是說還沒有出嫁，還沒有丈夫的女人，那你去親近時也會讓人家講閒話。「不男」，就是那五種不男之人，你去親近時也會讓人家懷疑，套一句現代的話說：「這位比丘會不會是gay？」對不對？人家會說：「你是同性戀嗎？或者是怎麼樣的情況呢？」會有這一些的懷疑！這就是爲人演講《法華經》的菩薩不應該親近的地方。跟這一類人也不應該培養親厚的情誼，否則將來都會衍生出許多不必要的麻煩，以免影響正法的弘傳。這就是菩薩應該要注意的地方。

「亦莫親近屠兒魁膾，畋獵漁捕爲利殺害，販肉自活衒賣女色，如是之人皆勿親近。」也不可以親近屠兒、魁膾，也就是屠夫一類的人，乃至於屠夫的子女還沒有繼承屠夫的行業，也不應該親近。還有一種人是「魁膾」，就是專門奴役畜生、奴役大眾的人，以及用眾生肉烹飪來廣賣的人。以現代的話來講，假使有人專門賣肉乾、肉鬆，或是專門在製造肉乾、肉鬆、香腸、火腿，專門以眾生肉來販賣求生的人們，都不該親近。意思是說，由於他們去訂貨及販賣，每天就要死去不少眾生；或如開設葷食的餐廳，又如專賣魚翅、豬羊牛肉，烹煮眾生肉的各種餐廳，以此為生的人你也不要去親近。因為這一類人殺業是很重的，對眾生沒有慈心，身後總是跟著一大堆有怨氣的冤魂，那你怎麼可以親近他們呢？

例如說，假使你家裡有個魚池，你養了一些鯉魚；假使有一天有一條鯉魚太活潑，晚上跳出魚池外死了，你會把牠葬了、還是把牠煮來吃？一定葬啦！不說你是學佛人，單說一般人，一般人都捨不得把牠吃了；他若是想要吃鯉魚，一定會另外去買；可是自己家裡魚池養的魚，牠死了，他寧可把牠葬了，捨不得吃牠。為什麼呢？因為有一分情誼在。但有人卻是以直接或間接殺害的事情作為謀生或求利的事業，這一類人你是不應該親近的；即使是沒有學佛的普通人，當自己魚池中的魚老了、死了，都捨不得把牠煮來吃，何況那一些人是一天到晚進進出出殺害好多畜生的人？結果你是演講《法華經》的大菩薩，常常去跟這一類人親近，觀感就很不好，所以要避免。

那麼「畋獵漁捕為利殺害」，那是旁生眾生見了都害怕的人。外面野狗看見了人，搖搖尾巴討食物吃；如果看見了小孩子，牠們往往會欺負小孩子；

可是如果牠們看見一個人拿著棍子或是有一張網子，牠們都會逃之夭夭，害怕被抓。「畋獵漁捕」都是為了得到世間的財利，而去殺害眾生，這種人，眾生見了都害怕；結果你身為如實演講《法華經》的座主，竟然去跟這種人親近，就會使人對你的身口意行產生矛盾的感覺，那你如實演說的《法華經》就沒有人信受了，你也沒辦法度人了。

還有就是「販肉自活衒賣女色」，他家開的是什麼？肉品的總經銷或分銷商；每一天生肉進進出出都是幾百公斤，乃至於算噸的，他們是「販肉自活」。或者說規模小一點的，例如在市場裡面賣雞肉、鴨肉、羊肉、牛肉，那你一天到晚跟這類人親近，人家會說：「你不是菩薩嗎？為什麼交出這種好朋友來？」如果只是一般的朋友，見了面點個頭：「你好！」這樣就沒事，偏是常常跟他親近啊！那人家就會產生矛盾的感覺說：「你說法是這樣，是那麼慈悲，可是你卻跟這種一天到晚在殺害眾生的人親近往來。」那麼眾生連帶著就會不信《法華經》。所以這些人都是講《法華經》的人不應該親近的。

那麼「衒賣女色」，也就是說，他是開妓女戶的人，或者說他是作特種行業者。例如開酒廊的人，有很多人是同時販賣女色的。像這一種老闆，你常常去跟他親近，三天兩頭就去找他泡茶，人家會怎麼想？人家不會認爲你去跟他泡茶談事，會認爲你去那邊喝酒，去那邊買女色啊！那你如何繼續爲人如實演講《法華經》？《法華經》是經王，結果能夠講解經王的人，卻一天到晚去跟這個「衒賣女色」的老闆在一起，即使後來人家知道不是去買女色，也無法認同，因爲那種人不正經啊！所以說「如是之人皆勿親近」。

「兇險相撲種種嬉戲，諸婬女等盡勿親近；莫獨屏處爲女說法，若說法時無得戲笑。」接著說「兇險相撲種種嬉戲」，以及「諸婬女等」，道理也是一樣的，所以「盡勿親近」。如果這一些人來親近你，雖然是他們主動來親近你而想要學法，你還是應該爲他們說法，不應該拒絕，因爲菩薩不捨一切眾生。假使有捨棄，將來還是要攝受他的；所謂的將來，是或許五年後，或者十年後，或者這一世不可能，就等未來世，還是要攝受的。所以不能拒絕他們求法，因爲爲人說法是菩薩的職責，你既然爲眾生宣演《法華經》，你就不能拒絕他們想要從你這裡來聞法。

但是你爲他們說法的時候，「莫獨屏處爲女說法，若說法時無得戲笑。」

不可以在屏處，就是不許在無人的掩蔽之處，單獨爲某一個女眾說法；因爲你既然身爲比丘，這個避嫌是一定要作到的。既然作爲說法的比丘或出家的菩薩，你獨於屏處——沒有人看見的地方，單獨爲某一個女人說法，這是違犯聲聞律；既然身爲聲聞相的菩薩，你爲人說法時就要避免這種狀況。而且說法的時候，不要講一些笑話，就只是在法上去解說，否則人家會說：**「你是不是在調戲我？」**人家往往會這樣想啊！所以「**無得戲笑**」。

「**入里乞食將一比丘，若無比丘一心念佛；是則名爲行處近處，以此二處能安樂說。**」如果要進入里巷之中去乞食，不要單獨一個人去，要「**將一比丘**」，最好是兩個人同行，要兩位比丘一起進入里巷中乞食。如果是一個人獨自去，可能會遭致麻煩。因爲《法華經》已經是最後講的經典，前面已經講過《楞嚴經》。《楞嚴經》中說明，有一天阿難尊者遠行辦事回來齋遲——趕不上應齋，獨自一個人進入里中托缽乞食，被摩登伽女硬把他拉進房中，幾乎要毀壞戒體了，因爲都已經「**婬躬撫摩**」了！那時幾乎毀了戒體，若不是世尊以天眼看見了，他也就毀破戒體而不免下墮了。

如果當時是兩位比丘同行，這事情大概就不會發生了。不管摩登伽女媽媽的〈先梵天咒〉有多麼厲害，也不敢作啊！因爲現場有兩位比丘，她怎麼敢作？所以如果入里乞食時，能夠跟另外一位比丘同行，就比較安全。萬一沒有別的比丘可以同行，只有自己單獨一個人去乞食時，就只好「一心念佛」了。一心念佛的時候，什麼都不管，問題就少了，因爲就不會被邪咒相應了，壞事就比較不會發生，也比較不會讓人家誤會。如果年輕比丘去乞食時，不是一心念佛，看著人家女主人的臉，心中想：「哎呀！她長得好漂亮！」那人家就會誤會了！所以要「一心念佛」，其他的就不要理會。這樣避免了閒言閒語，也避免了可能會發生的後遺症，這就叫作「行處近處」。這就是前一段經文中說的菩薩行處，那麼這一段講到這裡，就是菩薩的「初親近處」。如果能夠遵守「菩薩行處」，以及這個「初親近處」，就能安安樂樂地爲人家宣演《妙法蓮華經》。

可是這個「初親近」，有一個吩咐說：「又復不行上中下法，有爲無爲實不實法，亦不分別是男是女，不得諸法不知不見，是則名爲菩薩行處。」也就是除了「初親近處」這一些以外，你還有一部分的「菩薩行處」得要注意。這是說，對眾生說法時，不可以對眾生作身分上的區別。例如說：「啊！這是有錢人，我爲他多說一點法。」「唉！這個人是很沒有錢的，根本不可能供養我，所以簡簡單單，兩三句話就把他打發了。」不太願意爲他說法。這就是「行上中下法」，這是不應該的。

例如在寺院裡面，不可以茶分三等、座分三等，應該一體看待，不能施行「上中下法」。那麼也不應該從「有爲無爲實不實法」去作區分，換句話說，什麼人的根性，他適合聽什麼法，你就應該爲他演說什麼法。不可以說：「哎呀！我的層次這麼高，你都來問我一些有爲法，不跟你講。」不應該這樣。雖然他問的都是一些有爲法，例如說：「師父啊！這個禪定要怎麼修？」你不可以破口就罵：「這是有爲法，你不要問我。」你還是應該跟他講解：「喔！你要修禪定啊？應該怎麼樣修一心不亂的功夫，然後你還要怎麼樣修除五蓋。」得要爲他講解。

甚至還有人層次更淺，他問：「師父啊！我想要生天去享福，我不想繼續生在人間，人間太苦了，您教教我啊！我下輩子怎麼樣生天享福？」你不可以罵說：「欸！這個是有爲法，你不應該問我；你應該學無爲法，我只教無爲法。」不行！因爲你是菩薩，你不是聲聞人。講《法華經》的人，不會有聲聞人，聲聞人沒有資格講解《法華經》。老實說，他根本不想講、不願意講；他講不下去的，因爲跟他的心態、行爲都相反；經中說的，他根本就不接受，所以他不可能講《法華》。所以你既然是講《法華經》的人，不能說：「我專門教無爲法。」人家要求下輩子怎麼樣可以生天享福，也許他是聽到說：「生到天上去有五百天女奉侍我哩！」那你不可以罵他，你身爲菩薩，就得要教他：「首先你要受持五戒，然後要加修十善；記得喔，這樣努力修一輩子以後，你捨報的時候還要憶念著說：『我這一輩子持五戒，修十善，我一定可以生天，那時你要這樣憶念著。』」你就教導他。雖然這是有爲法，你也得教他。

有的人想要的有爲法很簡單：「我只要保住人身，不墮惡道。」你就教他怎麼樣修持五戒，把五戒的內容告訴他，有機會時就傳給他五戒。雖然它是有爲法，你也得要教他。這些教完，他能夠接受，願意付諸於實行了，你再慢慢找機會引導他走向無爲法。所以這個有爲與無爲的分別是不應該存在的，你懂有爲，也懂無爲，但是眾生求有爲法、求無爲法，你都不應該私心加以分別，應該適應他們的根性與需要，施設方便教導他們，要這樣演說《法華經》。

假使你演說《法華經》時，都不談有爲法，只談無爲法，請問你《法華經》要怎麼講？要怎麼演說？例如 佛陀授記：「某某人多少劫以後成佛、佛號是什麼。」請問這是不是世間的有爲法？還是有爲法欸！因爲是在世間的五蘊來成就佛身，然後在世間弘法多久，這些都是在事相上的事，都是有爲法。雖然教授給眾生的法中，是有有爲法，也有無爲法，可是授記的這一些內涵就是三界中的有爲法，還是三界中法啊！那麼你將來成佛時收了多少弟子：聲聞弟子多少、菩薩弟子多少等等，也都是有爲之法；因爲都不離人間的五蘊，不離三界的五蘊。這一些你都知道是有爲法，但是你也得講，因爲佛法本來就在人間，你就是應該在人間弘揚。既然在人間弘揚，人的根性千差萬別，你就要適應他們的需要，不要去管有爲或無爲；只要對眾生有利，你就教導他們。

也不要去區別這是實法，這是不實法，就說：「我專教實法，二乘虛相法，你不要問我，因爲二乘法不實法，二乘法都是一切法緣起緣滅，最後要滅盡一切，入無餘涅槃，這個不是實法，我不教。」你不可以這樣哦！你身爲菩薩，三乘菩提都有親證，就應該教人。假使他的根性是聲聞種性，而且是定性聲聞不可改變，任誰來都改變不了他，那他要求這個無爲法，你就教他。所以當他所求的是滅掉一切不實法，想要入涅槃，那你就教。但有的人來求眞實法，你不可以說：「你這個人一向都學聲聞法，我才不想教你這個。」不可以這樣拒絕啊！只要他有那一念愛樂大乘法，你就應該教他；要設法轉變他，使他從定性聲聞轉變爲菩薩。

你身爲菩薩就應該這樣，要不捨一切眾生，這就是你應該要作的事。所以你身爲講解《妙法蓮華經》的比丘，人家來求這個實法，竟然說：「你這個人屬於聲聞種姓，我不教你。」他才剛剛萌芽的那一點點菩薩性，就被你把它剪掉了，他就不可能再發起菩薩性了。所以有時有的人會怪我說：「老師啊！那個人聲聞性那麼強，您爲什麼還攝受他？還教他那麼多！」我說：「我若不教他學那麼多，他的聲聞性會更重！我如果教他更多的菩薩法，他的聲聞性就會沖淡一些，未來一世一世這樣往前進，他就可以成爲眞正的菩薩啊！」

菩薩性不是本有的，菩薩性是一世一世熏習、長養，最後才能具足的。

我們以前不是講過《優婆塞戒經》嗎？那部經中有說「性非本有」，還記得吧？對啊！菩薩性不是人人本有的。他從聲聞種姓中迴心過來，菩薩性剛剛萌芽，你要給他養分，要鼓勵他；也要同時包容他還有許多的聲聞性，你要包容他；因為他迴心菩薩乘不久，可能迴心才不過一劫、二劫，你也得要包容他。你包容他，可以讓他不再退回聲聞乘去，然後在學法過程中讓他菩薩性不斷地增長；所以當他有時候又顯現出他的聲聞性的時候，你不要斥責得太嚴厲，可以跟他講：「你這樣作就是聲聞性的表現，你的聲聞性還沒有除盡哦！」你要這樣跟他講，但是不要嚴厲地斥責。

你要有包容性，他既然願意迴心大乘，你就應該鼓勵他。所以看到某一些人還有聲聞性時，沒關係，我們暫時不重用他，但是也不必排斥他。我們還是包容他繼續留下來，去熏習、長養他的菩薩性。所以當他願意來學眞實法，不願意再繼續留在不實法的聲聞道裡面，就應該要度他。或者有人從人天乘願意迴向菩薩乘修學眞實法，也應該鼓勵他；但他畢竟從人天善法等不實法中，才剛剛轉過來，想要修學菩薩法，我們不可能期待他馬上就成為眞實義菩薩。所以他的凡夫性還很強烈，你也得包容他，就讓他安住下來。因此心中不要去區分「有爲無爲實不實法」，要一體攝受。

我們打個世間法的比喻，例如你去買一部車子，不可要求說：「我只要引擎就好了，不要螺絲。」好了，那車子裡面螺絲拆掉以後，你還能有引擎嗎？你什麼都需要，因爲你要的是一輛完整的汽車，所以你什麼零件都得要。同樣的，你將來成佛時，什麼樣的弟子你都要；從身邊等覺菩薩，乃至即將紹繼佛位的妙覺菩薩，或者下到初次接觸佛法，只能爲你出坡的初信位凡夫菩薩，你都需要有，你應該這樣成佛。你成佛時有哪一種人不需要呢？難道你將來成佛時，所有的工作都要由大菩薩們去作嗎？都沒有信徒來爲你剪剪草、除除不平的土地嗎？不可能啊！所以什麼樣的人你都得要度。

接著說「亦不分別是男是女」，不要去分別說：「女生作不了什麼事情，不要度女生。我只要度男眾就好，可以出去衝鋒陷陣推廣正法，女生幹不了什麼事。」對啊！有很多大法師是這樣想的。可是有一些大法師，他們道場裡面有一個情況是不一樣的——掌權的都是女眾，爲什麼呢？因爲她們與大法師早就是一家人了。所以他們寺院中的比丘即使當了住持，也沒有實權，連個侍者都沒有。這是事實。但是在菩薩僧團中可不是這樣，菩薩僧團中沒有男尊女卑這回事，也沒有女尊男卑這回事，全都沒有，一體平等；你適任什麼樣的職務，適合怎麼樣去弘法，你就那樣被委任去作。所以在我們同修會裡面就是這個樣子，完全平等。

在正覺同修會裡面，你看不到什麼時候是男尊女卑的，從來沒有；同修會只講理、只講法，不談性別的尊卑。所以什麼人可以去外面衝鋒陷陣？不一定是男眾。反而你看我們去大陸，早期去大陸推廣正法，那可是很危險的地方！他們的宗教法規與環境，我們全都不熟悉；而且他們的宗教環境是很封閉的狀態，到目前爲止，台灣的佛法還是被叫作境外佛法，那兩岸要怎麼統一？當然沒辦法統一，因爲台灣依舊是境外佛法！那要憑什麼統一？得要等你承認台灣佛教講的也是境內佛法時，兩岸佛教界才能統一。政治有沒有統一，那我不管，我只管中國佛教有沒有統一。

像那種狀況下，我們去大陸推廣佛教正法，都是被盯著的。他們各地都有聯防組織，那是很厲害的；任何一個陌生人進來，在這裡過夜，上面馬上知道，是因爲他們有街道聯防。所以我們老師過去那邊都會被盯著的。可是我們正覺是誰帶領著人去大陸推廣佛法？是誰？是男眾帶領去衝鋒、還是女眾帶領去衝鋒？我們現在正是女眾老師帶領著！只要不怕死就可以！有智有謀，而且不怕死，就可以去衝鋒陷陣。也許妳證得正法以後，雖然長得很嬌小、瘦瘦弱弱的，可是心夠雄猛，那就行了！

就是說，我們同修會裡面，沒有一定要男眾去衝鋒陷陣，都看因緣。但是將來如果有一個新的因緣出現，某一位男眾適合去衝鋒陷陣，那就由他去，也不一定要派女眾。因爲這不是要去討好人家，我們女眾的老師去弘法時，其實也是以丈夫相過去的，所以不管是男眾、女眾，全都是丈夫相，因此不應該分別是男、是女！在古印度，男女的地位差距是非常之大的，那叫作天差地別，因爲女人只是男人的財產。就好像《舊約》、《新約》聖經講的，夏娃只不過是亞當的一根肋骨，那你說，在一神教中，男尊女卑是不是很強烈的實行著？他們就是這樣！可是在大乘佛法中不管這回事的，雖然在聲聞法中還有這種現象，所以聲聞法中規定比丘尼見了比丘，先禮拜再說；見了面要先頂禮比丘再講事情，都要執行八敬法。那我們正覺同修會中沒有八敬法這回事，所以妳們比丘尼見了比丘都不用頂禮，因爲妳們是菩薩，不是聲聞人！

可是有個聲聞比丘尼否定大乘法，不承認大乘法，她否定如來藏，然後主張要廢除八敬法。這有沒有道理？沒道理！因爲她是聲聞種姓，說的是聲聞法，修的是聲聞道，行的是聲聞事，也示現聲聞相；而聲聞人的法本來就要依八敬法來實施，所以依聲聞戒來說，她不曉得已經犯戒多少條了。她見了比丘從來不頂禮，那你說她違犯八敬法，已經違犯多久了？所以她心裡面是有男尊女卑的思想，才會出來主張說：「**比丘尼跟比丘的身分是平等的。**」當她這麼主張的時候，不就顯示她心中有男尊女卑的觀念認知嗎？對啊！所以她才要廢除八敬法嘛！

那她如果眞的想要拒絕八敬法，只需要離開聲聞法就得了；當她們身爲菩薩，說菩薩法，修菩薩道時，身爲菩薩就不受八敬法的拘束了。她偏不，偏還用聲聞法來當作佛法，依舊說聲聞法，修聲聞道，所以她廢八敬法是沒有理由的，這就是「**分別是男是女**」的人。在咱們正覺中，什麼時候尊崇比丘、貶抑過比丘尼？從來沒有過啊！因爲在菩薩法中是一概平等的。在菩薩法中，從來不管你是出家眾、在家眾，菩薩心中只分五十二個階位，不管你出家、在家的事。所以你們看，維摩詰居士還有個女兒，也有妻子，還有一大片家產。可是他妙覺就是妙覺啊！沒有因爲說：「你是個在家人，所以你身分就低人一等。」沒這回事，在大乘法中只看你的證量，不管你身分的。所以沒有男尊女卑、在家出家這回事，完全平等。打從我一開始弘法時就是這樣，也沒有人敢來跟我主張說，應該多用男眾，少用女眾，從來沒有人敢如此跟我主張。

不過有時候有人會誤會，例如打禪三完了說：「老師啊！您比較疼愛女眾，女眾破參特別多！」我說：「有嗎？」（眾笑…）他們說：「有啊！您看，女眾破參是男眾的一倍多啊！」我說：「這樣喔！我倒沒注意欸！」可是到了下一梯次呢，卻是女眾少得可憐，男眾一大堆，那是不是又變成我偏心給男眾了？其實不是這個道理，而是說，每一個人得法的因緣都不一樣；如果要從事相上來看，是不是有時候這樣，有時候又變成那樣？不該是這樣看的，而是要看因緣。所以在菩薩法中沒有男尊女卑這回事，也不分你出家、在家；不因爲維摩詰大士他是在家人就說他地位差人一等，絕沒這回事。

所以菩薩法跟聲聞法是不同的，因爲菩薩法是「不得諸法不知不見」的，菩薩是轉依如來藏的，從如來藏的立場來看，沒一切法可說。你們已經破參的人觀察一下：你的如來藏心中有沒有想這個法、那個法？都沒有啊！如來藏是不得一切法的，如來藏對一切法是不知也不見的；既然不得諸法，對一切諸法都不知不見，怎麼可能再去分別男女？怎麼可能再去分別在家、出家？所以在正覺同修會裡面，沒有這些階級的問題存在，因此開幹部會議時，或是開親教師會議也好，從來沒有說：男眾發言比較有分量，女眾發言比較沒分量。從來沒這回事。只要說的有道理，對未來的弘法方向是正確的看法，大家都會認同，就會被接受了，不管是誰發的言。這就是同修會跟外面道場不一樣的地方。

所以菩薩「初親近處」是要注意威儀，可是這些威儀是為了弘法的事相而作的施設；但菩薩自心的所住，是因為「不得諸法」也是「不知不見」，所以「不行上中下法」，也就不區別「有為無為實不實法」，「亦不分別是男是女」，這樣才是「菩薩行處」。所以正覺同修會表現出來的是什麼呢？就是不貪緣附勢，我們一向都是這樣子作事。不去拉攏哪一些大山頭，用來對付別的大山頭，從來不搞合縱連橫，我們就是依止於法，應該如何，我們就如何。

在世間法上，我們就依照法律規定來，沒有大山頭裡那一些奇奇怪怪的事。前些時候也有官員威脅說要來查帳，我們反而放話說：「歡迎來查。」因爲我們只有一套帳，打從我弘法以來絲毫不漏，我們從來不怕人家查帳。一般道場如果聽到要查帳，全都怕死了，乖乖配合行事。但我們不怕查帳，因爲平常就自己努力在查了；而且國稅局有時候三年、兩年就會來查一次，這都是很正常的事。其實是不等國稅局查，我們會計師也會自己先查帳。所以正覺同修會顯示出這樣的風格來，就是不受威脅；法該如何我們就如何，不畏懼人家的惡勢力。這就是說，因爲你所證的法是這樣，當你轉依了這個法，你就應該依法而行。如來藏是這樣子，你就這樣子作，這才是眞正的菩薩僧團！所以菩薩僧團是不受威脅的。

那麼能夠在「親近處」以及這個依止處上面去如實履踐，你對《法華經》的宣講就可以順利無礙，該怎麼講就怎麼講，不必顧慮太多；因爲如果這個也顧慮，那個也顧慮，那裡也不能講，這裡也不能講，那你講出來的《法華經》，就有四個字可以形容，叫作七零八落，那就不完整了！佛說「講經時不可以掐頭去尾」，講經時一定要完整宣講。如果講一部經是掐頭去尾來講，或者只取前頭與最後，把中間的部分給省略了，佛說這樣講經的人是不如法的。你既然要如實宣講《法華經》，當然不能只講片段；要全部都把它講完，並且還要如實說，這個眞的不容易。那你如果不能夠依照「菩薩行處」、不能夠依照法依止處、不能依照「初親近處」來作，那你講《法華經》時就會有許多的紛爭出現；所以這一些合起來名爲「菩薩行處」，是我們應該要遵守的。除了如此以外呢，還有「法親近處」，世尊繼續開示說：

經文：【「一切諸法空無所有，無有常住亦無起滅，
是名智者所親近處。顚倒分別諸法有無，
是實非實是生非生；在於閑處修攝其心，
安住不動如須彌山。觀一切法皆無所有，
猶如虛空無有堅固，不生不出不動不退，
常住一相是名近處。若有比丘於我滅後，
入是行處及親近處，說斯經時無有怯弱。」】

語譯：【「一切諸法本來就是空性，本來就是無所有，既沒有常住可說，

也沒有起滅可言，這就稱爲智者所親近的處所。

因爲不知實相而在心中生起了顚倒，才會在世間法中分別諸法是有或無，分別諸法是眞實或是非眞實、是有生或者非有生；

菩薩在於空閑之處修攝自己的心，先生起定力而使自己安住不動猶如須彌山一樣。

然後觀察一切法在實相法界中皆無所有，猶如虛空一樣而沒有堅固的體性，如實觀察以後不生、不出、不動、不退，常而不變地安住於唯一實相之中，這就是我所說的親近處。

如果有比丘於我釋迦牟尼佛入滅度後，進入我說的這個行處以及親近處，爲人演說這部《法華經》的時候就不會有怯弱的狀況。」】

講義：「一切諸法空無所有，無有常住亦無起滅，是名智者所親近處。」接著是法親近處，前一段所說「初親近處」是面對眾生時，你該怎麼面對。但並不是說沒有法上的實證，你就能夠如法地依止於「菩薩行處」來弘法，因爲佛法跟世間法有特別不同之處。佛法跟哲學、跟思想特別不同，是由於佛法是可以實證的，這跟一般宗教的信仰有所不同。雖然佛法的實修之中已經函蓋了宗教的信仰，可是佛法卻有實證的內涵。在一般宗教的信仰中可以是玄思，但不可能實證，大部分都是這樣。

有很多宗教，他們崇拜什麼呢？所崇拜的那個對象並不一定眞的存在。例如有的宗教信受說：「我們人類遠古就是由一對夫妻繁衍下來，那就是我們的始祖。」「始祖」聽過嗎？嗄？這也是一種信仰，可是眞的有始祖嗎？沒有啊！那只是想像。有一種新世代的類宗教說：「我們因爲虛空中的能量碰撞，然後產生了人類。」有的宗教說：「我們都是由造物主所創造。」可是有沒有辦法求證？沒有辦法求證，全都沒辦法求證！

如果要說可以求證的，道教還勉強講得通！例如說有原始天尊、玄天上帝、保安大帝……等，這些都還可以求證。可是你說造物主啦、上帝啦，問題是：造物主或者上帝在哪裡？你能夠見得到上帝嗎？你能夠接觸到上帝嗎？（此時有人說話。）喔！還有老母娘，你們能夠見得到老母娘嗎？都沒有啊！那都是天才配合桌頭（閩南語叫作桌頭，華語叫作筆生）共同演出的。然後又誇大口說：「老母娘出生了釋迦牟尼佛，所以最後收圓的時候，釋迦牟尼佛也要收歸老母娘。」這一類都屬於《原人論》，但能證實嗎？都不能證實。

可是佛教教義所說的，你都可以證實啊！不但是二乘菩提的解脫果和出離三界輪迴的涅槃，全都可以證實，在大乘佛法中，只要實證了佛菩提，每一個人都可以證實自己確實有唯我獨尊的造物主，造了什麼物？造了你這個身體；不但如此，還造了你自己的受、想、行、識。欸！這都可以實證啊！不但二乘菩提可以實證，超過造物主而同時造了你的身心的上帝，就是各個有情全部都有的第八識如來藏，全部都可以實證啊！證了自己的造物主如來藏，那麼中道就可以實證，涅槃的本際也可以實證！所以佛教不單單是宗教信仰而已，而且信仰了 釋迦牟尼佛以後，祂所說的教義也是可以實證的，這就是佛教特殊的地方，不同於世界上所有的宗教，更不同於哲學的玄想。

哲學中所說的宇宙萬有的本源，只是一個玄想，是思惟所得的推論而無法實證的，只用心在那一邊思惟、想像說：眾生是怎麼來的，世界是怎麼產生的？可是全都無法實證，但佛學是眞正的精神與物質上的科學驗證。在眞正的佛法之中是可以實證的，因此你為人家演述佛法，應該依著聖教來說，這是因為諸佛如來是對這一切都已具足實證的聖者。當你有所實證的時候，就可以將聖教加以演繹；演繹出來之後，大家就可以從你對聖教的略說和廣說，而可以對佛法也如實瞭解；然後依序進修，最後可以和你同樣地實證。當然跟你一樣可以實證啊！這才叫作佛法！所以爲人家宣演《法華經》時，一定要有這個「法親近處」，換句話說你如果要如實宣演《法華經》，必須要有法上的實證，否則就不能如實宣講，勉強講出來時只會是依文解義。

而這個「法親近處」就告訴我們說「**一切諸法空無所有，無有常住亦無起滅**」，這個就是智者在法上所應親近之處！所以說，一切諸法都是空性，在空性眞如心的自住境界中，一切諸法都不存在、都無所有；而空性眞如心自己的境界中，根本就沒有常住法可說，也沒有現象界萬法的生起或壞滅可說。只有愚癡無智的無明大師們，才會「**顚倒分別諸法有無，是實非實是生非生**；」於是心中有著種種的臆想分別，便嚴重誤會佛法。菩薩卻不會如此，而是有所實證之後，「**在於閑處修攝其心，安住不動如須彌山**」。

「**顚倒與分別諸法有無**」，是演述《法華經》的菩薩所不應該有的。對於眞實法或者非眞實法，對於有生之法或者無生之法，講《法華經》的菩薩們都應該先在閑靜之處修攝其心，先作實證，然後自己「**安住不動如須彌**

山」，不可以被動搖。接著說：「要觀察一切有生的諸法皆無所有，卻是猶如虛空，但是無有堅固。觀察一切諸法不生、不出、不動、不退，永遠住於如是一相，這就是菩薩的法親近處。如果有比丘於我釋迦牟尼佛入滅之後，進入這個菩薩行處和法親近處，來為人演說這一部《妙法蓮華經》的時候，他的心中就沒有怯弱。」

那麼這是在講什麼？這是說，菩薩要為人講解《法華經》之前，先要有所實證。「一切諸法空無所有」，這不但是從現象界來說，也是從實相界來說。就是說從現前可以看得見的山河大地無常變異，以及自己和有情的五蘊身心也是無常變異，來說「一切諸法空無所有」。可是這樣說的時候，這畢竟只是二乘法，這還不是大乘法。為什麼呢？因為在「一切諸法空無所有」的時候，接著說「無有常住亦無起滅」，一切諸法是指現象界諸法啊！雖然空、無所有，也沒有辦法常住，可是卻又說「無起滅」。好奇怪欸！既然「空、無所有，無有常住」，顯然就是有起滅的啊！可是為什麼卻說「亦無起滅」？這在告訴我們說，一切諸法的「空無所有，無有常住」，只是一個表相，這個表相不可能自己會有這個表相；這個表相一定背後有一個法在支持著，支持這種表相的背後那個法，祂不是「空無所有」，卻也不是三界有；祂是常住法，才能夠支持一切諸法的無常、變異。

也就是說有生之法，要依於不生之法；生滅法要依於不生滅法，生滅法要依於本住法，才能夠出生以及存在。生滅法不可能無因無緣自動生滅，否則就沒有諸法的因果可說了。哲學界也懂這個道理，他們思惟、歸納、推理，最後的結論是**生滅法要依不生滅法而存在**。問題是不生滅法在哪裡？他們永遠只有玄想，知道一定是背後有個不生滅法，否則因果律不可能存在。如果因果律不存在時，就不應該有三界六道的分別，應該大家生來全都一樣！可是明明有因果律存在而顯示出來的種種現象，一一證明因果律確實存在。當因果律存在的時候，爲什麼會不斷地有這個因果現象產生的生住異滅，而使眾生不斷地去輪迴？這些生滅現象，絕不可能自己無因而有生滅現象，否則就變成可以諸法無因生。

如果諸法都可以無因生，那就天下大亂了；例如你早上一覺醒來，身邊突然多了一個兒子，因爲諸法可以無因生啊！你一覺醒來身邊突然多了一個丈夫，就變成兩個丈夫了，因爲可以無因生啊！可是不行，一定有因也有緣，不可能無因而突然出生。諸法也不可能自生，你不可以說我不必要有父母，我自己出生自己，一定不行，得要有因也有緣！因此他們哲學界最後思惟推論出來的結論是：一切生滅法要依不生滅法才能存在。這邏輯是正確的，但他們畢竟只是一個推論，那不生滅法到底是怎麼回事？他們不能如實知，到現在都找不到一個結論，於是就無法證得初果解脫；而他們的思惟卻是遠勝於密宗和一神教的聖經所說，因此他們近代有一句很有名的質問：「創造萬物的上帝在哪裡？」而一神教和密宗都無法回答這個質問，因此密宗說的本初佛—創造有情的原始佛—也同在哲學界的這一破之下，一樣倒下來了。

所以哲學界比較認同的是佛法，雖然他們不懂，可是他們覺得佛法所說很有道理；正因這個緣故，近代才會有佛學學術界的出現。後來日本新興的佛學學術界，例如松本史朗、袴谷憲昭等人，其實是譁眾取寵，想要取寵於一心要脫亞入歐的日本軍閥們，談不上佛學的學術本質；因爲他們如今都還健在，卻不能對正覺所說有所回應。可是對於一神教呢，不管是《舊約》或者修改過的《新約》，或者《可蘭經》，哲學界都提出質疑：「上帝在哪裡？」對一神教徒而言，上帝在哪裡？不可實證，只能一味相信。哲學界質疑說：

「造物主究竟在哪裡啊？你們說一切都是造物主創造的啊！那造物主能不能證明？」結論是不能，因爲那是人爲的施設。所以有爲法是依無爲法而存在，眞相是有爲法住無爲法中，生滅法依不生滅法存在，生滅法住於不生滅法中；必須是這樣子，才能夠說「一切諸法空無所有，無有常住」，然後可以加一個註腳「亦無起滅」。

明明生滅法是有起有滅的，可是不能常住的生滅法，竟然說是無起滅，這表示什麼？表示說，菩薩爲人宣演《法華經》之前，已經先實證了剛才所說的這些道理，從不生滅法來觀照一切生滅法的起滅，然後將一切生滅法歸屬於不生滅法，而說一切諸法雖然「空無所有，無有常住」，卻是無起亦無滅，這才是「智者所親近處」！能夠成就這樣的「智者所親近處」的人，才可以爲人家如實講解《法華經》。好，今天講到這裡。

諸位前天受了菩薩戒之後，今天是講經的場合，我來跟諸位相聚；這一週來辛苦諸位了，那麼遠趕到台灣來受菩薩戒，今天也委屈諸位坐得好擠好擠，因爲我們本來四個講堂（編案：當時只有四個講堂）平常就有一千來眾坐在一起聽法，那你們來了，只好委屈大家，得要更緊密地擠一擠，所以今天位子特別地擠，也跟諸位表達歉意，（大眾回答：阿彌陀佛！）那我們台灣的同修們，請大家歡迎大陸來的我們久別的同修們，大家都委屈一下（大眾鼓掌…），謝謝你們鼓掌！謝謝！你們眞的很辛苦，這四天吃不好、睡不好，又要上課，而且是從早上到晚上，這眞的很不容易。但是我也忙得很快樂，也沒閒著，很多事情一直在進行；理事長、董事長、執行長、幹部們，除了忙著諸位的事情，還有別的事情，今天我們還在一直忙著。總而言之，歡迎諸位可以親臨《法華經》這個勝妙法會。那麼我們回到《法華經》來。

上一週講到一百二十七頁，倒數第一行第一句。你們從大陸來，沒有經本，所以委屈你們看看投影螢幕。上一週說到最後三句，是「**一切諸法空無所有，無有常住亦無起滅，是名智者所親近處**」，上一週講到這裡。那麼這裡開始是屬於法親近處，前面說了法依止，也說了初親近處，今天開始要講第二個親近處，屬於法親近處。

接著從第三句開始：「**顚倒分別諸法有無，是實非實是生非生；在於閑處修攝其心，安住不動如須彌山。**」先講這幾句。這是延續前三句說，一切諸法空無所有，沒有常住也沒有起滅，但是這兩句的前提，大陸同修們上週還沒來，所以沒有聽見，還是要跟諸位重複略說一下。

「一切諸法空無所有」，這是一般大師們的說法，一般大師們也瞭解這個意思，但是那個瞭解只是表面層次的瞭解，不是如實瞭解。這就是說「一切諸法空無所有」，並不是表面所看到的空無所有，其實正是哲學界講的「假必依實」，或者佛法中說的「生滅法依不生滅法、有爲法住於無爲法中」，佛法中是這麼說的，因此下一句才可以講得通：「無有常住亦無起滅」。「一切諸法」指的是如來藏所生的一切法，從我們本身的蘊處界，衍生到一切諸法，莫不是由「此經」如來藏所生。這一切諸法是屬於如來藏所生的法，都是無常故空；藉緣生起，緣起故空，所以「無所有」；只是表相上看起來好像是有，但不是常住法，所以從眞實面來看，其實是無所有。因爲是如來藏所生的緣故，所以這「一切諸法空無所有」的表相之下，你去探究到實相的時候，就會發覺到「無有常住亦無起滅」。

如果是依六識論者來講的話，「無有常住亦無起滅」的講法是不通的，他們無法解釋這兩句經文；因爲無有起滅的法，顯然是本住法，顯然是常住法，怎麼可能是「一切諸法空無所有」呢？諸位想想，是不是這樣？對啊！

一切諸法都是無常故空，緣起性空，既然是這樣子，一定是生住異滅不停地生滅，就不可能「亦無起滅」啊！可是 佛陀開示明明是說「亦無起滅」，在「一切諸法空無所有」之中，又不是常住的法，竟然是無起滅，這只有依於實相法界來說，才能夠解釋得清楚，否則沒有辦法解釋清楚的。所以「一切諸法空無所有」，講的是實相法所生的蘊處界生滅法，大前提是無爲法的實相所生的蘊處界等有爲法，所以「一切諸法空無所有」；但是這些生滅法的自身永遠都不可能是常住的法，得要把它歸攝到本住、常住法的此經如來藏時，才能變成沒有起滅，因爲蘊處界諸法不可能是常住法。

諸位在往世，不是長成此世這個模樣，也不是現在這個姓名，也不是現在這個覺知心；那，這一世換得了這個五陰，如是身、如是名、如是覺知；下一世呢，又換另一個五陰，成爲另一個色身、另一個姓名、另一個覺知心，世世各不相同。可是這三世諸法無常必壞，看來是空無所有啊！因爲全都是生滅的，「無有常住」，但是 佛陀竟然接著說「亦無起滅」。爲何無起滅？因爲這一切諸法本來都是如來藏中的法；蘊處界都是如來藏中的法，依附於如來藏的時候，表面上看來是一世又一世的不同蘊處界起起滅滅，其實背後的眞實法並沒有起滅。譬如老趙州常常說：「胡來胡現，漢來漢現。」諸位都是漢人，老實說現在內地也沒有胡人了，因爲已經都融合了。五族融合了，哪裡還分胡漢？

但古時候是有胡人、漢人之分。當一顆明珠在眼前，胡人來了，明珠表面顯現出胡人的影像；胡人走了，換個漢人來了，這顆明珠表面又顯現了漢人的影像。也許這漢人走了，突然又來了個美國人，這明珠的表面又顯現出美國人的影像了。可是，這一些影像都屬於明珠所有；影像譬如諸位的五陰，昨天不是跟你們講了嗎？大家很久以前當印度人，爲了正法又來到震旦，當上了中國人；那我比你們先來台灣，所以我又叫作台灣人；下輩子我又回去大陸出生，又成爲內地人；請問這一些五陰是不是歸如來藏所有？是啊！因爲如來藏常住，但是五陰世世生滅，就猶如明珠表面這些影像一樣。我從印度來中國投胎的時候，皮膚黝黑，濃眉高鼻，在中國展轉受生到現在的結果，這一世卻是像個什麼？像個人家所說的南島之人。當我下一輩子又回去大陸出生的時候，又是另一個影像了！所以明珠表面所顯現的影像其實應該屬於明珠所有才對。

但是沒有智慧的人看不到明珠，只看到明珠表面的影像，然後就說我是張三，你是李四，他是王五。其實都不對，其實張三或者李四都該叫作如來藏。所以你也是如來藏，我也是如來藏，他也是如來藏；你們大家都是如來藏，包括我在裡面，大家全都一樣。可是以前大家都只從那些影像裡面去區分說：我叫張三，你叫李四，他叫王五，那個人叫作趙六；其實都只是各人的如來藏所顯現出來的影像而已。這些影像五陰是生住異滅，空無所有，都不是常住法；可是這些影像歸屬於明珠如來藏的時候，這些五陰影像就變成沒有起滅了。

你能夠找到明珠何時沒有影像嗎？你找不到！猶如一面明鏡，明鏡的影像是歸屬於明鏡，這樣講才對喔！可是，你如果弄一面很高的鏡牆，那鏡牆都沒有接縫，而且很寬廣；那麼你把一隻猴子放在那場景裡面，當牠走到鏡子邊，就會跟鏡子裡的自己影像齜牙咧嘴，向鏡中猴子示威；然後開口就咬，卻咬不到，牠就一天到晚跟鏡子裡面的那一隻猴子打架。然後換一個場景，弄一面小小的鏡子，一人高的鏡子，一公尺寬就好，安置在地上；這猴子來了，跟鏡子裡面的那隻猴子吵架，可是咬不到對方，也打不到對方；牠發覺對方也咬不到自己，打不到自己；然後牠看到鏡子有邊邊，牠就跑到邊邊去，就往後看，欸！什麼都沒有啊！可是回來鏡面這邊，欸！還是有一隻猴子在，又想要繼續打架。牠正是把那個鏡中的影像當作眞的，牠沒有看到那一面鏡子，這就是無明的眾生。那麼人間的無明眾生就像是這樣，都只看到如來藏明鏡所顯示出來的五陰，都沒有看到五陰所屬的明珠、明鏡。

人人都有一顆寶珠啊！可是都看不到；只看到寶珠表面那個影像。現在佛告訴我們的就是，這顆明珠表面的「一切諸法空無所有，無有常住」；都不是常住法；但是都得歸屬於明珠本身，所以「亦無起滅」。確實沒有起滅，你能夠找到一面鏡子，什麼時候影像是全無而有生起、而有斷滅過？都沒有啊！鏡子存在的時候，影像就在了；即使是全無光線時，鏡中也顯示一片全黑的影像。那你沒有辦法指稱說它的影像什麼時候完全不存在，或是從何時開始有影像生起及存在，因爲是一向都存在的。那麼如來藏這顆明珠就是這樣，無始以來法爾如是，本然自在，你找不到祂從什麼時候才開始出生五陰影像的。既然如此，這明珠表面的影像（五陰），當然就不可能找得到起滅的時候。所以只會有變化，不斷地變化，但是你找不到它什麼時候生起、什麼時候滅掉而成爲空無，它只是一直變化而已。這樣子講，那麼這兩句諸位就懂了，否則這兩句看來是自相矛盾的，其實是沒有矛盾。

這個就是法親近處的根本，依這個根本再來解說下面的經文，爲什麼說「顚倒分別諸法有無」，而且還去顚倒分別「是實非實是生非生」？這就是愚者的落處：愚者不知道「空無所有，無有常住亦無起滅」，所以他不知道智者的親近處；不知道智者的親近處，就開始有了顚倒分別，就說這個法是有，那個法是無；於是產生了二執，叫作增益執和損減執，二執就產生了。增益執的「增益」二字，從表相上看起來是好的啊！爲什麼要說它是執著呢？因爲如果是錯誤的增益，那就是執著了。譬如說，本來並沒有那個法，卻把它執著爲眞實有；不斷去建立它，將實無之法建立爲實有，這就是增益執。例如外道建立說：「我們一切人都是上帝所創造的。」但問題來了，哲學家提出質問說：「上帝在哪裡？」結果發覺上帝不可證實，對於眞正能出生自己五陰身心的「唯我獨尊」的上帝如來藏，就永遠無法理解及實證，那麼這個造物主的說法就是增益執。又譬如說有一種附佛法外道常常說：「我們所有的人都來自同一個能量，所以我們每天要努力修行打坐，要努力從天地之中吸取能量。」佛門中也有人這樣說，結果是附佛法外道密宗裡的某一派人，不是眞正佛門中人。

那麼也有道家一派也是這麼講：「我們的生命來自於能量，所以每天一大早要到某一個固定的地方，」說那裡能量最強，氣最好，然後「在那裡練功，要吸取能量。」也有那一些練氣功的外道說：「要好好吸收日精月華，因爲我們的生命來自於能量啊！」可是能量並不是生命的根源，結果他們去建立一個虛妄想的能量，就是增益執。而達賴也曾經落在這裡面，未來他要如何把賣出去的書全部收回來修改呢？其實能量根本不用那樣練功去吸，你只要多吃點食物就有能量了；好好地呼吸新鮮空氣，你就有能量了，不必練功。一切的能量莫非來自如來藏，所有一切的生活物資都是如來藏變現的，都是現成的，不用練功去練到那麼辛苦。可是他們卻把它建立說那是眞實有，所以建立什麼造物主。還有極微外道、冥性外道等等，都說一切有情就是從那裡來的。把想像之法建立爲眞實有，其實都只是他們自己的想像，不可證實。把那樣的虛妄想建立爲眞實有的法，而它本來不實，就叫作增益執。依這樣的增益執，他們全都主張說：這個法眞實有，能量眞實有，上帝眞實有。然後被自己說服了，就感動到痛哭流涕。其實都只是自己的妄想，因此他們都是「顛倒分別諸法有」。

那麼一般世俗人呢，沒有親近任何哲學、宗教或者修行之前，他們都說：「老子被你抓了，算我倒楣。砍頭，不過碗大一個疤！二十年後老子還是一條好漢。」因為他認為自己這個覺知心可以到未來世去，他認為自己的覺知心是常住的，是眞實有。其實覺知心只能存有一世，每一世的覺知心各不相同，但他們都不知道，總以為說：「我被你砍了頭，死後我再去投胎，二十年後還是一條好漢。」他不曉得二十年後他再也當不了好漢，只能當狗熊；因為他幹了大惡業，只好淪墮畜生道去，那時候是狗熊五陰中的覺知心，不是人類好漢五陰中的覺知心了。所以那一些綠林好漢，都不曉得他自己是在幹什麼業啊！於是「顛倒分別」為眞實有，就去增益它，執為實有，於是就變成增益執。

可是佛門裡面還有另一種損減執的附佛法外道。什麼叫作損減執呢？舉個眞實的例子，譬如說咱們正覺同修會開始弘法時，說人類都有八個識。可是我九百多年前的師兄，這一世的師父，他怎麼說？他說：「人只有一個心，怎麼會有兩個心？你們去跟蕭平實學，怎麼會變成有眞心與妄心和合運作？人類哪來的兩個心？」他們回來跟我報告。我說：「人豈止只有兩個心？人有八個識欸！兩個心分爲眞妄，是把前七個心歸類爲妄心，這樣區分開來，讓大家容易實證眞心如來藏。這眞心與妄心二個心的說法，還是方便說的欸！人何止兩個心？人整整有八個心啊！」所以他們否定第八識如來藏，但他還沒有很明白否定，只是偶爾否定一、二次。

然而印順派那一些人，包括咱們後山那位比丘尼，她自稱宇宙大覺者。我的老天！我這個有道種智的人都不敢自稱爲大覺者了，她自稱大覺者還冠上宇宙兩個字，膽子好大呢！猶如乞丐自稱國王，這本來是該砍頭的，但國王笑一笑說：「算了！不砍她了。」諸佛都不跟她計較，因爲她自稱是宇宙大覺者啊！那意味著什麼？意味說她已經成佛了！然而法界中竟有不斷我見、也不明心的佛，眞的好奇怪！連初果都不能證的「宇宙大覺者」，究竟是成什麼佛？眞的好奇怪。她們都是屬於印順派的，她們都否定第七識，也否定第八識，主張意識是常住不壞法。

但問題來了，在聲聞菩提、緣覺菩提裡面，說第七識叫作意根；識陰已有六個識，可是這六個識都要根塵相觸而生，出生以後還得靠根與塵同時運作才能存在，所以意識得要有意根觸法塵才能出生；意識出生以後還得要有意根與法塵同時配合，意識才能運作；那意根是無色根，屬於心，不是色法，這就是有第七個識了！那麼六根、六塵，再加上六識，這總共是有七個識囉！因爲六根之中有個意根啊！當他們把第七識否定，沒有意根的時候，那麼佛陀在四阿含諸經中所講的，以及在大乘經裡面講的十八界法，全都少掉了意根，要改稱爲十七界了！不能再稱爲十八界了！那麼只有十七界而缺了一界，顯然他們是異類，跟人類不同。這就是第一種的損減執，導致他們在三乘菩提上面俱無所證。因爲意根是眞實有，每一個人都有意根，結果他們刻意把祂損減了，這個損減是錯誤的，所以就成爲執。這就是第一類的損減執。

接著否定第八識如來藏，他們還寫在書中說：「阿賴耶識是爲了度恐懼墮入斷滅空的外道而說的，所以只是一個方便施設，實際上並沒有阿賴耶識。」印順法師引述的其實是《楞伽經》中的聖教，但 佛陀說的並不是他這個意思，佛說的是：「如果遇到恐懼墮入斷滅空的外道，要先跟他講阿賴耶識，」然後才告訴他：「阿羅漢出三界，入無餘涅槃，不是斷滅空，他就能接受。」佛說的是度人的方便善巧，是這個意思啊！並不是否定第八識的存在。可是印順法師掐頭去尾，單取中間那一句，就說這是 佛講的，但 佛沒有像他那樣講過啊！

然後，當他們把眞實有的金剛心如來藏否定了之後，他們心裡面想起聖教中說的，入涅槃時要把十八界滅掉，那麼一旦入無餘涅槃時就會變成斷滅空！所以他們心中有恐懼。有恐懼的緣故，不得不回頭再來建立意識，說意識有粗有細，這細意識是常住不滅的，所以入涅槃的時候只要粗意識滅了，把細意識仍然留著，就永遠不壞，就沒有成爲斷滅空。可是入涅槃的時候，無餘涅槃中並沒有細意識存在啊！那他建立這個細意識常住，稱爲涅槃的眞實體，是從損減執又落入增益執裡面。然後他把眞實有的如來藏否定了以後，又落入損減執裡面；把實有法損減以後的空無又執爲眞實，那他又落入增益執。這就是「顚倒分別諸法有無」，不斷在增益執與損減執兩邊來來去去，始終不能抉擇。眞實有的法，他說之爲無；眞實無的法，他建立爲眞實有；這就是「顚倒分別諸法有無」。

不但如此，釋印順還「顚倒分別」：「是實非實是生非生」。例如眞如妙義，從禪宗的立場來說，眞如是指第八識清淨心；從第二轉法輪的般若諸經來說，眞如也是代表第八識，都說祂是眞實有。可是釋印順那些六識論的法師們全都不信，他們全盤把祂否定：認定第八識眞如不是眞實有，主張般若諸經講的眞如其實就是在講一切法空，只是把《四阿含》的緣起性空重新複述一遍。所以呢，釋印順就把第二轉法輪的般若諸經作出一個教判——**性空唯名**；說般若諸經講的是諸法其性本空，只有名相。如果般若眞的是性空唯名，那麼般若諸經中的實相法義就變成戲論了，因爲純是名相啊！

他們認爲般若諸經中的說法，只是把《四阿含》的緣起性空重講一遍而已。這問題大了，因爲諸佛說法沒有一句話是戲論，這釋印順顯然是在指責釋迦如來第二轉法輪演說了那麼多法義的《般若經》，說了二十幾年，全都是戲論。然而般若諸經講的不是一切法空，就如同昨天我跟你們講的《大品般若》濃縮爲《小品般若》，濃縮爲《小品般若》時篇幅還是很大，但是都已經講了非心心、無心相心、無念心、無住心了，這都是在講心喔！再把它濃縮呢，成爲《金剛經》；而《金剛經》講的也不是性空唯名，因爲講的是金剛之法，表示祂是不可壞的常住法，當然也是眞實心。然後再把它濃縮，就稱爲《心經》，那《心經》是講性空唯名嗎？《心經》是講一切法空嗎？不是呢，它說的是「心」欸！所以才會叫作《心經》。

所以呢，你若是要叫他們註解《心經》，很困難，因爲他們會發覺無法去解釋它。他們會發覺註解《心經》時將會成爲自打嘴巴，就是自己掌嘴，所以他們最不喜歡講解《心經》。但是我們講什麼經都行：《金剛經》也行，《心經》也行，我們講什麼經都行。這就像孔老夫子講的「吾道一以貫之」，我們講的是哪個道？如來藏的成佛之道，這才叫作眞實的「一貫道」；他們一貫道沒有資格稱爲「一貫道」，所以我常常說他們應該更名叫作「五貫道」，因爲他們所謂的儒、釋、道、耶、回，自稱是把五家之法一以貫之，可是他們全都貫不起來；貫了幾百年，到現在儒家的還是儒家的，道家還是道家的，耶教還是耶教，回教還是回教，佛教還是佛教，他們全都沒有辦法貫通起來。他們倒是有一法能夠一以貫之，就是一貫竊盜——一貫盜。可是我以如來藏之法，可以把五教全都貫通起來，我才有資格稱「一貫道」；他們一貫道沒資格稱爲一貫道，因爲他們面對五道時全都貫穿不起來，他們的本質是盜法者，諸位要瞭解一貫道。

一貫道的本質是盜法者，爲什麼它是盜法者？我們來作個說明。例如有個正廠生產出來的產品，被另一個人仿冒，那仿冒的人是不是應該遮遮掩掩去銷售他的產品？對不對？不能夠很猖狂的出來說：「我這個仿冒的產品比你的產品還要好。」不能這麼說啊！他的產品比人家好，應該另創新品牌才對，不該繼續仿冒人家的品牌再來打壓人家。舉例來說，我聽說大陸有錢人很流行開寶馬汽車；當正廠出產的產品正在販賣，卻有另一家山寨廠（你們內地說「山寨產品」）出產的山寨版 BMW 汽車，應該偷偷摸摸去賣才對，結果他竟然站出來公開說：「你們 BMW 汽車廠，是從我這邊派人出去開設生產的，你應該附屬於我。」

就像台灣話有一句話叫作「乞丐趕廟公」！意思就是說，這廟祝心腸好，容納了個乞丐住進來，給他住、給他吃還給他喝；結果這個乞丐竟然要把廟祝趕出門，說他才是主人。眞是豈有此理！但一貫道就是這樣！所以他們竊取了四教一家之法以後又說：「老母娘生出了釋迦牟尼佛、生出了耶穌、生出了阿拉，三期圓滿以後全都要收回來，就是收歸原人。」所以他們講三期收圓，正是盜賊想要趕走屋主。可是三期收圓的說法，也還是從佛法中演變出來的，他們這種說法還是從佛法竊盜來的。佛法講的三期收圓是什麼道理？佛法確實有三期收圓啊！初轉法輪講聲聞、緣覺之道，二轉法輪講般若實相之道，三轉法輪講唯識一切種智之道，前後三轉法輪諸經都說完了，要把一切法收攝圓滿，所以講《無量義經》再接著講《法華經》；《法華經》就是收圓之經——圓教經典，把前後三轉法輪的三期法教，把三乘菩提的完整法教都圓滿收攝為一法，這樣才叫作三期收圓。

一貫「盜」他們也來個三期收圓，什麼青陽期、紅陽期、白陽期，然後宣稱是老母娘要求兒子釋迦牟尼佛，所有原人都要收回老母娘那邊去——收回到理天去。請問理天在哪裡？三界中上下總共有二十八天，欲界第二天中的忉利天總共有三十三天，你根本找不到有一個理天，所以他們就是盜法者。盜法者本來應該偷偷摸摸見不得人才對，結果他們竟是堂而皇之，反而說他們比人家原廠的產品—比本家的產品—更好。所以他們出來弘法的時候，先盜取了佛法中的法義，然後說自己的法比佛法更高；也盜取了道教的法義，自稱比道教更高；然後近代又盜取耶教，就是盜取了天主教、基督教的法，又說他們的法比天主教、基督教更高；當然也已經盜取了儒家的法，然後都說他們比被盜者更高。可是他們高在哪？他們沒有一點點自己的教義，全都盜自別的宗教。沒有一點點自己的教義，竟然敢說比人家更高，竟還有人會相信！其奈他何！我常說：「不管怎麼樣偏邪的說法，不管怎麼樣偏邪的宗教，都會有人信。」不信你看看那西藏密宗，還是有一大夥人信受啊！不然再來看看一神教，每過個幾年就有人講世界末日來了，可是每一次都是假的，都沒有實現，也都會有人信。台灣南投上個月也有這麼一著，有個自稱王老師的人，他說自己研究的《易經》比誰都行，竟然還能算到哪一天的幾點、幾分、幾秒，說「世界末日到了，台灣會斷成三截」，所以在南投蓋了好多的貨櫃屋，要住在那裡避難。我說「又來一個瘋子」（眾笑…），我也說：「但是，一樣會有人信。」果然還眞的有人信，所以眾生很愚癡！

同樣的道理，那一些人都是在眞實法與非眞實法中生起顚倒想，「顚倒分別、是實非實」；老母娘是個施設的妄想法，他們建立爲眞實法，成就了增益執。然後呢，眞實的解脫、眞實的如來藏，他們也不太相信，一直到正覺弘法十幾年了，又因爲我不是聲聞僧人的外相，他們開始有一些人信；可是信了之後，他們就想要盜法，這就是他們一貫道的門風。所以那個一貫道，我最近寫信來往，跟同修們回信的時候，我把那個「道」，都寫成「竊盜」的「盜」；他們就是一貫要偷盜，應該叫作「一貫盜」。

那麼現在有好多誤入一貫道的佛弟子，接觸到正覺妙法時勃然歸省，投入正覺了，這就是個好現象。他們說的老母娘並不是眞實有，可是每週二講經時都有一貫道的人來聽我說法，我還是要常常告訴他們：「你們得要離開一貫道啦！若是不願意歸依佛門三寶，又想要學得實證的佛法，那是不可能的。」所以我必須要說明，老母娘只是個凡夫，我還沒有不客氣地說她根本就不存在。我只說她是凡夫，要是不信的話，把一貫道成立以來所有描述老母娘的說法，或者他們轉述老母娘所說的法（他們都是用沙盤寫字，其實是天才與桌頭合作演戲，演出一堆法來），他們何曾說過怎麼樣斷我見的方法？何曾說過怎麼樣斷我見的內容？何曾說過初果是如何斷結以及斷結的功德？都不曾正確說過，那麼二果、三果、四果就甭提了。

你們內地有一句歇後語叫作「馬尾巴拴豆腐」，眞的不能提，對不對？你一提，一塊豆腐就變成四塊了，還能提回家嗎？那麼，一貫道對聲聞道的實證就甭提了，再要講到什麼叫作開悟、明心，什麼叫作眼見佛性，乃至什麼是入地，什麼是成佛等等，要請問他們：「一貫道的典籍中什麼時候講過？全都沒有。那妳老母娘既然這麼慈愛，為什麼不教導這些原人們來證初果、證阿羅漢，乃至成佛？連妳自己都辦不到了，還說妳生了個兒子是佛，要把祂收回去，這不是天下最荒唐底事嗎？」所以說他們也是「顚倒分別、是實非實」的愚癡人，才會把非實之法建立爲眞實法。

而他們對眞實法，卻不知道祂是眞實法，而說那仍然不究竟，反而宣稱要老母娘才究竟。但是老母娘何在？老母娘如果眞實有，請她來我定中跟我論論法吧！或者請她也來我夢中跟我論論法吧！可是我要說句不客氣的話，如果老母娘眞實有，她要進正覺講堂的門都還不容易呢！因爲韋陀菩薩不見得肯讓她進來。假使求得韋陀菩薩同意，眞的讓她進來了，她也只能乖乖坐在後面聽；因爲她連我見都沒斷啊！還能與我論法嗎？這是從一貫道的法義裡面就可以證實的！

所以那一些人都是「顚倒分別、是實非實」，眞正實證的人應該有正確的分別：此法爲實，彼法爲虛，要有如實的分別。就像我們今天說法一樣，我們如實分別：此法為實，彼法為虛；蘊處界諸法是虛，如來藏此法是眞、是實；然後把蘊處界攝歸於如來藏時，說蘊處界「一切諸法空無所有，無有常住」，但是攝歸如來藏時，可就「亦無起滅」。應當如是正確分別。但是外道們全都作不到，佛門中的凡夫大師們也都作不到，只好「顛倒分別諸法、是實非實」。你們如果學佛二十年了，讀遍天下善知識的著作以後，你們都會發覺 佛陀說的眞的沒錯啊！二千五百年前 佛陀就已經這麼說過了，到現在也還是一樣。

那麼又「顛倒分別」「是生非生」啊！且不說外面，我們就說會裡面，二〇〇三年時，我們最後一次的法難，以後不再可能有這種法難了。他們自己創立佛法說：「正覺同修會證得阿賴耶識，說是開悟明心；但阿賴耶識是生滅法，你們這樣不是眞的開悟啦！你們所有的同修們都不許再自稱為開悟，否則你們都得下地獄。」問題來了，我公開說：「很簡單，一句話請問他們：『阿賴耶識何時生、何時滅？』請他們從教證以及從理證上來為你們說明。」因為他們既然這樣告訴你們說「阿賴耶識是生滅法」，那你當然要請問他們「阿賴耶識何時生、何時滅」呀！不論從教證上，或是從理證上來說都行；只要證明得出來，只要其中能有一種，可以證明出來就行。結果呢，都沒辦法證明。

莫說他們沒辦法證明，我是幫他們證悟阿賴耶識的老師，我也無法證明。莫說我無法證明，請 佛陀老人家來了，也無法證明出來啊！因爲 佛陀早就說過了，阿賴耶識這個心，法爾本有、不生不滅。連 佛陀都這麼說了，他們倒比佛陀厲害，可以證得另一個能夠出生阿賴耶識的更高層次的心，那眞厲害欸！結果到後來就如我的預記一樣，眞的變成一場鬧劇，但是我卻說：「這不是壞事。」當初我們有好多同修氣憤塡膺，我說：「別生氣，只要他們願意懺悔，救他們比較要緊；只要願意懺悔，回來以後，以前當老師的就繼續當老師，當幹部的繼續當幹部；就當沒這回事件發生過。」那時我們有的老師氣憤塡膺：「我才不讓他們回來哩！他們每一出招都要正覺同修會塌台啊！」我說：「其實不然，譬如一條河流，他們用三夾板把水流擋住，能擋多久？」擋不了多久啊！那三夾板最後一定會被水沖壞，果不其然就被沖壞了！

然後我講經時就先下斷言，我這個人喜歡授記，我先爲他們授記：「他們否定了阿賴耶識以後，只有兩條路可以走：第一條路，就是退轉而回到意識離念靈知；第二條路，就是後來發覺不對了，沒有別的路可走了，於是偷偷回歸阿賴耶識，都不吭聲。」我說：「大家就等著瞧！」果不其然，不到半年就被我印證了。我預先幫他們授記，還幫他們印證說「他們就是只能走這兩條路」。於是他們先走第一條路，後來發覺不通，果然偷偷回歸阿賴耶識，都不吭聲。結果怎麼樣？那些跟隨過去的人想：「我跟著你離開正覺同修會，是要修更高的法，結果你給我的還是阿賴耶識啊！可是阿賴耶識的法義有個正廠在那裡，就是正覺同修會，我為什麼要跟著你副廠呢？你副廠的產品並沒有比較好，而且還模仿得不倫不類。」這就是說，常常有人把非生之法「顚倒分別」為有生之法，又把虛妄有生之法建立為不生之法，去建立離念靈知常住不滅，說離念靈知才是眞如，是能生阿賴耶識的。所以我說他們是「顚倒想」。

在第二轉法輪的般若諸法，或者禪宗祖師所說的眞如，都是講如來藏，證眞如就是證如來藏心。可是在第三轉法輪中 佛陀說：「我把這個心命名為眞如是有原因的，因為這個心顯示出祂的眞實性，證實祂的不可壞滅，沒有生滅，能生萬法，證明祂有眞實性，是可實證的眞實性，但是祂於一切境界中始終如如不動，名爲眞如。」祂確實如如不動其心，卻能不斷地運作，因此稱爲「無所住而生其心」；所以某甲造了善業生天，五百天女服侍他，每一個天女又各自有七個侍女，他過的生活比皇帝更豪奢，他很高興；可是他的眞如沒有一點點的高興，都不動心，如如不動。他後來謗法下了地獄，五陰受苦難當，求出無期啊！可是他的如來藏依舊如如不動，因爲祂不領受六塵境界。正是由於祂有這樣的眞實性跟如如性，所以合名爲眞如。

所以眞如之名，其實是顯示第八識本身的體性，是在「此經」如來藏運作時顯示出來的眞實而如如的識性，所以眞如只是第八識如來藏的相分，是「妙法蓮華經」第八識的行相所顯示出來的眞如法性。這個眞如是依附於阿賴耶識心體的運作所施設，稱之爲眞如，本質還是在說明這個如來藏的識性。猶如說花美，花很美麗，你見了覺得賞心悅目，可是美麗能出生花嗎？不能。美麗是依花體而有的，結果竟然有人顛倒說：「美麗才是不生之法，花是有生之法，花是被美麗所生的。」這正是「顛倒分別、是生非生」。這樣舉例，諸位對於這些經文就懂了呵！我如果只是依文解義，諸位聽了也會等於沒聽，因爲不知道我在講什麼；老實說，依文解義時，講者其實也不知道自己在講什麼，這就是末法時代大師的寫照啊！

因此，菩薩要爲人演述《法華經》時，除了「初親近處」以及所應該「依止處」以外，在這個法的「親近處」上面，他必須有前兩句的實證——也就是「一切諸法空無所有，無有常住亦無起滅」，這才是「智者所親近處」。依於這個「親近處」，就可以簡擇一切凡夫大師、一切外道的「顛倒分別諸法有無，是實非實是生非生」，那麼這樣的善知識才可以爲人家宣演《法華經》。《法華經》很難從頭宣演到最後，《法華經》之所以難宣演是因爲它太深，但一般人讀過《法華經》時大約都是說：「這哪有什麼深？這我讀了都懂。」問題是並非眞懂，而是誤會以後自以爲懂。《法華經》的義涵哪有那麼容易懂的？必須證悟後又繼續進修，有了道種智才能懂得其中一部分，也還不是全懂。

事實上，要能夠如實理解《法華經》的廣與深以後，才能夠爲人宣演，否則都只是依文解義。可是要宣演《法華經》的人，他所具備對法的深與廣都能如實知的條件，要建立在什麼上面呢？建立在他對三乘菩提的通達上面。如果對三乘菩提沒有通達，他就無法如實爲人宣演《法華經》。可是三乘菩提很難通達，大家可以去檢查一下，幾百年來通達三乘菩提的大師們，究竟能有幾人？眞的寥寥可數。而這一些人——這些通達三乘菩提的人，有沒有可能是同一個人？你這一輩子叫作張三，上一輩子叫李四，上上輩子叫王五，再上上輩子叫趙六，每一世都各有一世的五陰。

可是近代的佛教界都只看表相，所以有好多人不信，他們當然就是受不了正覺說的法義，因爲聞所未聞，於是出來抵制正覺！這也是因爲正覺不跟他們同流合污，如果正覺出來公開說：「諸位大師所證的離念靈知，就是開悟的境界了。」那就天下沒事了，他們就不會與正覺爲敵。不幸的是我這個人沒有辦法眼看著那麼多人被誤導，這是他們的不幸，所以我必須要出來講清楚：離念靈知是生滅法，這不是開悟應該修證之標的。

其實本來也可以相安無事，因爲以前不管誰問說：「印順法師的書可不可以讀？」「可以！」「好不好？」「好啦！」「月溪法師的書好不好？」「好啦！」不管問誰，我都說好。結果好出問題來了，爲什麼呢？人家會說：「你看！蕭平實說我講的對啊！可是我得要說他不對，因爲他悟的是如來藏，而我們悟的是離念靈知，別的大師悟的是緣起性空，與他不一樣啊！」所以我要當好人是當不成了，眞的是被他們逼上梁山。我本來也不想上梁山啊！可是被他們逼了，我只好上梁山了。等我當了好漢，就歸他們倒楣了，所以我就開始破邪顯正了。

我開始破邪顯正以後，就有一些過程出現了：「哎呀！蕭平實只懂禪啦！他懂什麼？」喔！只懂禪喔？不懂別的？好啊！那麼我就來講點別的，我們講念佛好不好？可以啊！《無相念佛》、《念佛三昧修學次第》就印出來了。「哎呀！他懂禪，也懂念佛啦！可是對唯識都不懂。」喔？唯識都不懂喔？好，我們寫一點唯識的書也行啊！我就講點唯識增上慧學，那我們就開講《成唯識論》，然後也寫出一些八識論的書籍來論辯，全都是唯識相關的東西。於是又有人說：「他是懂唯識啦！可是他不懂阿含。」喔？不懂阿含？好，咱們就寫《阿含正義》吧！（眾笑並鼓掌…）接著又有人講：「哎呀！他懂顯教，他不懂密宗啦！」喔？不懂密宗？那我們來寫《狂密與眞密》吧！出版了以後，接著有一些學五術—山、醫、命、卜、相—等專業的人士，就有人在網站上開始說：「奇怪呢！這蕭平實到底是什麼人物？爲什麼他都知道？顯宗知道，連密宗他也知道！」不是什麼人物，蕭平實絕對不是什麼人物，只是一個小菩薩；就叫作菩薩，所以都知道。那麼誰先動手捅蕭平實一刀，誰就得被辨正法義，他就先喪命，後來他們終於服了。

所以現在台灣佛教界有個現象，你們大約還不知道。只要有人去問：「師父！我想求開悟，您能不能幫忙？」師父就告訴他說：「去正覺。」（大眾鼓掌…）但是他們附帶一句話說：「你不要讓我師父知道是我說的喔！」現在就是這個樣子，因爲堂頭和尚臉皮拉……不下來。那個臉皮不是黃金做的，卻比黃金還要名貴；眞不曉得用什麼做的，好名貴喔！他們看得很重要，道業的實質卻不重要；眞是愚癡呀！一個大山頭，大者一、二百公頃，小者也有一、二十公頃，能帶到下一世去嗎？帶不去啊！那一張面皮，不過就是那三個字——釋某某，就只是那三個字，但這三個字也不能帶到未來世去呀！其實也不值得帶去，爲什麼呢？因爲人家都說：「這個釋某某，他根本就悟錯了，弄一片大山頭幹嘛呀！」那又何必帶去下一世讓人家知道這個糗事？所以如實演講《法華經》眞的不容易。

那我們開講《法華經》，過了一段時間，大師之中也有人跟著開講了，我說：「嗄？台灣也有人能講《法華》喔？」結果我講《法華》講多久了？我講到這裡已經講兩年了，她老姊聽說兩天、三天就講完了（大眾笑…），（平實導師指著比丘尼眾說：）那位老姊的身分跟妳們一樣。呵！眞厲害欸！她是不是把長劫化入短劫？所以兩天、三天就整部經都講完（眾笑…）！原來只是把凡夫古人作的科判拿來依文解義一番，或者只是談談禮拜《法華經》的儀式而已。（平實導師對著九樓從大陸來的同修們說：）你們會漸漸看到《法華經講義》，將來在大陸一片一片寄過去放映給你們看，你們慢慢會知道《法華經》裡面講什麼；其中有許多法義是你們從來沒有聽過，古德也沒這樣註解過。這是因爲佛陀講《法華》的時候，我在現場聽的（大眾鼓掌…），我知道那個背景；因爲知道背景，才能講。

可是說實話，我也沒有完全知道；釋迦如來講過很多座《法華經》了，因爲祂不是只有在地球示現成佛而已，在很多地方都示現過了，地球只是娑婆世界很多星球之中的一處，二千五百年來又在娑婆世界中的其他小世界不斷示現著，當然也會繼續宣講此經；而往昔無量劫來也講過許多遍，我也不曾全部聽聞。但是文殊菩薩都知道，他可以具足講解《法華》；而他在龍王宮中也不講別的經典，就單講一部《法華經》，度「其數無量不可稱計」的菩薩。所以《法華經》不是那麼容易講的。

還有一個姓梁的一貫道，在大陸宣稱他是四地菩薩，印證他的徒弟是初地菩薩，又自稱是百丈大師再來。問題來了，他講經的時候記錄下來，所講解的那些字句，並沒有比經典本文的字句多啊！諸位！我今天上座講到現在，總共講了幾句經文？才講五句而已。講到現在是五句，用了一個多鐘頭。有時經題兩個字，我就得講兩個鐘頭；講經時應該把其中的眞實義宣演給大家可以聽懂，可以攝受，得到法的利益，而不是依文解義。如果要像那位老哥那樣講的話，那我三乘菩提、三乘經典早都講完了，可以入滅了。

所以說，宣演《法華經》的人一定要有一個法依止，你這個法依止有如實的親證，並且有如實的通達，才有辦法如實講解《法華》。所以這個法依止是必須要如實作到，不能空口白話。那麼當他有了這個「初依止處、初親近處」，然後，後面這個法親近處的基本，就是前面這兩句「一切諸法空無所有，無有常住亦無起滅」，他已經如是親近，對於凡夫大師們的「顛倒分別諸法有無，是實非實是生非生」，他都能夠如實理解。如實理解了就能夠爲大眾宣說，能利樂有情。如果他不是爲人宣演《法華經》時，那就「在於閑處修攝其心，安住不動如須彌山」。

所以眞正的善知識不會說：「我今天要去哪裡吃好吃的；明天要去找誰泡泡茶、聊聊天；後天呢，還有一家新開的素食餐館好好吃，我還要再去嚐一嚐。」不可能！眞實的善知識沒事時，就是「在於閑處修攝其心」。其實眞正的善知識有很多事要忙的，因此不管誰多麼有名氣，不管誰權勢多麼大，不管誰財富多麼多，不管他多麼有錢，都無法影響這一位菩薩。這位菩薩心中「安住不動如須彌山」，誰都轉不了他的，這樣才是可以如實宣講《法華經》的人。所以你要是看到大菩薩一天到晚攀緣，四處泡茶吃喝，那你應該評論他兩個字：「難得！」因爲大菩薩們不可能這樣子，沒事就是靜坐下來，心中一念也無，要起個妄想還眞不容易。

如果有事的時候，他就忙得一塌糊塗，也沒時間打妄想，因爲要爲正法作事，該作的太多了。說我自己吧，我早上泡了一杯麥片喝了，午餐是什麼時候吃的？下午三點；當我吃飽午餐時已經下午三點半了。吃完了呢，繼續坐上電腦前，再作事；作了半個多鐘頭吧，該上樓理髮及盥洗，預備出門來講堂了，同時就刮刮鬍子。昨天有一點抱歉了，沒刮鬍子就先跟你們相見了呵！今天有記得刮鬍子了。然後沐浴、淨身，換了衣服，開了車來，時間剛好，哪還有時間去打妄想？根本沒時間。講《法華經》的善知識大約都是這樣子。

那麼兩千五百多年前 釋迦如來講《法華經》，祂打過什麼妄想沒有？不曾！因爲我都已經不容易打妄想了，不要說祂會打妄想，根本連種子都沒有！你們很難想像 佛的境界，可是我跟諸位報告，我比你們更難想像 佛的境界，爲什麼呢？因爲這是證量的緣故。那你們是不是覺得奇怪：「欸！你蕭老師是不是說，你的證量不如我們？」不是，實際的情況是怎麼樣呢？初地難以想像佛地的境界，二地卻覺得說：「喔！原來我以前在初地時想像佛的境界，根本就錯了，佛的境界太難想像，比初地時還難以想像。」一直類推，到了等覺位說：「嗯！佛的境界可能是怎麼樣的吧！」可是妙覺菩薩說：「我比你更無法想像！」妙覺菩薩是最後身菩薩，即將成佛了，他竟然更覺得沒辦法想像。

那麼最能夠想像、最能夠知道佛地境界的是誰呢？凡夫！（眾笑⋯⋯）凡夫們自以爲知，動不動就說：「我成佛了，佛的境界就像我這樣子！」那些凡夫大師們都是這樣！可是那一些自稱成佛的凡夫大師們，他們聽到蕭平實三個字，都會覺得驚嚇，心裡有所畏懼。好在我這個人不跟人家踢館，所以我有時候開玩笑說：「哪一天我如果七老八十了，沒力氣說法，只能夠說短短幾句話，那我就廣發英雄帖。每天寄拜帖，今天寄給某大山頭堂頭和尚，預定哪一天要去拜見。」就派人把這個名刺先送過去，會得到什麼回應？他們的祕書室會給我回應說：「我們和尚很忙，兩年內都沒空。」（大眾笑…）

所以想要爲人演說《法華經》，不是隨隨便便就能講的，你得要有那一些內涵。但是《法華經》，因爲你們第一次在現場聽我講，我常常跟台灣的同修們說：「如果你不知道《法華經》世尊所說的這一些聖教的背景，你就無法如實宣講。」所以我講的《法華經》內容，沒有人講過，而我就是這麼講出來了。所以，能夠這樣講《法華經》的人，「在於閑處修攝其心，安住不動」，誰都沒有辦法移轉他。因爲這是證量，依他的證量所觀的現量也是如此，所以沒有誰能夠轉變他，沒有誰能使他轉變對《法華經》內涵的認知與看法。

在他的智慧之中，「觀一切法皆無所有，猶如虛空無有堅固，不生不出不動不退，常住一相是名近處。」（先讓我喝口水，今天怎麼好渴。）菩薩為人講《法華經》應當要觀一切法皆無所有。在三界中是什麼法最堅固？（有人答：如來藏。）錯了！因為如來藏不屬於三界法，沒料到吧？欸！（眾笑⋯）我平常講經，我們台灣同修們不太敢答，因為他們體驗過剛剛你們體驗的過程。三界中的諸法只有一個法是常住的，但卻是可滅的，就是意根。山河大地，壞劫來時，依舊灰飛煙滅，可是意根可以十方三世流轉，都不毀壞。意根仍是三界中法，但是外道不能壞祂，諸天天主不能壞祂，一切外道的教主也不能壞祂，但在佛菩提道中，被視為下根劣器的阿羅漢，卻可以永遠毀壞祂，意根永遠不再現前。那麼，從這個三界中最堅固的意根來看，都還可以壞哦！何況還有其他什麼法是不可以壞的？所以「觀一切法皆無所有」，這就是能夠宣演《法華經》的菩薩自己的現觀。

「觀一切法皆無所有」，是從現象界萬法來說的，是說諸法「猶如虛空無有堅固」啊！請問諸位：虛空堅固不堅固？你們是看到經文才搖頭說「不堅固」，如果是平常問你呢，你一定說：「虛空堅固，虛空不可壞。」是不是呢？是啊！但問題來了，虛空無法，本來沒有一個東西叫虛空；虛空是依物質的邊際來施設虛空，例如我這個拳頭以外的地方叫作虛空；又例如依於地球而說，地球以外的地方叫作虛空；舉凡物體之外沒有物體的地方都叫虛空，是依物的邊際立名叫作虛空；所以虛空的本質是依物質、依色法而施設的，因此虛空歸屬於色法。所以不論二乘法中或大乘法中，都說虛空是「色邊色」——色法邊際的色法，是依色法的邊際而施設。那麼色法本身就虛妄無常了，就不堅固了，依色法的邊際而施設的虛空，當然也是「無有堅固」，這樣，這句經文就聽懂了。

可是講到這裡問題又來了，既然「觀一切法皆無所有，猶如虛空無有堅固」，爲什麼緊接著就說「不生」、「不出」、「不動」、「不退」？這不是有些矛盾嗎？那達賴喇嘛就是笨，他不懂還要裝懂，所以就說：「佛陀初轉法輪跟二轉法輪，前後說法互相矛盾。」他膽子好大，敢毀謗 佛所說法互相矛盾歟！有佛說法會互相矛盾的嗎？只有他那個說法會互相矛盾。所以咱們《狂密與眞密》出版也有十年了吧！他至今不敢寫上一篇文章來回應，就別說是出書回應了，因爲他所知道的密法並沒有比我多啊！而我所知道、所評論的，他無法推翻。所以佛陀說法前後並無矛盾之處，只有淺深的差別、廣狹的差異；只是他沒有智慧，所以讀不懂！

回到經文來，前兩句說的是這樣，爲什麼後句緊接著說「不生不動不退」？還是我一開始就跟諸位講的：「有生之法依於無生之法才能生滅變異。」猶如聖教中說：「有爲法依無爲法而住，有爲法住無爲法中。」無爲法就是你們各人個個都有、唯我獨尊的「此經」如來藏；你們的蘊處界都是有爲法，可是你們的蘊處界都依你們的無爲法而住。所以你們的蘊處界這個有爲法，都住於你們的無爲法「此經」如來藏中。所以你們的如來藏各個都分明顯現，各自都在放光，可是你現在心裡面動了個念頭說：「有嗎！」（大眾笑…）是不是！難怪啊！這是正常的！但其實早就放光動地了，因爲你本來就住在自己的如來藏之中；可是住在如來藏之中，你反而看不到如來藏。就好像蘇東坡有名的「題西林壁」，外面的人稱讚說：「哎呀！你們住的廬山煙雨眞美呀！」那他們住在廬山裡面的人說：「廬山煙雨到底是什麼？我怎麼看不到你們說的好美的廬山煙雨？」他爲什麼看不見？「只緣身在此山中」。你爲什麼看不見你的如來藏？只緣住於如來藏中啊！因爲太親近了，你就看不見了。

人家問老趙州：「如何是佛？」老趙州說：「佛都跟你在一起，你為什麼看不見？」好分明欸！他就問老趙州：「那我為什麼老是看不見？」這是一個公案，你們有沒有讀過？有啊？長耳三藏第三次以他心通看慧忠國師時看不見的事，老趙州指示說：「在三藏鼻孔上！」那僧人不懂，後來又去請問玄沙師備：「既然在鼻孔上，為什麼看不見？」玄沙就說：……「只為太近。」只因為太近啊！眞的，就是太近了，住在廬山中，反而看不見廬山煙雨的美。其實每一個人都放光動地，所以當你一切法如實現觀「皆無所有」的時候，就表示什麼？你是眞正開悟了。但不是那些六識論講的「緣起性空」，他們的緣起性空，不是眞的緣起性空！為什麼呢？因為他們嘴裡講緣起性空，心裡面並不接受緣起性空。

凡是接受緣起性空的人，一定會接受一切諸法「不生、不出、不動、不退」；要是不信，我就舉個例子給諸位看。那釋印順老法師，他不也自認成佛了嗎？所以他生前允許把自己的傳記命名為《看見佛陀在人間》出書，那表示他自認為成佛了。現在問題來了，當他口口聲聲說「佛法就是緣起性空」，那麼請問：「意識是不是被五陰十八界所含攝？」是！那意識既是五陰十八界所含攝，是否也應該緣起性空？是應該嘛！既然意識緣起性空，為什麼他還要把意識切一部分下來，說意識是常住的？所以他沒有眞正接受緣起性空。

他那個緣起性空，不是眞的緣起性空，只有 佛陀在大乘經中說的緣起性空，只有佛陀在四阿含諸經中以本識常住而說的意根以及六識生滅無常，苦、空、無我，依此所說的緣起性空才是眞的緣起性空；釋印順所說不是眞正的緣起性空，是他自己定義的緣起性空。所以他沒有如實接受 佛陀的緣起性空啊！因此我說，能夠如實「觀一切法皆無所有，猶如虛空無有堅固」的人，他才是眞的現觀緣起性空的人。為何這麼說？因為既然講：「藉緣而起，其性本空。」就表示背後一定另有一個本住法、常住法，藉種種助緣而生起的諸法其性本空，否則就不能講緣起了。緣起，一定有一個本住法能藉緣而生起其他的法，才會生起了蘊處界；如果沒有那個本住法，那就變成無因唯緣的假緣起性空，這跟 佛陀說的解脫道不一樣！

佛在《阿含經》中說得很清楚：「有因有緣集世間，有因有緣世間集；

有因有緣滅世間，有因有緣世間滅。」人類這個五陰，不論是集或者滅，都要因緣具足，不是單單有緣就能成辦，否則就是龍樹所破的諸法共生的外道見。好了，他把因否定掉，只留下緣的部分，那他就是個斷滅論者；當他把如來藏否定，那他釋印順之所以能出生，就成爲單憑他的父母和四大的助緣，那麼釋印順應該是沒有前世的；因爲沒有如來藏爲因，上一世的意識入胎後永滅也無法來到這一世，往世種子就無法帶到此世來，就變成這樣了，而釋印順此世五陰身心的出生就是他的父母與四大共生的，落入《中論》預破的諸法共生的大過中。

後來他發覺自己以前所講的、所寫的書都出紕漏了，怎麼辦？趕快再來建立一個細意識常住，說細意識可以來往三世。可是這一建立仍然有問題，因爲意識不論多粗多細，全都是意識，全都是根塵相觸而生的法；他不論怎麼變著說，他這隻孫猴子永遠逃不出如來佛的五指山！他以爲自己成佛了，是因爲他很會翻筋斗，佛教界沒有人比他更會翻筋斗。他不斷地翻的那些筋斗，佛教界一直都沒有人能趕得上他，就別提推翻他了！直到出了個蕭平實才把他推翻了。當他翻了許多筋斗，以爲到了世界邊際了，在那裡撒了一泡尿回來說：「我到了世界外了。」但如來佛把手掌給他看：「你看自己寫的『齊天大聖到此一遊』。」你再聞聞看你的尿味（大眾笑…）。事實是這樣啊！所以印順逃不出我們正覺所說的法，我們早就把他給釘死了。

而且，佛陀早就授記了，早就預先講在那邊等他了。佛陀在《阿含經》中有說：「諸所有意識，彼一切皆意法因緣生。」二千五百多年後，他還掉進去。「諸所有意識」，是說不論哪一類的意識，遠近粗細等所有意識，那一切意識全都是藉意根與法塵為因緣而出生的。請問：他把根觸塵而生的意識切了一部分下來，說是細意識，說是常住不壞的心；但細意識是不是意識？仍然是意識啊！佛說「諸所有意識，彼一切皆意法因緣生」了啊！佛陀早就預記在那邊，他竟然還能跳進去。也就是說，他努力在翻筋斗的時候，佛陀早就把五指山等在那邊了；然後釋印順去那邊寫了「齊天大聖到此一遊」，還怕人家不信，在那裡撒了一泡尿，才又翻筋斗回來；但他才剛回來，佛陀早就用《阿含經》裡的說法亮給他看了。

所以能夠如實瞭解緣起性空的人，他一定是實證本住法的人，一定是實證如來藏的人，否則不可能如實瞭解緣起性空。因此我們蔡老師早就把它作一個定義：「**緣起性空不是二乘法，緣起性空是大乘法。**」爲何這麼說？因爲一定是根本法藉緣而生起諸法。緣起性空的立論，不能夠把這個根本法切割掉，就說只有眾緣能生諸法；不能這麼說，那不是眞正的緣起性空，那只能叫作**緣生性空**；因爲法沒有起嘛！那個緣起的根本他都沒有談到，並且他已經把祂否定掉了，那他說的緣起性空就會出紕漏。

所以經文裡面並沒有矛盾，是他們自己沒有智慧而讀不懂，白以爲有矛盾。所以說，「**觀一切法皆無所有，猶如虛空無有堅固**」，講的就是緣起性空；眞正的緣起性空，是「**不生不出不動不退**」。所以當他們以爲我們不懂《阿含經》時，我們把《阿含正義》寫了出來，他們連一句話都不敢講。因爲我們依他們所信受的《阿含經》，來證實：「**《阿含經》講的同樣是八個識具足，不是你們所說的『《阿含經》只講六識，不講第七、八識』**。」於是他們不接受也得接受，因爲事實是這樣，證據也鋪陳出來了。我全部一一舉證出來，於是他們不想接受也得接受。

所以《阿含》裡面很多經典其實本來就是大乘經典，只是那些二乘聖者——不迴心的阿羅漢們，他們跟著菩薩們聽聞大乘經典時，只聽懂其中解脫道的部分，對於其中的實相法都聽不懂；聽不懂就是沒有勝解，因此不能成就念心所，所以他們記不住大乘經典中所說的大部分內容；因此他們在第一次結集的時候，沒有辦法結集出其中大乘法義的內涵，只能針對其中跟解脫道有關的部分結集下來，所以他們結集出來的成佛之道《阿含經》，就只有那麼一點點的經典內容。每一部大乘經典都有很豐富的內涵，但他們結集出來時只剩下一點點，然後他們宣稱說那就是成佛之道。菩薩們等他們結集完了，去聽他們誦出；等他們一誦出時，菩薩們心想：「天啊！這竟然能說是大乘經典！竟然說這樣就是成佛之道。」不能接受，要求他們修改；他們不改，菩薩們就放話說：「吾等亦欲結集。」抗議說：「我們也要結集。」因爲當你聽完聲聞人記錄下來的大乘經典時，知道那些根本就不是大乘經典的內涵！所以，四阿含諸經裡面有許多部經的名稱，跟大乘經典一樣，但它的內涵只有二乘法，沒有大乘法。這就是爲什麼會有相同的經名，結果大乘法中跟二乘法中所說不同的原因。所以我說如實證得緣起性空的人，一定勝解「不生不出不動不退」，他一定是「常住一相」，就是眞如法界一相，這才是爲人講《法華經》的菩薩應該有的法親近處。

明明一切法都是緣起性空，皆無所有，都不堅固；不堅固是說它會毀壞、有生有滅啊！可是爲什麼又說「不生不出」呢？也就是這些生滅的萬法，其實本來都屬於如來藏所有；就好像一顆明珠表面的影像不斷地生住異滅變化，但它歸明珠所有的時候，你就不能夠說那些生滅變異的影像是有生；因爲明珠存在的時候，那個影像就已跟著存在了。不斷變異的影像早就跟著明珠存在了，所以你就不能夠說這一切變異生滅皆無所有的影像有生，這就是轉依。

好，又說「不出」，請問諸位：「你曾經出離於你的如來藏之外嗎？」（大眾回答：沒有。）沒有！如果你們是在還沒有來正覺學法的時候，我這麼一問，你們一定是瞠目結舌：「嗄？你問什麼？」所以我若是想要提問題，只能夠跟你們提。我在會外是不能提這問題問別人的，因爲他們聽不懂我在問什麼。你們從來不曾出離於自己的如來藏之外，怎麼可以說你曾出呢？例如修定；修定最好的人，一入定中住多久？有紀錄的是誰最久？嗄？大聲一點沒關係。虛雲老和尚喔？幾年？幾年？入定幾年？（有人回答：達摩。）達摩喔？達摩最久喔？好，九年。他九年後有沒有出定？（有人回答：有。）還是出定啊！可是我們說那只是一個表相，其實諸位從來沒有出過定。爲什麼你們沒有出過定？因爲你們從來也不曾入定。（大眾笑…）

可是我說的「不入定」，不是你們想的「不入定」喔！我講的是你們也有法界大定；你這個法界大定，本來就定在那裡，無始劫以來就不曾出現過一句言語，恆常都在定中喔！是本來就已定的，所以你們就不必再入定了！這是說，你們本來就在法界大定裡面，不須要再入。你本來就在定中啊！當然不須入。那麼既然不須要入，也就不須要出定了。法界大定，就是講你們個個身上都有的「此經」——你的金剛心如來藏，本來就是住於定中；祂不必入定就已經在定中了，所以祂不入；既然都不入了，也就不出。

凡是有入定的，就一定會有出定。所以如果你遇到有人說，他修的定有多麼好，一入定就是好幾天。你就問他：「老哥！請問你，你入定最長的時間是多久？」他說：「我入定，有一次最長十天！」你就說：「你這個還不夠瞧，太遜了！」他一定很驚訝：「嗄？你比我厲害喔！你一入定幾天？」你就說：「我一入定就是無量劫。」（大眾笑…）他一定無法想像，一定會問：「那請問你，多久以後會出定？」你說：「我不出定也不入定。」他很好奇問你：

「那是什麼定？」你告訴他：「法界大定！」十方三世一切法界裡面就是這個定最大，上自諸佛，下至螻蟻，悉有此定；所以既不生，也不出。從來都沒有出生過，何曾死？既不曾入定，又何必出定？這就是「不生不出」。這種法界大定才是我們要證的；那種世間小定，給他一入定一輩子好了：一出生就入定，直到八十歲才出定，然後死了。這樣子好不好？這樣是人間最長久的定境了，但其實沒有什麼作用；那我們住在法界大定之中還可以利樂有情、增進道業，何樂而不為？這就是正覺的法勝妙之處。但我們不是只有法界大定，世間禪定咱們也有啊！只是需要另外擇期傳授而已。還有很多法要講，但時間已經到了；只剩下半分鐘，留給輪值老師有事宣布。

天氣越來越熱，但希望諸位越聽越心涼、越歡喜。《法華經》上週講到一百二十八頁第三行「猶如虛空無有堅固，不生不出」，那麼今天接著要講「不動不退，常住一相是名近處」。這是講兩個親近處中的後一個「法親近處」，我們上週還沒有講完。這就是說《法華經》「此經」講的就是如來藏，猶如《金剛經》說的「此經」也是講如來藏。那麼講《法華經》時，對於眾生應當如何親近，對於法又應當如何親近，這兩個一定都要作到，然後才能符合菩薩勝法意旨。所以第二個「法親近處」講到一切法「猶如虛空無有堅固」，我們上週又說了「不生不出」，今天接著要說「不退」與「不動」。

「不退」，跟一般人所說的「不退」意思不同；一般所說的退，是在佛法中修學，過了一段時間以後退轉了，回墮於世間法中，便叫作退；或者在三乘菩提中有所實證，然後心中不得決定，因爲沒有經過應該有的基礎的建立，以及應該有的觀行或者參禪過程，所以縱使知道什麼是斷我見的內涵，縱使知道佛法般若的密意，仍然無法心得決定；因爲他沒有那個智慧生起，也無法眞的轉依成功，就不能說是眞的證悟。這就是因爲他沒有經過參禪與修行的過程，所以退轉了，這樣就稱爲退轉。所以原來自以爲得初果時，是因爲初果的內涵他都知道；結果善知識或諸佛判定他沒有眞正證得初果，因爲他只是聽聞，沒有經過隨聞入觀的過程；或者聽聞之後，他自己沒有經過思惟的過程；或者思惟具足完成以後，他沒有修定伏惑的實質來配合，所以他最後依舊退轉了。那麼退轉的人，他跟心得決定的人不退轉有所不同，所以說那種人是退轉者。

那麼退轉又有很多不同層次的差別，最高層次的退轉是念退，往往遭遇到逆境的時候心中不想繼續修行，或者心中不想繼續利樂眾生，名為念退，但是也許一會兒他又回復道心了。如果比較嚴重一點，也許他在修行上退轉了一、兩個星期說：「**我罷講了，不度眾生了；眾生恩將仇報，我不想再度眾生了。**」所以他可能罷講一、兩次，也許罷講一、兩個月，也許中止一、兩年，都不一定，這便叫作「行退」。當然也有「位退」的事，就是層次更差一點，是三賢位裡面才有的位退狀況：因此有人從十迴向位退回十行位中；或者從十行位退回十住位中；或者十住位退回九住、八住、七住，乃至退轉於明心的見地而成為六住位以下的菩薩。如果像世間人說：「**我都不再信佛了，一直都沒有感應。**」那便叫作「信退」，連十信位都還不曾實修圓滿。所以不退有各種的不同，但是為什麼無法不退？是因為心動搖了。如果心得決定而不動搖，他就不會退轉，所以退轉的原因都是因為心中搖動，心不決定。

如果像我們早期濫慈悲那樣，只要打禪三，統統有獎；我們前三次禪三時都是這樣，最後一天參不出來時，全部叫到小參室來，為所有人全部明講，這樣是不是全都開悟了？好像都沒問題喔？當時眞的沒問題，因為大家都答：「沒問題！」好啦！回家以後大部分都有問題了！一個一個退轉了，為什麼呢？因為沒有經過參究的過程。參究的過程很重要，若是沒有參究的過程，就沒法子達成去蕪存菁的作用。例如你要鍊就一把千將長劍，或是另一把短劍——莫邪劍，全都一樣；這種神兵利器必須先經過千錘百鍊，把鐵中的雜質先給去掉，再加上應該有的鈣質等，才能鍊就。

之所以能夠成為神兵利器，一定要先鍛鍊成百鍊精剛，然後用技術打造成神兵利器，才能斬鐵如泥、天下無敵！可是你如果把一塊鐵，沒有經過這個過程的鍛鍊，直接把它鑄成了寶劍，別說跟人家的劍對砍，很可能砍到樹木時它自己都會斷成兩截。現代也有鑄劍專家作過這麼一個實驗，就是直接用生鐵鑄劍，結果與一般的劍才一敲擊也就斷了。意思是說那個參究過程很重要，在那個過程中可以使你不斷地去蕪存菁，結果你的智慧就可以出生；證得第八識而生起實相智慧的源頭，是因為你有經歷那個過程；在經歷那個過程中，你的智慧持續成長，能夠如實現觀各個層面時，你就可以心得決定。如果智慧沒有成長的過程而成功，心中就會有所懷疑；有所懷疑時，如果周邊的人都告訴你說：「這個法沒有問題。」你就會沒問題；可是當周邊那些人，一旦有一、兩個人告訴你：「這個法有問題。」你這時心就動搖了，真的沒辦法不動，於是不能忍於第八識的無所得境界，就無法「不退」。

證初果也是一樣的道理，佛陀在世時，初果人太多太多了，數之不盡；但是也有人證不了，原因在哪裡呢？主要在於能不能隨聞入觀，當然也有被業障所障的。當佛陀在說我見——對五陰假我內涵的不如實觀察而產生了五陰實有的見解，在說明十八界假我的內涵，也說明過去世的五陰、現在世的五陰、未來世的五陰，解說這些內涵如何虛假，這時聽聞的人要隨聞入觀——隨著你所聽聞的法義，當場進入觀行的境界裡面去觀察，看五陰是否跟佛陀說的一樣確實虛假？當眾生已有定力降伏自己，此時能夠隨聞入觀的人，佛陀說一分我見，他就斷一分我見；佛陀把我見的內涵講完了，他就把我見斷盡了，於是他當場就是初果人，成爲《阿含經》說的得「法眼淨」。

要是沒有定力先降伏自己，當他聽聞的時候也沒有隨聞入觀，只是聽，那麼佛陀講完了，最多只是得個「不壞信」，他無法實證初果，但他可能會以爲自己已經證得初果了。也就是說，在二乘菩提中能不能實證，並不是讀了或是聽了就算數，而是要有現前觀察——有觀行的過程；那個過程不可以免掉，並不是聽聞了正法就算數。同樣的情況，通常得「法眼淨」之後，向佛陀稟告、禮拜，退下去之後，自己於閑靜處，獨一專精思惟；於是也許二個時辰後，也許一天、也許兩天後，就來向 佛陀報告：「我所作已辦，不受後有。」他自己很清楚宣示說：「我生已盡，梵行已立，所作已辦，不受後有，知如眞。」宣稱自己是得阿羅漢果，他就如此來向 佛陀稟告。佛陀問過他一些話以後就印證說：「如是！如是！你是阿羅漢。」這就是已得聲聞法中的第一記。也就是說一定要有那個過程，如果沒有那個過程，心不可能不動，未來一定會退轉，眞的無法不退。

可是推究不退的原因固然是由於「不動」，那麼「不動」的原因是什麼？是有沒有心得決定。至於心有沒有決定而得「不動」，就要看你在法上是不是有親自經歷那個觀行的過程；如果有親自經歷的話，不管別人怎麼樣來質疑，也不管別人怎麼樣來考問，你都絕對不會退轉。因爲你心得不動的原因是智慧，有智慧讓你可以簡別，表示你有二乘菩提的抉擇分了，或者已有大乘菩提的抉擇分了，但智慧的由來卻是因爲具足觀行的過程。由於你得到法眼淨，所以你能夠抉擇；因爲你有智慧生起，所以自己能抉擇，那就是心得決定，心得決定的人才能夠不動；心不動，就不會退轉。

可是從另一個方面來講，也就是在理上來講，跟剛剛事上所講的不一樣；因爲剛剛所講的是從事相上，就是從你修行的過程內涵來說，可是如果從理上來說「不動、不退」，意思就不一樣了。如何是「不動」？覺知心一向都有動，即使你親證了如來藏，你說：「我有智慧生起了，所以我心得決定。」但是你心得決定時還是動啊：你是從本來的無所知，從本來的沒有智慧，變成現在對實相的有所知，對實相的智慧生起了；你是從無明的凡夫轉變而成爲有智慧的菩薩，這個本身就是一個變動。所以即使你心得決定，「不動、不退」了，在事相上來說還是有動與有退：退出了世間法，進入了出世間法；退出了無明，進入了明。在事相上本來就是這樣啊！但是從理上來說，不管你有沒有動、有沒有退，有沒有進入出世間法中，有沒有出離於世間法，其實你的如來藏對一切法從來都不動心，理上本來就是這樣。因爲你的如來藏猶如虛空，從來「不動」，於任何法都不動心；由於不動的關係，根本就沒有退可說。

一定心會動才會退，例如本來我立定志向說：「我這一世一定要成爲最偉大的科學家。」就往這一條路前進，但即使他後來成就眞的很高了，有一天他還是會動搖，他想：「啊！我現在辛苦了四十年，已經是世界級的頂尖物理學家了，名聞利養全都有了，我想這樣滿足了！我想這樣已經足夠了！可以不必再繼續奮鬥了。」因爲他心這樣動了，所以他就退了。退了以後，他把研究成果都交給學生，由他的門生繼續研究，繼續發展，結果呢，他的學生成就後來超越了他，這在世間法上很平常，一代超越一代，那他是不是從物理學上退了？他是退了。但在表面上看來他是沒有退，好像是學生超越了他，但他的心已經退了，不想繼續往前推進了。這就是不究竟的世間法，在世間法中永遠都會這樣，總有一天會動心的。

然而「此經」如來藏沒有所謂的動可說，你可以觀察到如來藏曾經對什麼法動過心呢？你找不到；三界一切境界法，祂從來不曾動過心。所以那位科學家說：「我不再深入物理學去精研了。」可是他的如來藏從來就沒有精研過物理學，那你叫祂有什麼可退？祂根本不會動心，那就永遠不會有退。一定是有動心的，將來才會有退；但如來藏對三界一切萬法，從來不曾動過心，所以祂就沒有動可說，這就是「不動不退」。

可是這個物理學家有一天想一想：「啊！咱們西洋科學好像不如東方的哲學，眞的不如東方佛教的理學。」有一天他想：「我這麼聰明，這麼有智慧，爲什麼佛經我讀不懂？」他想：「我得打聽看看哪裡可以讓我懂？」經別人展轉介紹，聽說台灣有個正覺同修會可以讓人家眞的懂佛經；也許他來了，也許再五年後他開悟了，也許是遲至十年後才開悟，他發覺說：「欸！我精研物理一生，不如我的如來藏，祂比我更懂！」因爲四大怎麼組合，怎麼組成這個五陰，祂最懂啊！而他自己根本不懂，他的物理學何嘗涉略到這個物理？這時只好讚歎說：「原來如來藏才是眞正的物理學家，我怎麼排都排不上班，我怎麼排都是在最後，甚至連最後那個位子，我都還排不上。」所以只有眞正不動的，才可以是不退的；而這個不動與不退的，才是世間法的根本。那些物理學家怎麼樣研究都沒有用，他們想要研究宇宙的起源如何、生命的起源如何，永遠都研究不出一個結論，因爲物不能生心。所以他們永遠都不會有結論，只有在佛教裡面才有結論。

然後等到這位物理學家終於弄清楚了如來藏才是眞正「不動不退」的，他再來觀察所有有情；甚至於好奇，用顯微鏡來瞧一瞧細菌：「欸！還是跟我一樣！」那他就可以從比量知道：天人也是跟我們一樣，諸佛菩薩也是跟我們一樣，同樣是這一個心，同樣都是這麼一個相——叫作實相；也就是「觀一切法皆無所有，猶如虛空無有堅固，不生不出不動不退」，全部都同一個法相，所以「常住一相」，就是這個實相，沒有第二種法相。從此以後必須——也是不得不——「常住一相」了。因爲他再也找不到有什麼比「此經」更究竟的法，爲什麼呢？因爲你推究到「此經」，再往前推究時，可就無有一法可得，不得不「齊識而還」，因爲一切諸法「不能過彼」，於是只好永遠「常住一相」，除此而外即無一法可得，眞的沒有辦法創造佛法。這就是爲什麼二〇〇三年人家又創造一個眞如來出生阿賴耶識的時候，我就先爲他們公開斷言：他們未來只有兩條路可走。後來果眞一一應驗我的斷言。

爲什麼我敢這樣公開爲他們授記？說他們一定落回離念靈知，接著將來只剩下一條路：就是偷偷回歸阿賴耶識。爲什麼我敢公開爲他們授記？因爲我觀察過了：實相一相，別無他相。從現量上、從聖教量上，再從比量上去推究，永遠都是只有這一相，因爲萬法追本溯源以後，全都必定「齊識而還，不能過彼」，如果能夠推究到第八識之前還有一個心可以來生祂，就表示那個人應該被尊稱為「佛王之王」，或者「佛上佛」。可是諸佛說的都不是這樣啊！佛陀告訴我們說，一切諸佛平等平等。如果他的法可以超過諸佛，那一定不能叫佛法，而他也一定不是佛；因為佛的境界就是八識心王境界，結果他竟然會有九個識，所以他一定不是佛。因此呢，「佛」字那個人字旁要拿掉，拿掉以後變成什麼意思？變作什麼都不是，那就不是佛法。所以，實相只有一相，不可能有二相。

我們正覺同修會早期弘法時，常常有人這麼講：「各人講各人的，你說你的開悟境界，我說我的開悟境界，為什麼一定要別人的開悟境界跟你一樣？」我們早期常常遇到有人這樣講，甚至於也有人寫信來，用明信片寫。我一看：「啊！這個不值得回信。」有時看一看就把它丟了，因為他是用罵的，不是理性的人，所以我一笑就丟到字紙簍去了；這也因為他顯然完全不懂，我們這麼深的妙法，跟他沒得講。除非我有美援的時間，假使我每一天都有四十八小時，身子都不累，那我可以寫很多字來為他說明；否則，要為他從何講起？

你們看我在法座上說法滔滔不絕，很喜歡講法的樣子喔？可是我在外面都不開口說法。我不想開口，因爲沒辦法與會外的學人溝通。你們有那個基礎，我可以跟你們溝通；可是外面那一些初學佛的人，相差太多了，我與他們根本沒辦法溝通，所以我在外面都不開口說法。這就是說，開悟只有一種，不可能說你悟這一種，我悟另一種。如果開悟可以悟成兩種、悟成三種，那表示說，將來各人成佛時也可以成爲三種佛、四種佛了，那可就成爲佛佛不同道了！就不是「佛佛道同」。可是他們都沒想到這一點，眞的好奇怪。他們提出的主張都說：「**你悟你的，我悟我們的，何必一定要一樣？**」我就覺得好生奇怪：開悟的實相難道不是只有一種嗎？實相會有兩種嗎？而且提出這種主張的那些人，很多都是佛學院的講師、教授，或是大山頭的大法師；我不曉得那些佛學院的教授是怎麼樣取得教授的資格，我眞不懂！

所以，實相既然只有一相，不管誰開悟了，都該是同樣的，不可能有兩種以上的不同開悟內涵！可是佛教界有多少人認同我這個看法？眞的很少啊！後來我終於把他們的矛盾寫出來、講出來了，他們就不再主張開悟有兩種、三種。最早主張「**各人悟各人的**」是自在居士，他最早啦！但是現在沒有人敢再這樣說，因爲我們已經把道理講清楚了：你們的修證法門可以有無量無數，可是實相就只有一個；不管有多少種開悟的法門，所要證的全都是同樣一種實相。那麼開悟的內容當然只有一種，不可能會有兩種或以上。

所以在末法時代你要是眞正開悟了，就會很可憐，因爲你沒有五花八門的開悟境界，你只有一種開悟境界，與外面那些開悟者都很難對話，所以你眞的好可憐。而你最後也不得不把外面那些五花八門的開悟，全部都要否決掉，不然他們就會說你悟錯了，反而會聯合起來打壓你，使正法無法弘傳。所以你眞的開悟以後，密宗的抱身佛樂空雙運的假開悟也要否決；也就是外道說的「我於人間五欲自在，我這個離念靈知也是自在的」，這兩個也要否決；然後有人說「我初禪中得自在」，「在二禪中得自在」，乃至「在四禪中得自在」，你都得把他們全部否決，因爲全都不是實相境界。當那些開悟的境界都被你否決掉了，只剩下一個開悟不能否決的，就是證得如來藏而能現觀如來藏的眞如法性，然後轉依於眞如法性繼續修行，只許剩下這一種開悟。

結果是，你開悟了以後變成孤家寡人；你若是離開同修會，在外面也只能稱孤道寡，因爲沒有人跟你悟得一樣的內涵。你悟了如來藏而演說實相般若時，他們卻都主張開悟是證得離念靈知、一念不生等等；那你想一想，你要如何開口跟他們說「證如來藏才能叫作開悟」？你很難說明。因為你假使如實說，一定會被罵；你如果要婉轉說明，那得要花掉好幾個鐘頭來說明；那時你會想：「我講到口乾舌燥，他們還不一定會相信，那又何苦呢？」乾脆送他一本書，讓他慢慢去熏習，也許五年後他終於懂得裡面的一點意思，那時也許因緣就成熟了，他就會進入同修會了，不如這樣比較簡單。

於是每天遇見了覺得有緣的人，就送一本；就這樣送書，到處送；送久了以後，結果五年後、十年後，他們就漸漸進來正覺了；那麼你度眾的功德、攝取佛土的功德，就在這樣長期送書的背景下自然成就，這樣不是更簡單？眞的很難當面直接解說啊！所以寒山大士寫了一首偈，其中一句就說：「叫我如何說？」因為遇到世間人，他眞的很難開口啊！文殊菩薩遇到世間人就是沒辦法，只有眞正的學人，他才能很方便可以度化；可是遇到完全不懂而且無明深重的人，文殊菩薩就得費盡九牛二虎之力。那得要什麼人？那得要那些具足無明的大師們，從世間法上把他們呼朋引伴召集過來，說是在學佛法，其實就是種善根，就是讓他們種善根。

所以現在所謂的環保菩提、醫療菩提、清涼菩提等等，有無量無邊的施設菩提，都只是在種善根；等他們善根種夠了，未來世進入正覺，就成爲你們的徒弟。他們是該你們度的，所以你們不要搖頭說：「哎喲！好可憐喔！那麼多人努力奉獻、努力作義工，可是跟佛法的實證都沒有因緣，眞的好可憐喔！」你不必爲他們掉眼淚啦！你覺得他們可憐，但他們反而覺得你可憐（眾笑…）。他們都會這樣子說：「你爲何這麼笨？走入正覺那個邪魔外道法裡面去！」這就是種善根夠與不夠的問題。假使他們的善根種夠了，有一天當然就會想要瞭解：「那佛法常常說的實相一相，到底是什麼？學佛到底應該怎麼樣才叫作親證？」他們自然會去探討。等他們開始探討的時候，就會廣閱眾書，所以諸方大師所寫的書，他們都會好好去讀；讀了一、二十年以後才發現到一本《無相念佛》，心想：「欸！這個念佛的名稱好奇怪欸！」好奇去讀了以後，他就中毒了——中了法毒，五陰常住不壞的我見開始要死掉了，這不是中世間毒，於是他就進正覺了。

所以當你悟了以後，就是「常住一相」，不再有二相；然後看來好像是孤家寡人了，因爲除了到正覺同修會，以外你不論去到何處都只能稱孤道寡，沒有友伴可以共說佛法了。因爲外面全部的開悟者都是離念靈知意識境界，不然就是密宗外道的具足識陰境界；而你成爲孤家寡人，只有一相可住；住久了卻有好處，因爲住久了以後智慧勃發，對於實相的境界、對於這一相的內涵，就越來越深入加以體驗，智慧越來越深、越來越廣。於是你從這個一相，就可以開出無量百千萬億繽紛燦爛的智慧之花。

然後大家目不暇給看個不停：今天你開出這朵花，明天你又開出另一朵花。「哎呀！你爲什麼能出生這麼多的智慧之花？」他們弄不懂。可是，你其實只有證得一個不是東西的東西，叫作第八識如來藏；就憑著「此經」如來藏開始衍生出無量無邊的法義；這無量無邊的法義從你口裡說出來的時候，卻都互相貫通而沒有衝突、沒有矛盾，這就是你在法上應當親近之處。得到了這個法上的「親近處」，法樂無窮；如果不是法樂無窮，你在人間弘揚菩薩道，不必多久，心中就動了、退了，不可能永遠「不動不退」。

所以在人間住持如來藏妙法是很辛苦的，沒有輕鬆容易的事。你們不要想：「我到正覺同修會來修學，悟了以後，我就可以怎麼樣、怎麼樣，日子過得好舒服，大家都恭敬我。」沒這回事，絕對不要這樣想。你悟了以後，人家不罵你邪魔外道，你就該覺得萬幸、萬幸！所以我被人家罵邪魔外道，罵了將近二十年（編案：這是二〇一一年六月所說），這兩年比較沒有人罵啦！以前可是被罵得一場糊塗，這兩年只剩下密宗外道的某一些道場、精舍，他們化名在網路上繼續罵。

顯教裡面的法師大概已經不敢罵了，因為他們已經弄清楚了：證如來藏才是真正的佛法。即使是六識論的道場，而且是印順派的道場，她們的書架上面也常常還看得到我們的書，但她們也不敢再拿去環保回收了。為什麼呢？因為已經知道那個因果，已經知道正覺說的才是正法。所以現在只好放在書架最下層，貼個條子說：「外道參考書籍。」但是不敢拿去燒了。以前是拿去撕掉就環保回收，現在放在那裡，留著給大家參考。這樣也很好，算她們夠聰明！因為這樣既免了破壞法寶的罪，然後也許暗中有人讀了可以提升佛法知見，那她貼上「外道參考書籍」的條子而把書留在書架上，也還有功德哩！因為她畢竟沒有把我的書拿去環保回收，還是有些許功德。

往往別人因為她這樣作，而可以好奇時拿去閱讀啊！當人家問她說：「欸！妳為什麼讀這個蕭平實邪魔外道的書？」她可以回答說：「這是外道啊！我要參考瞭解他，才能破斥他啊！」那她就可以由這個好理由，自己好好去閱讀了，別人也一樣可以用這個理由拿出來讀讀看。所以我說她貼那個條子還好，點子還眞不錯呢，値得讚歎！我們不要只從表面上看到就說：「這個人竟然罵我是外道，把我的書當作是外道書。」不要這樣想，你們應該從另一方面來想，不要從這一邊來想；當你換個角度，從另外一邊來想的時候：她沒有拿去環保回收，建立「外道參考書」的標籤貼在那邊，裡面的法師們就可以公開閱讀了。大家都說：「我要瞭解外道講些什麼，我弘法時才能廣破他呀！」那她們裡面的法師們就有理由可以閱讀，佛法知見水平就能慢慢提升，她們就可以「身中法毒」而斷除「細意識常住」的我見。所以貼上那個「外道參考書籍」字條的人，也還是有功德的，我們看事情是這樣看的，要看「根本」而忽略「成已」。爲什麼我們要這樣看？因爲實相裡面本來就是這樣，你不能只看一面。將來因爲這個緣故，你這麼告訴她說：「喔！原來這個是妳貼的喔！哎呀！妳有大功德啊！」她一聽，也是好歡喜：「原來我有大功德，那我也要趕快讀；讀了這個外道的資料，我就能趕快提升佛法水平啊！」她後來就會想：「這位師姊從正覺出來，竟然這麼有智慧，我沒有想到的她都幫我先想好了；眞是洞察機先，好有智慧啊！」

於是假使哪一天正覺寺開放說：「所有法師們，只要是正信的，都可以來掛單學法了。」我告訴你們，那時會有一群法師來掛單。

所以，菩薩雖然「常住一相」，只有一相，可是這一相的功德很偉大！剛親證的時候往往不覺得怎麼樣，可是這個「不怎麼樣」，漸漸地就會怎麼樣，祂會讓你怎麼樣。什麼叫作「怎麼樣」？就是讓你智慧勃發！於是你的智慧就像燦爛的花朵，每天一朵又一朵，不斷地開出來，讓大家目不暇給；於是你攝受未來成佛時佛土的過程就展開了。因爲你會影響到周遭的人開始信受你，當他們開始信受你，那你攝受佛土就成功了，佛土就是這樣攝受來的！所以這個「常住一相」很重要，這個法「親近處」眞的重要，世尊就是這麼跟我們開示。接著世尊作了最後的吩咐說：

「若有比丘於我滅後，入是行處及親近處，說斯經時無有怯弱。」這就是說你只要把持住了「菩薩行處」，不違犯，就是第一個原則；當你瞭解這個菩薩行處的原則，在菩薩行的過程裡面，障礙就自然減少了。然後再來住於兩個「親近處」：第一個是眾生親近處，第二個是法親近處。你親近眾生的時候，該怎麼親近；眾生親近你的時候，你該如何應對。這是眾生親近處，你已經瞭解了；然後法親近處呢，是說你應該依止於什麼法，要用什麼法來爲眾生宣說，來顯示你所證的內涵。當你能夠有了法親近處和眾生的親近處，而「菩薩行處」你也把握住了原則，那麼你將來爲人家演說《法華經》時就沒有問題了。

住於這個「菩薩行處」，也住於這兩種「親近處」，你可以放心大膽爲人家演述《法華經》了。如果只有「初親近處」，沒有法「親近處」，也是無法爲人家宣說《法華》的；因爲講出來時只是意識思惟的想像，那麼聞者不信，就是必然的結果。如果有這個法上的「親近處」，那麼你再來考量面對眾生時的「親近處」，再把握住「菩薩行處」，那你爲人家演說《法華經》時就輕而易舉，大家也可以因爲你而得到很大的利益。所以世尊說你在這個時節「說斯經時無有怯弱」。

那你可以衡量一下說：「我現在如果上台講解《法華經》，行不行？」你可以自己衡量一下。如果行，顯然「菩薩行處」跟這兩個「親近處」，你都沒有問題！那如果你發覺眞的行，待會兒我下座了，趕快來告訴我（大眾笑…），我就可以輕鬆一些了。大家輪流著講，也很不錯啊！如果有人幫我一週輪一次，我就可以一週在下面翹著二郎腿聽經。啊？不能翹二郎腿，那我盤著腿來聽經，也是很舒服的事。所以，這第一個條件你要能作到，就是「菩薩行處」的原則把握住了，然後對眾生該如何親近，於法又該如何親近，這兩個「親近處」全都有了，那麼你就可以上台爲人演述「此經」，那時一定心中「無有怯弱」。最後 世尊怎麼吩咐呢？

經文：【「菩薩有時入於靜室，以正憶念隨義觀法，從禪定起爲諸國王、王子臣民婆羅門等，開化演暢說斯經典，其心安隱無有怯弱。文殊師利！是名菩薩安住初法，能於後世說《法華經》。」】

語譯：【「菩薩有時進入安靜的房間裡，以如實而正確的憶念，隨著這一些經中的義理而觀察諸法，有時則從禪定中、從靜慮之中起身，來爲諸國王、王子、臣民、婆羅門等人，開示化導而不斷地加以演說，淋漓盡致地演說這部《妙法蓮華經》，而他的心中沒有任何不安，是安隱而沒有怯弱的。」

重頌中的吩咐講完了，佛陀又吩咐說：「**文殊師利！這就是菩薩安住於第一法中，能在後世為大眾演說《妙法蓮華經》。**」

講義：這就是說，菩薩不是閒來無事到處觀光。你們也許無法想像，有一些名氣不大可也不小的法師們，他們每年都會帶著徒眾出國觀光。至於誰能夠跟隨他出國觀光，那就要看你奉獻或供養夠不夠多！如果奉獻供養不夠多，你就跟不到團，就沒有辦法跟隨在他身邊一起出國去玩。你們無法想像這種事情吧？但這可是事實啊！而這樣的法師，你能夠說他們是菩薩嗎？這樣的法師還真不少呢！

菩薩有空是入於靜室，一切出家菩薩都是如此，沒有例外。有空就是入於靜室修定或思惟法義；沒空時當然是為眾生作事，除此以外，沒有別的事。這就是出家菩薩：沒空的時候都是在為眾生作事，有空的時候是要入於靜室。入於靜室幹什麼？「**以正憶念隨義觀法**」。如果入於靜室是讀小說，看連續劇，那還能稱為出家菩薩嗎？不行！已變成出家人行於在家法了。把「**出家人行在家法**」的事情，實行到淋漓盡致的就是西藏密宗，他們四大教派就是這種外道。表相出家法他們全部都要，就是被別人恭敬供養，不事生產，然後在家法也全部都要，所以在家人的人倫、五欲等法，他們也全都要。可是我說他們對出家法所謂的都要，是有檢擇的，就是出家後可以得到的世間法的利益：「不必工作而可以豐衣足食及獲得名聞利養，以及五欲和淫行，我統統要；但出世間法上的清淨梵行、證眞如等利益，我統統不要。」這就是西藏密宗四大教派。所以喇嘛們孩子生一大堆，比在家人生得還多，只是他們後來分不清楚哪個是他的孩子了，這可都是事實。

因此說，出家菩薩要有出家菩薩的格，但出家菩薩的格，是有事都是爲眾生在忙，沒事就是進入靜室；在靜室中要作靜慮，不是讓你在那邊打坐修定，享受定境。享受定境，大家都很願意，可是對於佛法實證的增益，對於眾生道業增進的利益上，有什麼幫忙？一點忙都幫不上，只是自己坐在那邊享受定境，然後下半晌就不見了；因爲入定了以後沒有時間的感覺，才一下子，整個下午就過去了。等他出定以後，智慧有沒有增長呢？沒有！所以，沒事的時候入於靜室，是要作靜慮的；也就是處於安靜的環境中，靜下心來好好思慮一切佛法，在智慧層面繼續增上，可以利益更多學法者，這才叫作菩薩六度中的靜慮。

第五度的禪定靜慮，最重要的是在這裡！也就是「以正憶念隨義觀法」。這是說，有空的時候「以正憶念隨義觀法」，沒空的時候也要「以正憶念隨義觀法」。例如出家菩薩常常要出坡，在屋外拔草、剪草，或者在作什麼事情時，或者在大殿擦地時，一面作著，一面思惟佛法，這樣智慧才容易快速增長。如果可以處於靜室，當然更要「以正憶念隨義觀法」，當你想到某一個法義，就針對那個法義，去觀察那個法義所關聯的諸法，全部加以觀察。能這樣子作，智慧就會越來越深廣。

在佛法中要如實宣演《法華經》並不容易。你們看 文殊師利菩薩，他對「其數無量不可稱計」的菩薩眾就只講一部《法華經》，那是很不容易講的。只有講一部經，不是分門別類講解很多不同的經典，你想他要把《法華經》講得多深多廣？能夠聽的人也不簡單，如果不是智慧很好，沒辦法聽他講那種經；因為智慧不夠的人聽起來，會變成只看見一片又一片的樹葉，卻看不見整棵樹。可是那些聽他講《法華經》的菩薩們不會這樣子，既見樹又見林，既見葉又見樹，全部分明俱見，所以聽者與講者層次都是很高的。因此，如何講解得既深又廣，是很不容易的。假使有人說：「我的證量很深，可是我就是廣度不夠。」那我就會告訴他說：「那表示你的證量不夠深，所以你的廣度才不夠大。」因爲深與廣是成正比的，證量越深的人，廣度就越大；這是因爲證量越深厚時，一定越會增加廣度。所以他的證量越廣的時候，他在每一個法上現觀的深度也會跟著增加。深與廣是成正比的，不可能說：「我證量很廣，可是我就是膚淺啦！我沒有辦法講得很深妙啦！」那表示他的證量依舊不夠廣。

所以能夠把握住「菩薩行處」的原則之後，有了眾生「親近處」、法「親近處」之後，假使有空閒入於靜室，應該要如實地、正確地憶念所聽聞過的所有教義；然後依那些教義去觀察與它相關的諸法，去整體加以思惟、整理、現觀，成爲自己實有的智慧，智慧自然會漸漸變得既廣又深，這才是眞正的禪定、靜慮。外道的禪定其實最多只是世間的四禪八定，不是菩薩所證的眞實禪定。當菩薩能夠這樣作的時候，時間到了，因緣成熟了，該爲眾生說法了，所以「從禪定起爲諸國王、王子臣民婆羅門等」開示，他就離開禪定了；這時不再思惟——不再作靜慮，就要去爲那一些人，也就是爲國王、王子、大臣、民眾，乃至在家修行的外道大眾們，要爲他們開示。

「開化演暢說斯經典，其心安隱無有怯弱。」你如果不開示佛法，他們無法瞭解你到底在說什麼，開示的意思就是先把重要的宗旨講出來，就是打開來示現給大家知道。重要的宗旨講出來之後，眾生依舊不懂，因為你講的那個宗旨只是一個概要，又是很深的法，他們不懂，那你就要為他們作種種不同層面的說明，來引導他們瞭解你所要說的宗旨；於是你就不得不演說到淋漓盡致，所以稱為「演暢」。講《法華經》本來就應該講到淋漓盡致，否則眾生如何能夠理解《法華經》在講什麼？

你們以前有沒有聽人講過或寫過說：「《法華經》講的此經就是講如來藏。」你們沒聽過讀過啊！那我們就是如實宣演，因此要講很多，然後大家就可以瞭解：「啊！《法華經》的宗旨就是在講這個實相一相，諸佛都依這個實相一相，才能夠化度無量無邊的眾生。」就因為依止這個「一相」實相，才可以貫通過去無量無數阿僧祇劫你所不知的，並且可以預見未來菩薩們將如何成佛，也是無量無數劫啊！這就是為大家說明《法華經》的宗旨就是從這個實相「一相」出發，而貫通過去、現在、未來三世一切諸佛。你要這樣為大家「開化演暢說斯經典」，當你有能力這樣為人演說的時候，其實已經有很深妙的智慧了，也不在意身心安危了，因此當你爲大眾說法時，不論聽眾在世間法中的地位有多高，你同樣是「其心安隱無有怯弱」。

也許你一座《法華經》講了好幾年，終於講完了；過了好幾年，突然又有人來邀請你：「我們是全球最大的叢林，出家眾一萬人。請你某某大師再來爲我們講一遍《法華經》。」你一定說：「哇！這因緣太好了！」就回答說：「可以啦！明年選個時間，我就去講。」所以你今年就趕快把事情安排好，騰出明年以後的時間去爲他們講解此經；因爲你已經「其心安隱無有怯弱」了，你可以如實演講啊！這是好機會，爲什麼要放棄？諸位想想看，中國自從有禪宗叢林以來，曾經有誰講過《法華經》？曾經有哪一個禪宗叢林住眾有一萬、兩萬人？沒有！如今既然有這樣的叢林來邀請你，你竟然不去講！還要等什麼時候？

當然要去好好演講，再把演述《法華經》的功德多賺一遍回來，加速你的成佛之道，有何不可？想想看，那樣大的禪宗叢林，你一次攝取那麼多佛土，這機會是千載難逢！諸位想想看，我現在台北講堂這樣演講《法華經》，只有四個講堂，一個講堂粗算三百人，也不過一千兩百人；人家一、兩萬人的禪宗叢林邀請你去講，這機會眞的難得，為什麼要放過？喔！你當然就去了！對不對？對啊！欸！你敢點頭，就不錯了。（大眾笑⋯⋯）

所以，應該要這樣子。你必須要把握這個「菩薩行處」，作為應對法緣時的一個原則。當你把握住這個原則，再去觀察當你演述《法華經》時，你應當怎麼樣去跟聽經的眾生應對？此外，在法上的實證，你應該怎麼樣達到深與廣兼顧？這得要你平常就經常入於靜慮之中加以觀察。當你能夠「隨義觀法」具足圓滿，越來越深也就越來越廣，越來越廣也就越來越深；這都要靠平常不斷地作各種法義的靜慮才能夠達到這個目標。能夠達到這個目標時，未來你有因緣為人家宣演《法華經》時，絕對不會有「怯弱」畏懼之心；因為那又是另一次給你攝受很廣大佛土的機會，當然不能放棄啊！

作了這一個結論之後，佛陀又說：「文殊師利啊！這就是菩薩安住於初法，能夠在後世為人演說《妙法蓮華經》。」這是第一個法，第一個法講的是「菩薩行處」以及兩種「親近處」。那麼第二法，世尊如何開示呢？

經文：【「又，文殊師利！如來滅後，於末法中欲說是經，應住安樂行。

若口宣說，若讀經時，不樂說人及經典過；亦不輕慢諸餘法師，不說他人好惡長短；於聲聞人，亦不稱名說其過惡，亦不稱名讚歎其美，又亦不生怨嫌之心。善修如是安樂心故，諸有聽者不逆其意；有所難問，不以小乘法答，但以大乘而為解說，令得一切種智。」爾時世尊欲重宣此義，而說偈言：「

菩薩常樂安隱說法，於清淨地而施床座；
以油塗身澡浴塵穢，著新淨衣內外俱淨，
安處法座隨問為說。
若有比丘及比丘尼，諸優婆塞及優婆夷，
國王王子群臣士民，以微妙義和顏為說。
若有難問隨義而答，因緣譬喻敷演分別；
以是方便皆使發心，漸漸增益入於佛道。
除嬾惰意及懈怠想，離諸憂惱慈心說法；
晝夜常說無上道教，以諸因緣無量譬喻，
開示眾生咸令歡喜。
衣服臥具飲食醫藥，而於其中無所悕望；

但一心念說法因緣，願成佛道令眾亦爾。
是則大利安樂供養。
我滅度後若有比丘，能演說斯《妙法華經》，
心無嫉恚諸惱障礙，亦無憂愁及罵詈者，
又無怖畏加刀杖等，亦無擯出安住忍故。
智者如是善修其心，能住安樂如我上說；
其人功德千萬億劫，算數譬喻說不能盡。

語譯：【「而且，文殊師利！如來滅度以後，若是有人在末法之中想要為人演說這部《法華經》，應該要住於安樂行。如果是口中宣說的時候，或是正在閱讀此經時，都不樂於指稱別人以及經典的過失；也不輕慢於其他的諸法師們，不宣說別人的愛好或厭惡什麼，或者指說別人有什麼長短事；對於聲聞人，也不指稱他的名號而說他有什麼過失或惡事，也不指稱他的名號而讚歎他、說他有什麼美好的證量，並且也不對那些聲聞人生起怨嫌之心。菩薩由於善修這樣的安樂心的緣故，一切聽他演述《法華經》的人都不會違逆他的意願；凡是有人提出質難或者疑問時，菩薩都不以小乘法來回答，純粹

以大乘法來爲大眾解說，令大眾可以獲得一切種子的智慧。」世尊此時想要重新宣示這樣的義理，就以重頌又說了一遍：

「菩薩永遠都是樂於安隱爲眾生說法，在於清淨的處所而敷設床座；又以香油塗抹自己的身體，事先也澡浴身上的塵穢，然後穿著新的清淨衣，不論內衣、外衣都已經清洗乾淨，這樣安處於法座，隨著眾人之所問，而爲大眾演述《法華經》。

如果有比丘、比丘尼，以及諸優婆塞和優婆夷們，或者國王、王子、群臣和士民前來，菩薩也都以微妙的義理，並且和顏悅色而爲大眾演述《法華經》。

如果有人質難或者有所疑問而提出來了，菩薩便隨著大眾所問的法義而作回答，甚至藉各種因緣，而以各種譬喻來爲大眾廣大地暢演，加以分別解說；

以這樣的各種方便來使聽聞他說法的人都發起佛菩提之心，終於能夠漸漸地增益而進入成佛之道中。

菩薩也得要除掉自己的懶惰之意以及懈怠之想，並且離開自己身上引起的種種憂惱，而以利樂眾生之心，來為眾生說法；
不論白天或者夜晚，永遠都是演述無上佛菩提道的聖教，以各種因緣而作無量的譬喻，來開示給眾生瞭解，令眾生全部都生起歡喜心。
並且在演述《法華經》的過程中，菩薩對於衣服、臥具、飲食、醫藥等，不論對其中的哪一項都不曾有所悕求和願望；
只是一心想著要為眾生說法的時候，到底有哪些因緣可以為眾生演述妙法，心中只願成就佛菩提道而不願意去墮入聲聞道中，而且教令眾生也都跟自己一樣。
這樣想和這樣作，認為這就是大眾對自己的大利、安樂和供養。
我釋迦如來滅度後，如果有比丘們能夠演述這部《妙法蓮華經》，心中沒有嫉妒、瞋恚、種種煩惱障礙，也沒有憂愁以及被人家所惡口辱罵的情形，又沒有恐怖、畏懼或者有人用刀杖來加之於這位比丘身上，也沒有被常住大眾擯出的情形發生，這都是因為他安住於無上大法之中而能夠安忍的緣故。
有智慧的人就像是這樣子，善於修正他自己的心，能夠住於安樂之中，如我上面所說的一樣；

這個人的功德，假使我以千萬億劫來演說，甚至於用算數譬喻不可數的千萬億劫來加以演說，也是說不完他的功德。」】

講義：接著是第二法。為人演說《法華經》時應注意的第一法中，有「菩薩行處」以及兩種「親近處」，現在要說第二法了。那麼這第二法在講什麼？就是說，想要為人演述《妙法蓮華經》的出家菩薩，不可以觸惱一切人；這就是末法時代，要為人演述《法華經》的菩薩，所應該依止的第二法。

第一法中有三個法：三法中的第一法是「菩薩行處」，以及「初親近處」中的眾生親近處，和次「親近處」的法親近處。現在說的第二法，是釋迦如來示現入滅度之後，在末法時代想要為人家演說《法華經》時——當然這個演說不是指依文解義，也不是作科判，而是像我這樣子如實演說的人；自己應該住於「安樂行」中，才能如理作意說法而且沒有橫逆發生，可以讓你安安隱隱地講完這部《法華經》。這就是說，你要住於這個「安樂行」中，才有辦法能夠圓滿地講完《法華經》。

怎麼樣叫作「安樂行」？第二法這個「安樂行」是說，當你為人家演說《法華經》時，或者你在閱讀《法華經》時，「不樂說人及經典過」。但我在這裡要先講一個前提，就是說對內而不是對外道，不要把這個前提混淆了。對外道，你一定要破邪顯正，才有辦法救護眾生；你如果不破邪顯正，眾生不知道他們被外道引導到邪法去，不知自己走錯路了；你對那些邪法若不加以破斥，就無法顯示正法與邪法的差異——你一定要破斥邪法，才能顯示正法。否則大家都說：「**你講你的佛法，我說我的佛法，咱們河水不犯井水。**」你與諸方外道都在講佛法，表面上看來都有道理啊！但是 佛在《阿含經》中說：末法時代正因為這樣的相似像法廣大流傳，把正法淹沒而漸漸毀壞究竟了義的正法。佛在經中已經這麼說過了。

例如有人開了一家汽車製造廠，是全球有名的 Benz 車廠（有的人是說 Mercedes Benz），可是有人仿造出來山寨版的 Benz 在市面販賣；但這個仿造品製造出來時，跟原廠的眞品一定不一樣；如果你就是開設這家汽車廠的老闆，當你看到人家用同樣的五百萬元買到了山寨品，不是買到你出產的正品，你也明明知道買家不久就會出車禍，因為他會當作眞品的規格來使用，可是那山寨品沒辦法承受眞品的使用規格，那買家遲早都會沒命的，那時你就要出來講清楚：「**請大家注意！你們不要買到山寨品喔！我這裡的車子才是正廠的。」可是你說是正廠，仿造者也說他才是正廠；那你要不要指出二者之間的差異處？一定要嘛！你如果不講出差異處，如何能顯出正品與仿品的差別所在呢？買家就有可能會說：「那副廠出產的產品跟你完全一樣啊！」原來山寨廠——仿冒廠，已經變成你的副廠了；副廠所宣示的意思，等於是對大眾說：「其實我這副廠是屬於正廠的，是同一家老闆，只是另設一個工廠來製造同樣的產品。」意思等於就是同一家公司的產品嘛！所以你們若是聽人家說：「我這是副廠出品的。」其實副廠出品的就是仿冒品，沒有一家公司會有什麼正廠、副廠的，沒有這回事！

有哪一家汽車公司會說：「我開了正廠，另外再開一家副廠。」不會啦！如果另設一廠出來製造車子，一定是製造另一款車子，不會是同一款車子。同樣的道理，當你開了一家黃金百貨公司，賣自己的工廠雕塑出來的精工打造純金的金龍，要價多少錢；別人也宣稱是純金的金龍，他的賣價跟你一樣；但卻是用銅做出來的，然後再電鍍，卻作了比你更大的宣傳。很多人都不知道內情，就到那邊去買了；花了同樣的錢去買到假貨，那你會不會說：「哎呀！那是他們笨啦！由著他們去笨啦！活該！」你會不會這樣想？一定不會，你一定會說：「那種人好可惡！既然是仿冒品，應該是十分之一、百分之一的價格，怎麼會跟我眞金製造的精美產品賣同樣的價格？」然後你第二個念頭就說：「那些人好可憐！竟然這樣被騙了！」這時你得要出來講話了！否則你就叫作無慈無悲！

是不是呢？眼睜睜看著別人被騙，而你都無動於心，那就是無慈無悲了！所以你要出來講清楚：「對方那個產品是假的，你們不要被騙了！你們如果眞的要買那個產品，只要用十分之一的價格去買就好了！」應該要這樣講，這才是有慈有悲的菩薩！可是當你講出來了，人家就要問你：「眞的跟假的產品，差異在哪裡？你也教教我們吧！」那你當然要講出來，所以你要說明對方的產品爲什麼是假的，教導大眾要如何檢驗眞假，這就是你的本分，也是你開這家黃金百貨公司應該要服務眾生的地方，因爲你不是只作生意而已，應該還有社會責任！

同樣的道理，我們出來弘法時也是一樣；當年諸方山頭都說是開悟者，佛教界大師小師們幾乎是全部都開悟了；那我們出來弘法時也宣稱我們是開悟的法門，但我們開悟的內涵跟人家不同，人家都說：「他正覺那個開悟是假的，我們諸大法師這個才是眞的。」我們眼看著眾生大把大把金錢去護持，更有許多人投入一生的精神體力去為他們作事，結果得到的竟然是假的佛法，根本就與常見外道一樣，還犯下大妄語業，這時你該不該出來講話？不該喔？（大眾答：該。）因為我看你們沒有點頭啊！（師與眾笑⋯⋯）

你們看以前有個誰啊？那個某某人，開電子公司的老闆，一捐就是二十七億元，有沒有？對啊！捐到慈濟去，結果他得到的是什麼法？得到「意識常住不滅」的知見，得到的是「我只要一生繼續努力快樂地布施，我就是歡喜地的菩薩」，都不必斷我見三縛結，也不必明心，更不必眼見佛性，一切種智無生法忍就更別提了。如果他有被那比丘尼印證開悟，說他眞的證得初地，而他也認為自己是初地了，又開口講出去了，結果是怎麼樣？是大妄語。將來捨報以後不是往上生天，而是下墮地獄；可是在地獄裡面會很享受的，是一面受苦，一面享受；享受什麼？享受著當獄卒的樂趣啊！因為他以大心布施，福德很大；可是那個環境都是痛苦的，沒有一件事情是賞心悅目的。果報受完了，往生到了鬼道來，就當鬼王或者當鬼帥、鬼將；受報完了往生到畜生道來，就是吃甘蔗、掛瓔珞；就是這樣子啊！他未來將要歷經三惡道，那你得爲他想一想：值不值得？捐了二十七億元，死後得到未來世這樣的長劫果報，值不值得？眞的不值得！如果他說：「我純粹只是作救濟眾生的功德，不讀她的書，不涉及證量。」那就無所謂，那他就算是聰明人。但是預防萬一，我們得把眞相講出來，假使他有被誤導而成就大妄語業，就可以在死前對著大眾懺悔滅罪，未來世還是會繼續生在人間遇到正法，同時會是很有福報的菩薩。所以當你在弘法的時候，特別是爲人講解《法華經》時，世尊開示的這個第二法——爲人講解《法華經》時應該遵守的第二法——這個「安樂行」，你要弄清楚：這個是對內，不是叫你對外人也要這樣作。

身爲實證的菩薩摩訶薩，對佛教內部，乃至於對聲聞人，你都不許讚歎，何況是對外道？如果把它拿來面對外道：「你看，佛都說了：『不樂說人過失！』你蕭平實怎麼一天到晚在講外道有什麼不對？」那就叫作顢頇、迷糊，表示他沒有把　世尊聖教的前提弄清楚。這個出家菩薩爲人演述《法華經》時，他不會是對外道演述吧？當然是對佛弟子們演述，所以這時講的「安樂行」是對教內的人而說，不是對外道。若是對外道，不單單要說他們的過失，還要親自去破斥他們；所以　佛陀踵隨於六師外道足後去一一破斥，六師外道每到一個大城誹謗　如來，聚集了一大群人之後，佛陀就隨後去破那六師外道，把六師外道那一群弟子接收成爲佛教徒，全都度入佛門。那六師外道不能生存，又到另一個大城繼續謗佛，等到他們聚集了一大堆人，佛陀又隨後去破他們；這樣遍歷諸大城廣破六師外道，才會有那麼多佛弟子，那你不能夠說：「佛陀啊！您自己講的，自己都違背了。您不是說『不樂說人過失』嗎？爲什麼又去講外道的過失？」其實那不是講過失，而是救護眾生。所以這裡講的「安樂行」是對教內，是對僧團內或者對佛教徒，應該怎麼樣行於「安樂行」，而不是對外道行「安樂行」；這個前提要先弄清楚，然後才能繼續爲人講解《法華經》。

對內，應該大心含容爲善之人，只要是正覺同修會裡面的人，咱們都要大心含容；所以只要有一點點的小善心，你就要包容他，因爲他可能這一世初學佛不久，而他這一世成長的環境是很殊特的，是在很奇怪的環境中長大的，所以他沒有辦法完全如法，那你就得包容他；因爲他一心向善，一心努力作義工，很拼啊！護持正法時，他眞的很拼命！可是他會動不動就發脾氣，動不動就粗口，那你得要包容他，對內就應該這樣。只要有那麼一絲一毫之善心，我們就應該大心包容。但是對於外道，或是對佛門外道嚴重誤導眾生，陷害眾生同犯大妄語業，那是在戕害眾生的法身慧命，就必須要破斥了。

如果他們外道或佛門外道都只是教人行善，不涉及實證與大妄語，就與我們無關。行善是善法啊！只要他們不誹謗正法，不教導眾生下墮三惡道的邪法，我們就讚歎，應該一體讚歎。雖然不究竟，但是我們也隨喜；如果他們抵制正法的弘傳，那我們就得廣破他們。可是對內呢，就有不同的作法了，如果口中爲人宣演《法華經》時，或者自己在閱讀《法華經》時，要注意到兩件事：說法時不樂於宣說其餘菩薩們的過失。不要在講經說法時指著某甲說：「你昨天作了什麼壞事。」就是這種過失，不應該當眾這樣作。某甲當眾聽了心裡面會怎麼樣？很難過啊！一定想：「當眾給我下不了台，讓我好窘，我又不好當場跟你蕭老師頂嘴。」那他會怎麼辦？他想一想：「我下週再來聽經，搞不好又要當眾講我，我乾脆別聽了。」他就永遠不來，他的道業就跟著耽誤了。

不要給人家下不了台，除非是在有法難的時候；也就是說，他否定你弘揚的正法，而你爲了救人，你就該說明，就得指名道姓說出來；但純粹是在法上說，不指說他個人的身口意行過失，要這樣才可以。平常你在說法時就不必當眾說：「張三啊！李四啊！你們犯了什麼過失了；王五啊！你又犯了什麼過失，趙六你也犯什麼過失了。」都不要這樣講。菩薩若是樂於說眾人的過失，就沒有辦法廣爲攝受佛土；而這一些人，他們未來也不再用臉來面對你，而是用背部來對著你。所以爲人說法時應該「不樂說人過失」。

在法上也是一樣啊！當你閱讀經典時，不樂於演述經典中的過失。這也是要注意大前提的，是對內也對外。如果是僞經，是外道僞造來混進佛門中的，你還得要破斥它，不能掩飾它，一定要破斥它！我現在是說眞正的經典，你不會去尋找眞經的內容出來說：「這部經典怎麼講得不夠圓滿！」不能這樣講，因爲每一部經典都有它宣說的因緣和對象；如果你要說哪一部經典才是圓滿的，你永遠找不到一部圓滿的；除非你把三乘菩提所有經典合併爲一部經典，像文殊菩薩在海龍王宮中只講一部《法華經》，才能夠說那一部經典是圓滿的。否則有哪一部經典是具足三乘菩提的，是可以讓你稱之爲圓滿而無可譏嫌的？

你說《金剛經》有圓滿嗎？如果眞的圓滿三乘菩提，那麼佛陀只要講一部《金剛經》就好了，其他經典都可以不用講了，講完《金剛經》就可以入涅槃了。那佛陀爲什麼還要講其他那麼多的經典？因爲各有不同的聽眾，這些聽聞不同的勝妙法的聽眾，層次與因緣都是不同的，他們所須證的法義層次也是不同的，所以要講很多種不同的經典。世尊所說的每一部經典都各有它的時空背景，各有它的聽眾法緣差別，因此不可能一部經典圓滿一切佛法。即使《妙法蓮華經》收圓，也是基於前面三轉法輪諸經之後，才能夠用這部經典把它收攝圓滿，否則單單這部《法華經》，也不能說是圓滿三乘菩提妙法。

所以你如果眞要找經典的缺失，都可以找得出來，因爲沒有一部經典是具足圓滿三乘菩提的。般若經典，你說：「般若經典都沒有講到一切種智，沒有辦法使人成佛，怎麼能夠說它是成佛之法？」你可以這樣去責備般若系列的經典嗎？事實上眞是如此，可是這樣責備有道理嗎？沒道理！因爲你說法時一定要有層次和次第啊！不能夠一開始就整個一部經包含三乘菩提，不可能這樣講經，否則眾生是無法實證三乘菩提的。所以你要依照眾生的因緣，既是五濁惡世的眾生，你就必須要這樣宣說：必須要先在第一時以《華嚴經》把整個佛道的內涵具足宣說完畢，眾生以後聽聞最粗淺的聲聞解脫道時，就沒有誹謗的理由可以來講你，否則眾生會誹謗：「佛陀當初講《阿含》的時候，就是還不懂《般若》，所以只能講《阿含》。那個《般若》是後來才知道的啦！佛講《般若》的時候其實也不知道《唯識》，那第三轉法輪一切種智，那時候佛陀還不知道，是後來知道才講出來的！」為了預防眾生會造下這個惡業，佛陀必須先講《華嚴》。

《華嚴經》從初信位一直講到佛地，整個都講完了；是從人間講到天上，全部講完之後，接著才在人間開始演說聲聞解脫之道，就是最淺的《阿含經》中說的解脫道；即使是這樣，都還有人毀謗。我親眼讀過那樣的書，有人這樣毀謗 世尊，他還宣稱自己是佛教徒呢！那你說，世尊可以用一部經典去函蓋一切佛法而具足宣講出來嗎？不可能啊！除非 世尊教導的是像 文殊菩薩在海龍王宮中的八地以上諸菩薩們。因此一定要施設方便，依照次第廣設方便，而為眾生宣說，當然不可能一部經典就能函蓋三乘菩提一切法。

這意思是說，為人演說《法華經》的菩薩們，都不能從經典裡面去找過失出來講:「哎呀!這部《阿含經》眞的是不究竟啦!這怎麼可以說是阿含?這個應該不是佛說的啦!」等等,那他就錯了。你可以定義三轉法輪諸經的各自位階,但不應該否定;因爲世尊必須要有方便施設,先讓眾生證得解脫果,所以宣講聲聞解脫道時當然不可能函蓋般若與唯識增上慧學。當大眾實證聲聞菩提以後,心中有了極深厚的信心說:「我確實是梵行已立,所作已辦,不受後有。」當他確定了這一點以後,知道「我生已盡」而可以出離三界生死苦了,就會說:「佛是實語者、不誑語者。」所以 佛接著說《般若》,他就願意接受;乃至於三大阿僧祇劫才能成佛的佛菩提道,他也聽得進去了;否則誰能相信要修三大阿僧祇劫才能成就的佛菩提道?這樣先後次第三轉法輪,才能夠把完整的佛法全部講完,最後再用《法華經》收攝圓滿。所以不能夠在閱讀經典的時候,心裡面想:「這部經典也不夠圓滿,不能具足所有三乘菩提。」老實說,你找不到一部經典是圓滿具足三乘菩提的。就是要先施設五時三教,然後三轉法輪次第說法,最後用《法華經》把這三轉法輪的所有經典都函蓋進來時,才能說是圓滿,這時候才能稱爲圓教,以《法華經》來圓滿一切教法。所以,說法時一定要有次序,要從三藏教開始,也就是講聲聞、緣覺菩提。一定要先從三藏教先開始，然後爲了度化眾生成爲菩薩，才講通教之法，教大眾不要入無餘涅槃，要繼續利樂眾生，成爲通教的菩薩，但是眞的有解脫果實證。然後教他以解脫果來起惑潤生繼續受生，廣行菩薩道，這就要教導大眾如何實證般若；大眾實證以後，就成爲別教菩薩。成爲別教菩薩以後，接著教他們怎麼樣可以入地；入地以後，教導他們怎麼樣具足十度波羅蜜而能夠成佛；這些都教完了，然後用《法華經》收攝圓滿三乘法教，這才能稱爲圓教。

所以佛教在教判裡面才會有藏、通、別、圓四種法教的說法，要這樣施設而次第演說三乘菩提，才能夠圓滿一切佛法。沒有單單一部佛經可以圓滿全部佛法，所以不能夠去尋找經典的缺失說：「這部經典不圓滿，那一部也不圓滿！」以這樣偏斜的知見來看每一部經典時，都不會圓滿的。可是事實不然，當你把每一部經典都聚合完整來看，次第井然，佛法就圓滿了！最後用《法華經》來含攝一切的佛法，都收攝在《法華經》之中，這樣佛法就全部圓滿了！

所以閱讀經典時，不應該尋找經典的過失。可是這裡「經典」二字是指什麼？指佛教的經典、還是外道的經典？佛教的囉！你不可以面對那些附佛外道創造的佛經時也說：「欸！不可以講經典的過失！」那就叫作顢頇。所以外道創造了假的佛經，他們也套用了佛經的方式：「如是我聞，一時佛在舍衛國祇樹給孤獨園，……」然後講著講著，講出了外道法。也有一貫道創造了《佛說天地八陽神咒經》，一開始也是用「如是我聞，一時佛在毘耶達摩城……」等，結果這部僞經裡面講什麼呢？竟然說「佛陀」還會跟中國人一樣拆字欸！拆字是只有中國才有的東西，那僞經裡面竟然說：「左撇爲眞，右捺爲正。」還跟你這樣拆中國字，難道世尊當時也講中國話、寫中國字？拆字是在什麼地方最常用？在路邊的算命攤啊！結果這種民俗文化竟也混到中國佛門的經典中，如今也有佛教的寺院在倡印，那你說這樣的經典，究竟是佛經還是外道僞經？（眾答：外道。）外道寫的僞經滲入佛門裡面來了，就像密教部的《大日經》、《金剛頂經》，以及《蘇悉地羯羅經》，全部都是附佛外道創造的僞經，都不是佛經，竟也被日本人編入《大正藏》中。那我們知道了，就該爲大家辨正清楚。但不該像呂澂一樣妄評《楞嚴經》，把眞經妄判爲僞經；所以「不樂說經典過失」的前提是指眞正的佛經，外道經與僞經都不函蓋在內；若是混入佛門中的僞經，則是一定要一一加以舉證詳細破斥的。

接著說：「亦不輕慢諸餘法師，不說他人好惡長短；」這就是說，同樣是佛門中說法的人，他說的法若是正確的，就不要爲了名聞利養或者眷屬的緣故去批評說：「某甲法師喔！他那個人最愛錢了！」意思就是說：「你們不要去親近他，親近我就好了。」有時候說：「那某乙法師喔！他最喜歡人家恭敬了！你見了他，先禮拜再說，其他的都別講啦！拜完了，趕快奉茶，或是水果什麼的，他就很高興了！」若雙方都同樣是在弘揚正法者，這樣說就很不好，就是在比高下了，這個比高下是很不好的。

也就是說，對於其他演述正法之師，不應該去說他的好惡、長短，縱使他眞的貪財，你也不要講；何況人家並沒有很貪財啊！眾生將來知道了，自己體驗到了，眾生自然不會去供養。你自己若是眞的不貪財，別人是否貪財的事，你也就無所謂了。你如果一天到晚說他貪財、貪財，意思就是在告訴人家說：「我的供養太少了。」（眾笑⋯⋯）是不是這樣？對啊！就等於變相這樣說了嘛！所以不需要一天到晚說：「哎呀！那某甲法師好貪財！」不需要這樣講。又譬如，有時又說：「某乙大師最喜歡罵人了！」這一類的評論其實都不好，因為他喜不喜歡罵人，人家都很清楚。愛罵人的，大家都會自動跟他疏遠，你也不必講。縱使剛來親近的信徒不知道，不必多久，他們也會知道，用不著你去說他。

所以，同樣是在正法之中，不必去說他人的好惡或者長短。假使某一個法師很會攝受眾生，那麼就故意把它舉出來，講得酸溜溜地：「哎呀！你不知道喔，他多麼會攝受眾生喔！所以他眷屬一大堆，你都不知道！」（有人在笑…）聽起來好像沒有在毀謗他，對不對？可是口氣酸溜溜地，那意思是在說什麼？在暗示說：那個人就是喜歡聚集眷屬啦！人家聰明的人一聽就懂了，那人家馬上接著就會想：「我知道了，原來你怕眷屬跑到他那裡去，才會這樣講。」聰明人一聽就懂了！

所以「好惡」與「長短」，這方面是屬於人身攻擊的身口意行部分，咱們不要去講它。如果他有好處，你想要讚歎，乾脆就直接讚歎，不要讚歎得酸溜溜地；那他如果有不好的過失，當面跟他講，不要背後去眾人面前講他。這就是「不說他人好惡長短」。換句話說，就是不要作人身攻擊。假使對方所說的法義是正確的，我們可以讚歎，不可以否定，因為否定是有因果的。如果對方法義是正確的，我們說他講錯了，其實是我們誤會或是故意貶抑，那我們就有過失，這樣的人就不適合講《法華經》，這樣來講《法華經》就會出問題。

我們宣講《法華經》的時候，怎麼樣可以得到「安樂行」？首先就是不觸忤眾生，讓眾生聽《法華經》時心中很歡喜，心中沒有壓力，心裡知道說：不管哪一次去聽你講《法華經》，都不會被你當眾指責，他心裡面就可以聽得很歡喜；他聽得歡喜，你講《法華經》時就安樂了，因為不會被破壞，不會被扯後腿；那你來弘法，來為眾生講解《法華經》，不論講得多麼勝妙，講得多麼難可思議，眾生都會相信，也都會信解，那你攝受佛土就成功了。這就是「安樂行」裡面，當你演述《法華經》時應該要作到的地方，也就是「不輕慢諸餘法師，不說他人好惡長短」。今天先講到這裡。

《妙法蓮華經》上週講到一百二十八頁倒數第四行。上週最後兩句「亦不輕慢諸餘法師，不說他人好惡長短；」也就是說凡是佛法中說法之師，我們不要對他們作人身攻擊。那如果他所說的法義正確，我們也不應該當眾說他的法講錯了；即使他說錯了，也不應該當眾說他錯了。這個是佛陀給我們的聖教。我們以前在寺院中常常看見牆壁上貼著六個字：僧讚僧，佛法興。你們有沒有看過？（有人回答：有！）有呵？這意思就是說不要互相攻訐。佛門裡面自己罵自己，是自亂陣腳，那外道要來滲透就很容易，意思在說這個。但是「僧讚僧，佛法興」這六個字有它的大前提：假使有人戕害眾生的法身慧命，並且謗佛壞法，那我們就不能讚他。例如佛說：「意識是意法因緣生，非常住法。」有人偏偏與佛唱反調說：「意識卻是常住的。」那時我們還要不要僧讚僧？不行囉！又如佛說：「開悟是證第八識如來藏，現觀如來藏的眞實如如法性。」凡是佛弟子，都應該讚歎這樣的說法。可是有人卻說：「證如來藏的說法是自性見外道的邪見，要懂得緣起性空才是證法。緣起性空之後，有細意識常住不滅，所以不是斷滅空。」這就是應成派中觀裡的印順派的標準說法。他們就這樣子說那就是佛法，反而把眞正的佛法—如來藏妙義—否定了，然後把弘揚如來藏妙義的眞正菩薩貶抑爲自性見外道，這時你還要不要僧讚僧呢？（眾答：不要。）因爲你不能再讚了，你再讚歎他，就變成壞法的行爲了。

所以「僧讚僧」本身是正確的，是說人家所說的法義是正確的，要在這個前提下來讚歎。那，即使他說法有些錯了，但他只是依文解義，並沒有否定正法，在這個前提下，我們也都應該要讚歎。所以即使你去外面聽別人講經說法的場合，當他在為人家解說五陰、十八界、如來藏，你明知道他是依文解義，有些地方他是說錯了，但至少他是在維護正法，是弘揚正法，只是尚未實證所以不得不依文解義，那你絕不能當眾指責他，只能在沒有旁人的地方，私底下當面告訴他，否則他以後要怎麼樣繼續弘揚正法呢？這才是「僧讚僧，佛法興」的眞義所在。

不要「輕慢諸餘法師」，一切演說正法之師，我們都不要輕慢。那什麼叫作法師？我們在電視上播映的節目，開頭都會有一段片頭，引述佛的聖教說：「何謂法師？」在《阿含》解脫道裡面的法師是說：「為人家演說色陰虛妄，應該要厭離，要滅盡。」這樣說的人，才是佛所說的法師。對於「受想行識虛妄，應當要厭離，要滅盡，不應當貪愛受想行識。」這樣為人演說的人，才是眞正的法師，佛陀一向都是宣說這樣的聖教。如果主張說：「粗意識、細意識、平常的意識，都是常住不滅的。」這樣的人能不能稱為法師啊？顯然不能！依照佛陀的聖教，這樣的人是外道，不能稱爲佛教中的法師。不管他有沒有剃頭，不管他頭上有沒有燙戒疤，有沒有受三壇大戒，都一樣，都不是佛教中的法師。

又如宗喀巴的《廣論》中說，色陰是常住的，受想行識是常住的；又說意識是結生相續識，意思是說，意識是能出生五陰的眞實識，正是公然與佛陀唱反調，爲的是想要弘傳雙身法，因爲雙身法正是五陰的境界。釋印順、釋證嚴也說意識常住，其實只是宗喀巴的信徒，吃了宗喀巴《廣論》的臭口水，講的都是相似像法，不是佛法。相似像法的推廣，爲害佛門正法非常嚴重，所以佛陀說：「**當相似像法大爲流行時，就是正法漸漸滅沒的時候到了。**」那麼相似像法就是以離念靈知作爲開悟，以放下煩惱作爲開悟，或者乾脆就像釋證嚴一樣說「**意識卻是不滅的**」，然後用意識常住來跟你講諸法緣起性空，這就是像似佛教正法，但不是佛教正法。

佛陀說，相似像法開始流行了，就是了義正法開始滅沒的時候。那麼諸位想想看，在咱們正覺出來弘法之前，放眼遍觀全球佛教界，有哪個地方講的佛法不是相似像法？都是像似正法而非正法。甚至還有用佛法的名相、用佛教的外相來包裝的外道法，那叫作密宗，他們這幾十年來自稱藏傳佛教，其實已不是相似像法了，已經是外道法了，因爲是公然與 佛陀唱反調，還公開貶抑 佛陀，說 佛陀還不如他們即身成佛。像釋印順、釋證嚴一類的相似像法，以及密宗一類的純外道法，我們都應該加以破斥，才能使佛教復興起來。

換句話說，必須回歸 佛陀聖教所說的正法，要爲眾生大聲唱說：意識是生滅的，五陰是生滅的，五陰永滅以後，我生已盡不受後有，在無餘涅槃中還有本際常住不滅。如此演說的人，才是二乘菩提中的眞正法師。除了爲人演說上面講的這些道理以外，又爲眾生說明：五陰是由第八識眞如出生的，「此經」眞如心才是正法的根本，證眞如才是大乘的眞見道，依眞如而修行才能成佛。要這樣爲人演說，才是大乘法中的眞正法師。這樣說明，大家瞭解什麼才是法師了喔？這時對於什麼樣的法師，你是應該讚歎、應該支持的；對於什麼樣的「法師」，你是應該加以拈提辨正的，就了然於心。

也就是說，弘法的人依照 佛所說的法義，若只是依文解義爲人解說，我們還是要讚歎，不該當眾加以貶抑，也不當眾指斥他的過失；雖然你聽了當場就知道他錯得很多，也不要當眾指斥他；背後也不要公開指斥他，有機會時才在私底下當面告訴他。因爲他已經發菩薩心了，他擁護正法、護持正法了，那我們就應該包容他。畢竟，以證悟者的智慧來看，他當然是有許多錯誤，但他至少往正確的方向在利樂有情，那我們就應該秉持著「僧讚僧，佛法興」的立場隨喜讚歎，因爲證悟者永遠都是少數啊！只要他們不害人家大妄語，只要他們不戕害眾生的法身慧命，我們都不應該當眾指責說：「哎呀！你這裡講錯了，那裡又講錯了！」你當眾提出來時，他們還能說法嗎？還能度眾生嗎？就都沒辦法了。也許他們因此起了煩惱，乾脆搞起外道法來：「因爲我講佛法時，總是不容於佛教界啊！」所以他們就只好投入密宗外道去了。雖然他們都只是表相的正法，但是仍然認同 佛陀說的八識論；雖然他們某一些地方或者許多地方講錯了，但他們並不是往常見外道、斷見外道的方向在教導眾生，那我們就不應該輕慢他們。

佛有吩咐說「不說他人好惡長短；」也就是說當他們努力在弘揚了義正法時，我們不要從他們的身口意行上面去指責過失，我們要儘量包容他們，因爲弘揚第八識如來藏妙法很不容易。縱使眞的悟了，還只是在三賢位之中，又如何能夠避免過失？就算眞的明心不退了，只不過是習種性位，接下去還有性種性、道種性位，都要努力進修才能入地，所以在私底下，他們縱使有些身口意行的過失，也都算是正常的；我們能包容就儘量包容，因此不要稱說他們的好惡與長短。

反過來說，對於佛法中有所實證聲聞法的人，也許他是個初果人，也許是二果人，我們也不要「稱名說其過惡」。對世間人來講，或者對一般凡夫來講，往往說：「那是初果聖人欸！那是二果聖人欸！竟然還開口罵人！」有時說：「他是斷三縛結的人啊！爲什麼還那樣貪財？」但是我們要說，二果人才只是薄貪瞋癡而已。貪瞋癡淡薄，代表欲界中的財色名食睡，他還是會喜歡，只是比一般人淡薄而已。至於初果人，就只有見地，連薄貪瞋癡都還沒有作到；所以，他每天還是很努力在賺錢，他並沒有薄貪瞋癡，那你能不能說他這樣就不是初果人呢？不行喔！只有到了三果以後才眞的不會再貪五欲或者大發脾氣；但是初果、二果人都只是或多或少的貪瞋癡差別，總是還會有的，因爲都還未離欲界境界。

所以，對於那些以八識論在努力弘揚正法的人，雖然他們還有貪瞋癡，並不奇怪，何況是聲聞人呢？所以聲聞初果人有過失，有時有一些小的惡事也是正常的。一般人聽到證果的人，都會說：「喔！證初果，是聖人欸！」可是從眞正的解脫道和佛菩提道的實證來說，初果人其實不是聖人，二果也還不是聖人，得要離開欲界了——他有明確的能力顯示死後可以離開欲界了，才能說他是眞正的聖人；但是對外道以及對凡夫而言，他就已經是聖人了。

所以，對於實證佛菩提道的家裡人而言，像這樣的初果聖人，猶如智者大師在《摩訶止觀》說的「須陀洹人婬欲轉盛」，證初果以後，貪欲心反而比以前大了一些，那也是正常；再過一段時間，他就會變少了。不懂佛菩提眞如境界的二乘初果人，剛開始他想：「我是聖人，所以你們要好好供養我，你們見了我都要禮拜。」你沒有禮拜呢，他就起瞋：「你爲什麼不禮拜我？」尤其是穿著僧衣的初果人，在家人是比較不會啦！那你要體諒他，因爲他在斷三縛結之前，在戒場就被教壞了。

你們出家師父都知道：在三壇大戒時，那些戒和尚們是怎麼教的：「你們從今天開始就是僧寶了，所以，若是回俗家探親時，父母也應該禮拜你們，此後也不許再稱呼父母親爲爸爸、媽媽，要稱呼他們爲老菩薩。」有沒有？有嘛！這不必用腦袋想，用膝蓋想就知道了！出家人就這樣被教壞了。是僧寶沒有錯，但是連帶著取得僧寶身分時，也應該詳細教導這時自己的僧寶定位在哪裡。要讓已經受完三壇大戒的僧寶們，都知道自己在佛法中或者在解脫道中的定位，是在哪一個層次？那這樣就不會障礙他們的道業。所以問題都不在這些出家的法師們，而是在戒師。

而且，三壇大戒的那些戒師們都教導說：「要依止聲聞戒作爲正解脫戒，菩薩戒是別解脫戒。」知見整個顛倒過來了！所以問題是出在那些教導出家人的傳戒和尚等人，而不是在戒子等出家人。因此，假使出家後穿起僧服來，受了具足戒又證得初果，斷了三縛結以後，也還會有貪與瞋，這也正常。大家不必在心裡面嘀嘀咕咕：「他不是證果了嗎？還常常希望我供養的紅包要特別大。」不要這樣想，一個寺院的開銷也很大。所以說，沒有到三果之前，這些都是正常的。如果寺院裡的出家人全都是三果人，自然就沒有是非了，而且再怎麼辛苦的生活他們都能安住，因爲他們都已經離開欲界愛了。

可是，初果人才只有見地，還沒有正式修行；二果人是開始正式修行了，也只不過是貪瞋癡淡薄而已。所以不要從表相去看那些「好惡長短」，就去說閒話，這都是有口業的；因爲這也叫作誹謗僧寶，雖然他還是個凡夫僧，也是誹謗僧寶。誹謗僧寶，在菩薩戒裡面算什麼？重戒還是輕戒？（有人回答：重戒。）喔！是重戒喔！那麼犯這個重戒，接著要看是不是會下地獄了，用三個條件來看：根本、方便、成已。若是出口說「這位師父如何、如何、如何」等等，這是有成已罪的，這也是有根誹謗——誹謗僧寶的成已罪完成了。好在沒有方便罪，因爲是臨時起意看見了就講，不是先去設計說要怎麼樣說服使人相信，想要大家來抵制他；沒有經過事前設計的毀謗，所以就沒有方便罪。但也沒有動機說「要讓他身敗名裂」，就沒有根本罪。這也還好，雖然是重罪，但是三個條件沒有具足成就，屬於下品罪，以後不要再犯，趕快把它羯磨滅罪也就好了。

對凡夫僧寶如此，那對勝義僧寶呢？更應當如此。也就是說，在解脫道中有所實證的人，都稱爲沙門；不管你是不是留著很長的頭髮或者剃光頭，都叫作勝義僧，都叫作沙門；因爲在《阿含經》中，佛就是這麼開示的。什麼是沙門？斷結了就是沙門。那你不管他是解脫道的斷結者，或者菩薩道中斷結又加上證眞如者，只要動口誹謗了，都叫作毀謗沙門——都是謗三寶之一。所以不要有根本——不要起心動念產生毀謗的動機，也不要去施設方便，更不要去作成功。

謗凡夫僧都不太好，何況是實證的勝義僧呢！所以說，你如果講《妙法蓮華經》，就不要一天到晚「好說他人好惡長短」，老是東家長、西家短，這都是業，少說爲妙。但是對聲聞人，你應該想：「他不過是個初果人，不過是個二果人，他有過失，有時候造些小惡業，也是正常啊！」那你又何必指名道姓說他呢？所以，講經時偶爾舉例教示的時候，就說：「假使有人如何如何，這是不對的，爲什麼不對……。」要這樣講，不要指名道姓說：「某甲你喔！什麼時候如何如何，你這樣不對。」不應該當眾指名道姓說他，除非是在羯磨的時候。所以，我弘法以來，親教師會議或其他的會議中，我都不當眾說：「某甲你如何如何，某乙你又如何如何。」我如果有指名道姓時，都是讚歎的話；但如果是過失，我就不講姓名。我不指名道姓，我只是舉出例子來說這樣不好，也說明爲什麼不好，應該改進。這是我的習慣。

所以對於聲聞人，「不稱名說其過惡」；但是對聲聞人，你也不可以「稱名讚歎其美」。這就是說遇到了某一個人，就算他證得阿羅漢了，你也不可以讚歎說：「不容易啊！您證阿羅漢果啊！太好了，大家應該禮拜、供養，追隨您學法。」不應該這樣讚歎。對阿羅漢也不許這樣讚歎，你可以供養他，但不許讚歎他。爲什麼呢？因爲你是菩薩，你度眾生是要鼓舞眾生發起菩薩性，不是要鼓舞眾生發起聲聞性。所以不應該「稱名讚歎其美」，假使他不在現場，你稱名加以讚歎也不行，因爲你等於在鼓勵大家去跟他學聲聞道，而你弘揚的是菩薩道，說的是《妙法蓮華經》究竟成佛之道，竟然在讚歎一個聲聞阿羅漢！所以你不應該讚歎。

假使你讚歎說：「某某人是阿羅漢，他的證量眞的好啊！如何的好。」如此讚歎，這是不對的。因爲你弘揚的是菩薩法，不應該讚歎聲聞法，所以不應該讚歎那個人，雖然他是阿羅漢；以免不知情的人因此慕名而跟著他學法，然後就走上了羅漢道，遠離了佛菩提道。所以世尊吩咐說：「亦不稱名讚歎其美。」不管他的證量多麼好，都不應該讚歎。

「又亦不生怨嫌之心」，雖然不讚歎他，不代表就可以嫌棄他，所以當人家在說「某某人眞是阿羅漢」的時候，你也不必開口說：「他雖然是個阿羅漢，佛菩提道卻什麼都不懂！」你可以說佛菩提道遠勝於羅漢道，但不必說他什麼都不懂，這個原則懂了喔？也就是說，不要對那些學聲聞法或者證聲聞法的人加以怨嫌。「怨」就是一直都記住這個人是個聲聞人說：「不可救藥，定性聲聞。」但你可以說聲聞道是不究竟，以及說明爲何不究竟。你也可以說聲聞道是方便，說明爲何是方便法，也說明菩薩道才是究竟，以及爲何究竟。這些道理都可以講，就是不要稱名去怨他、嫌他。這就是你講《妙法蓮華經》的時候應該遵守的第二法，能夠遵守這樣的第二法，你演述《妙法蓮華經》時，多所安樂而無障遮。

接下來說「善修如是安樂心故，諸有聽者不逆其意；」菩薩演述《法華經》時，善於修習這種安樂心的緣故，所以不管誰來聽《法華經》，菩薩都不會故意去違逆對方的好惡，也就是不要讓聽經者生起煩惱。但這是在講什麼道理？對於來學法的人（不是對於破法者，這個分際要弄清楚，不然就變迂腐，成爲拘泥於文字的表相了），要使他們覺得心安、覺得自在，才會想要追隨你修學；然後當學法者「有所難問，不以小乘法答，但以大乘而爲解說，令得一切種智。」當你演述《法華經》時，不管誰來向你質難或者提出他的疑問，你都不用小乘法來為他們解答，都要用大乘法來為他們解說。

這是因為你是弘揚菩薩道，不是弘揚聲聞道，所以你要用大乘法為他們解說，而不要用小乘法來為他們解說，目的就是要引導他們走入大乘道中。所以菩薩三句不離本行，不管誰問什麼法，菩薩講的都是大乘道。假使有人提出來問：「我問的是阿羅漢如何實證啊！你為什麼跟我講大乘法？」菩薩會告訴他：「你只要好好學大乘法，將來就會有一個副產品，叫作阿羅漢果。」那對方當然會繼續提出疑問：「為什麼我修學大乘法就能證得阿羅漢果？」那你就有機會再為他說明：解脫果在菩薩道中是什麼樣的位階，是如何成就的。你也可以為他作一個比較：「如果不學大乘法，證得阿羅漢果，最多只是菩薩五十二個階位中的六住滿心位，你都還比不上人家沒有證阿羅漢果的明心菩薩。」這麼一說，他心中就開始對大乘道有了好樂之心了。當他對大乘法有好樂之心，你不就度一個人成為菩薩了嗎？只要度一個人發菩提心，你就勝過度一萬人證阿羅漢果；那你要用聲聞法答？還是用這個大乘法答他？（有人回答：大乘法。）對嘛！諸位都很有智慧。

所以阿羅漢雖然是人天應供，但是在菩薩道中不算什麼。因此決定不迴心的聲聞人，簡稱定性聲聞人，佛說這種人猶如焦芽敗種。他的佛菩提芽已經燒焦了，他的佛菩提種已經毀敗了，將來是不可能成佛的，因此叫作焦芽敗種。想想看，人天應供欸！結果在佛菩提道中被說爲焦芽敗種。歷史上的焦芽敗種是哪些人？就是第一次五百結集的時候，那四十幾位的阿羅漢，以及其餘三果以下的聖者和凡夫們，那些人就是佛法中的焦芽敗種，因爲他們決定不迴心。所以菩薩們聽完了那一些不迴心大乘，也未證得佛菩提果的阿羅漢與三果以下的聲聞人誦出大乘經的時候，幾乎要暈倒，當然要求他們修改經典內容，因爲他們宣稱自己結集出來的經典叫作《阿含經》啊！

「阿含」的意思就是「成佛之道」，可是四大部《阿含經》中共有二千多部經典，裡面明明沒有成佛之道啊！但他們都不肯接受菩薩的請求，都不肯修改。菩薩們聽了知道大乘經典被結集成二乘法，於是所有迴心大乘的阿羅漢們，大家跟隨文殊、維摩詰等菩薩們，當場要求結集四大部《阿含經》的聲聞人修改，但他們都不肯改，竟然還要繼續把那些經典叫作「阿含」，所以菩薩們只好當場放話：「吾等意欲結集。」是說「我們也要結集」。於是隨後就有七葉窟外的千人大結集，那規模加倍了，因爲大乘經典的內容很廣大而且深遠，得要集合更多人才能結集出來。從這裡就可以知道聲聞人的心性，也可以知道聲聞法不等於佛法——《阿含經》的內容不是成佛之道。因此，在佛菩提中說那些定性聲聞，即使他們身為阿羅漢，是人天應供，佛法中依舊稱他們是焦芽敗種，不值得讚歎。

因此真正的菩薩遇到阿羅漢時都願意供養，是拿他們當福田來種，從他們身上獲得廣大的福德。菩薩是這樣看阿羅漢的：「你是阿羅漢，好極了！這個福田送上門來，我不種白不種。我就要種你這個福田，因為難得啊！人間很難得見到阿羅漢，我就是要種你這個福田，我就好好供養你。」那麼阿羅漢心中無所謂被種福田，因為他捨報時就一定入涅槃，不考慮未來世有沒有行道的廣大資糧。這是因為他「我生已盡，不受後有」，已經沒有未來世了！所以他們也願意坦然受供。

但菩薩就因此找到好機會了，供養了阿羅漢，未來世的菩提資糧就更加廣大；因為種福田可以種到阿羅漢的身上，真的很難得。人間有幾個阿羅漢？現在人間連一個初果都還找不到呢！除非是在正覺同修會中。那麼在這件布施供養之中，菩薩本身叫作施主勝，因為菩薩從阿羅漢迴心過來以後，證量不下於阿羅漢——解脫道的證量不下於阿羅漢；至於佛菩提道中的證量就不是阿羅漢所能想像的，所以叫作施者勝。然後菩薩用豐盛的飲食或生活用具來供養，這又叫作施物勝；而受供的是阿羅漢人天應供，那叫作福田勝；好啊！施者、施物、福田三者俱勝，那你說，菩薩未來世的福德到底有多廣大呢？眞是不得了啊！所以菩薩看見阿羅漢的時候，心裡面雖然想著：「啊！這是個聲聞人！」可是心想：「踏破鐵鞋無覓處，得來全不費工夫，我就種你這個福田。」菩薩是這樣想的，所以菩薩不會對阿羅漢起「怨嫌之心」，一定會把握機會種這個福田。你們如果讀過《優婆塞戒經》，談到布施中的種種因與果的差別，你們就會知道菩薩這樣作，才是眞有智慧！

那麼從這裡就看得出來，菩薩打心眼裡就瞧不起阿羅漢；雖然依舊恭敬他們，可是心中瞧不起，因爲他們的佛菩提芽已經焦了、敗了。所以寧可用大乘法爲任何人解說，即使對方所問的是小乘法，也用大乘法來解答他的疑問，讓他對大乘法生起欣樂之心；當他愛樂——喜歡佛菩提道的時候，你就是度了一個菩薩發菩提心了，那你就獲得超過度一萬人乃至更多人成阿羅漢的功德。所以，咱們正覺同修會弘法，只要度得一個人住在同修會裡面發菩提心，永遠不離開，就勝過度很多很多人成阿羅漢。假使你在同修會裡面當親教師，就算你那個班最小，只有三十個人好了，這三十個發菩提心的菩薩等於多少阿羅漢？

度三十個阿羅漢的功德，你算算看啊！可是度這三十個人發菩提心，超過度三十萬人或更多人成阿羅漢；這個算盤要會打，這個算盤要時時刻刻揹在背上，千萬別丟了。所以說，度菩薩不容易，但是我們要設法去度。你度一萬個阿羅漢，那一萬人是因為你而變成阿羅漢，可是他們捨報後哪裡去了？都入無餘涅槃。當這一萬個阿羅漢死後都入無餘涅槃去，你來世還有弟子嗎？一世又一世都如此度人，那你還能成什麼佛？因為下一世再度一萬個人成阿羅漢，他們死後又都入涅槃去了，那你都在作白工欸！全都是白作工了！所以不要度阿羅漢。

你如果要度他們成為阿羅漢，一定要先激發他們生起菩薩性，然後再讓他們去證三果，到此就好了，不要讓他們想要去證第四果，免得到時候也許心癢：「欸……我還是入涅槃算了！」他這麼一念心動呢，捨報時入涅槃去了，你又損失了一分佛土啦！本來這個佛土，在將來、在未來世是可以很好用的，可以幫你作很多利樂眾生的大事業，結果你讓他入了無餘涅槃，這不是大損失嗎？這樣說，諸位就懂其中的道理了！現在知道我說為什麼不要度一萬個人成為阿羅漢，寧可度一個人發菩提心：沒有悟都沒關係，就是不要度一萬個人成阿羅漢。

那你從這個立場去看，那一些寺院裡面，或者那些弘法的在家居士們，他們度一些人，雖然只有二、三十個人，五、六十個人，或一、兩百個人，都沒有斷三結，但是都在修凡夫位的菩薩法，依舊遠比你度一萬個人成阿羅漢還要好，因為至少那一些弟子們都是菩薩。那麼以這樣來看，你就不會再去羨慕說：「在南洋，那一些人度了好多弟子。」他們不管度了多少弟子，都遠不如大乘法中的法師們度一個比丘、度一個比丘尼，因為這一個就抵得上一萬個以上的阿羅漢；可是他們卻連一個初果人都沒有，所以不論是斯里蘭卡，或者泰國、緬甸，如果他們有人在弘揚聲聞法，座下出家眾有五十萬人，你也不必看重他；因為不如我們台灣或者大陸隨便哪個菩薩道場座下只有三個比丘、四個比丘尼，都遠勝過他們五十萬人。

那麼由這裡你就知道，為什麼 佛陀交代說：「有所難問，不以小乘法答，但以大乘而爲解說，」目的是什麼？就是「令得一切種智。」就是要他們將來可以成佛，這就是佛陀對眾生利益的所在。你們很多人知道我討厭聲聞人，因爲事實上就是這樣。聲聞人的本質我看穿了，那條路我也走過了；我在佛世已經可以出離三界生死了，但我還是離開了那一條路，走上佛菩提道，都不猶豫。所以聲聞人那一些東西，我還不知道嗎？早都知道！但是不羨慕，一點都不羨慕。可就是有一些習氣，因爲你如果以前走過聲聞道，具足修證以後，當然知道他們的習氣還會存在，那個習氣是什麼呢？就是不貪名聞利養。

老實說，我這一世有生以來，從小就是胸無大志，只喜歡方外之術，所以接觸到佛法以前，對那些修丹、練氣、拳術等等，我從小都很有興趣；但是提到賺錢呢，我沒有興趣。以前讀高中的時候我是怎麼想的？我當時想：「我這個人生來無路用」，當然也因爲從小被哥哥敲腦袋說：「你這麼笨！」而在事實上我也眞的覺得自己沒有什麼用處，我只有一個想法說：「這一生設法弄一個四公尺見方的小磚房，」四公尺見方不大嘛！我如果很大步來跨一步，就等於一公尺，長寬各都大跨四步，四乘四就是十六平方米；「就只要這樣一個小磚房，我一生就這樣住下來啦！如果有人生病了，我可以治他的話，就免費幫他醫治。」因爲我學會了針灸，我可以幫他灸一灸、針一針，由著人家隨意給錢或不給錢都行，我就這樣子過一生也就算了。

我讀高中時的想法就是這樣，眞的是胸無大志呵！人家都發願說「我要當工程師、我要當總統、我要當畫家、我要當老師」等等。但我胸無大志，本來就想獨自一個人把這一生混過就算了，沒想到後來老爸逼著說：「不行！你得給我成家。」所以我成家的過程也是很有趣的，講起來眞的是……，諸位會覺得很好笑：怎麼有人是這樣成家的！但這個跟法義無關，今天就不談它啦！（大眾大笑……）

不過，這表示什麼，表示我沒有貪求什麼。我就希望這樣子平平淡淡過一生就好。所以，說到當法主，我也沒有那個意願；我這一世出來弘法，一直是客座講席的心態，我是隨時準備要交棒退休下來的；因爲對於當法主這件事，覺得沒有喜樂，我沒有這個興趣，從來不想當領頭。可是後來被時勢所逼，今天只好繼續坐在這裡。老實說，坐這個位置並不舒服，從表相上看起來好像很風光的樣子，其實坐這個位置不舒服，可是我今天不得不坐。這就是說，往世那個習氣種子還會存在啊！因爲你對世間法沒有什麼欲求，所以，可以賺錢而不賺；學佛以後，卻弄了個正覺同修會，只懂得付出而不懂得獲取什麼。不久又聽大家建議，開個正智出版社賺錢了，沒想到賺來的錢也不要，就是拿來利樂眾生，對錢財沒有欲望；連望都沒有，就別說是欲了，對於錢財生欲的希望都不曾存在過。

然後常常心裡面打妄想說：「這一世好好把正覺的制度建立起來，把深妙法好好地傳給大家，讓大家證量都很好，我下輩子大概就可以不必出來弘法，可以躲在山裡面『翹腳捻嘴鬚』（台語）。」（眾笑…）可是 佛說：「不行！」既然佛都說不行了，那我就不行，就只好繼續幹下去！也只好這樣，不然能怎麼辦？佛說的算數，我心中想的不算數；只要佛陀說了，我就去作，我不會有第二個想法。這些習性一直都會存在，所以常常會想：「啊！歸隱山林有多好！」可是佛大概看到說：你這個人不能躲在山裡面，還要好好繼續作事。所以就只好繼續作啦！如今就滅了退隱歸鄉的念頭了。

本來這個弘法度眾的事，往世是已經發過的願，也應該繼續作，但是我爲什麼會有退隱的念頭？而那個念頭始終不曾消失，至今一直都不曾消失。

於是就去山裡面買個房子住，我現在終於住在山林裡面了，可是卻比住在城市裡面的人還要忙，這又是爲了什麼？也就是說，你將來度人的時候，只要幫他們證三果就好，千萬不要幫他們證得四果，否則他們愛樂涅槃的種子存在，雖然再起一分思惑來潤未來世生，繼續行菩薩道，可是弘法時就不會積極。我出來弘法二十年，一直都不積極，只是因爲大家拉著我不放，我又不是無情的人，就這樣繼續說法直到今天。

我弘法二十年來，從來就是像姜太公釣魚一樣：直鉤釣鯉。人家魚鉤是彎的，但姜太公的魚鉤是直的，而且沒有餌，並且還離水三寸。姜太公就這樣，願者上鉤：「**你願意上鉤讓我吃，那你就咬著不要放。**」就這樣被拉上來，故事裡說，眞的有魚願意這樣啊！因爲有的魚聰明，有因緣，也許是什麼仙、什麼神告訴牠：「**你讓姜太公吃了，死後可以脫離魚道啊！不必再作水生動物啦！**」所以有的魚願意被吃啊！那我出來弘法時一直就是像這樣：你們願意被我吃，就咬著不放！（眾笑⋯⋯）我也是直鉤釣鯉，離水三寸啊！所以一向是來者不拒，去者我也不追；想要請長假也可以，但我隨時都歡迎大家回來。我一向就是這樣子。所以你們將來度眾生，千萬別幫弟子證四果，不然他就會有一點消極；得要時勢逼著他，他才終於不得不當起法主，否則他是不會當的，那麼正法的推廣就會很緩慢，規模也很小，然後就會被相似像法淹沒掉。

那麼我是六、七年前看到說：「走到這個地步，我想要放手，好像放不了手了！」因爲我怕這一放手就四分五裂了，大家都很擔心！正法的未來可能就沒寄望了。本來我是打算十年前要歸隱山林，已經預定在二〇〇一年要退下來了，結果沒辦法，親教師會議時大家一致否決了。那，既然要繼續作下去，不然就轟轟烈烈把它作好；所以我才擬訂了計畫：以二十年爲凝聚期，二十年到了就是轉入推廣期。所以去年就是正式進入推廣期，時勢也是這麼恰好，正好就是達賴喇嘛剛好來台灣，我們就正式進入推廣期，一面廣泛破斥達賴的密宗，另一面開始推廣八識論正法。

但是我那個隱退山林的習氣還是在啊！心裡面想說：「好好把正法推廣，令正法根基穩固了，我下輩子就可以歸隱山林，不必出世當法主。」還在想著下輩子欸！這就是習氣啊！也就是心中沒有貪求。往世就只怕一件東西，那個東西叫作鉢袋子，也就是裝佛鉢的那個袋子，好怕那個東西。你如果拿到了歷代傳下來的佛缽，那你要幹什麼？得要領眾弘法呀！領眾弘法眞的很辛苦，當首座可就最輕鬆了，只負責說法，其他什麼事都不必理會。說法是很快樂的事啊！當法主卻是很痛苦的事，所以你們以後度弟子不要幫他們證四果，他們就會喜歡出來當法主，你就讓他們去當啊！譬如需要廣泛出去傳法的時候，就吩咐說：「你往東方去當法主，你往西方去當法主，你往南方、你往北方。」然後你坐鎭於中土，只出一張嘴說法就好了！

所以幫弟子四眾發起菩薩性才是最重要的，幫人家證阿羅漢的事都不重要。因爲當他們證了阿羅漢以後，如果不肯迴心佛菩提，那你就失掉這個弟子了，你未來世成佛時就少了一分佛土。所以，幫弟子證阿羅漢果不值得慶慰，幫弟子明心，生生世世不入無餘涅槃，永劫修菩薩道，才是你們應該作的事。所以你要去幫助弟子們未來證得一切種智，因此不是開悟就沒事了，幫他們悟了以後，你還要傳授他們一切種智，讓他們在將來可以分證一切種智，就能使他們未來世一個一個都能入地，乃至將來他們都可以成佛。當他們有人成佛的時候，你早就已經成佛了，不是嗎？這就是你身爲一個講《法華經》的人，應該要認知的大前提。所以有時候電視報導說南洋哪個寺院香火鼎盛，信徒有多少，我一點點都不羨慕，因爲我們會裡面隨便哪一個人就抵得過他們那些人了！那我們現在會裡面有這麼多人，他們拿什麼來比？對不對？你們每一個人都抵得過南洋的一萬個阿羅漢，不只是抵得過，還勝過很多喔！所以你們都別小看自己，更何況南洋現在連初果人都沒有，就別說是阿羅漢了。這就是說，當你對佛門內的佛弟子演述《妙法蓮華經》時，你得要有一些分寸，這就是你應該遵守的第二個「安樂法」，否則你講《法華經》時不會平順，會常常出事情。

這個第二法就是「安樂行」，這第二個「安樂行」就是說，不樂去尋找或者去演述別人的身口意行的過失，或是說哪一部經典不圓滿等等。也不要去輕慢其餘的法師們，也就是對演述正法的法師（不是演述相似像法的法師們，例如以六識論來取代八識論正法的人，那都叫作相似像法），對於演述正法的法師們所說的法義，不要加上負面的評論。也不要說別人有什麼好惡、長短，就是不說他們身口意行方面的過失。若是對於聲聞人，雖然你不把他們看在眼裡，因爲聲聞人不值得讚歎；但是也用不著當眾指名道姓說他們是聲聞人，說他們有什麼過失。

也不必因爲他們之中有的人是阿羅漢，就稱其名稱而讚歎他；雖然如此，也不對他們生起「怨嫌之心」，因爲你必須留著一分餘地，讓他將來可能迴心成爲菩薩，這個餘地要預先幫他們留著。假使你一直讚歎，或者一直嫌他們不好，這兩者都會使他們未來不想迴心大乘，所以你要先預留這個餘地給他們。如果能夠這樣善修這個「安樂行」，聽法者就不會覺得你每一次說法都違逆他。說法時，不管有誰提出質難或是質問，你都要用大乘法來回答他們，引導他們往大乘法的方向前進。

這第二個安樂行，好像就是不許批評別人？可是我還要說明的是，我在目前也不想要破斥外道，爲什麼不破斥呢？因爲現在的時空背景是要講求宗教和諧，我如果一天到晚指著道教罵：「你們道教不究竟，只不過是欲界境界，如何、如何、如何。」那道教信徒一聽到佛教時會怎樣想？一定是反感與抵制。那如果你一天到晚說：「你們一神教如何如何、如何如何。」那一神教會不會跟你對立？會！當你這樣作的時候，得罪了所有外道，有無量無邊的外道來跟你找麻煩時，你還能安定佛教內部嗎？那時佛教自己內部的無量無邊問題，你還有時間去解決嗎？你沒時間了！

現前看見的問題是：佛教內部弊端無量無邊。你必須要先解決這個問題，何苦去招惹那些外道？眼前佛門裡面的相似像法等外道，以及外道法滲透進入佛門的事情很多，你應該要先處理。就像儒家說的「事有輕重緩急」，你要有智慧去衡量什麼事情是最重要的，什麼事情次要；什麼事情是需要馬上處理，什麼事情是可以等未來慢慢再來作。這輕重緩急，你得要先衡量。

所以我不破其他宗教外道，目前我只破佛門內的常見外道等，爲什麼要這樣作呢？除了表面上，在現在這個開放時代、多元化社會講的宗教和諧以外，最重要的原因就是說，你先要把佛門裡面的腐敗狀況消除掉，讓佛教的了義正法可以永續傳承，要先把了義正法的勢力不斷地擴大，深植於人心，使相似像法的勢力隨著縮小，佛教的復興就可以漸漸成功。那些外道們又沒有自稱他們是佛教，既沒有冒充是佛教，何苦去破斥他們？他們很清楚宣稱說：「我是基督教，我是天主教，我是道教，我是回教。」大家都可以自由選擇，不必強迫別人一定要信佛教。

可是如果有外道自稱是佛教，然而他們的本質卻裡外都是外道，那我就要處理他們，不管那個外道勢力有多大。如果有外道自稱他們也已證得佛法，可是他們那個佛法是錯誤的，對於那個外道，我就要處理他，我不管他勢力多大。我這個人雖然生來胸無大志，可是我有一個長處，就是不怕死，我只講道理：對就是對，不對就是不對。他們不能拿仿冒品來說是眞品，又來否定眞品、壓制眞品。所以，如果外道冒充是佛教，我發現他們確實不是佛教，卻拿著佛教的幌子一天到晚給佛教惹麻煩，那我就必須要處理他，所以我主動處理的外道就是密宗。

我是主動去處理密宗，他們並沒有招惹過我。往世的不談，因爲往世的帳算不清，那個帳眞的太大了，他們也還不清。我只說他們現在是在破壞佛法。其他的外道沒有來破壞佛法，他們明確宣稱說：「**我是回教，我是基督教，我是天主教。**」那麼大家井水不犯河水。可是如果他們有一大宣稱說他們的上帝是有開悟的、是有親證佛法的，那我就要處理他們了。或者說，一神教徒老是在事相上抵制正覺同修會，弄到我覺得煩了，我就會開始破斥他們。因爲他們來招惹我呀！我本來是一潭清水，你弄了些鹼啦、又是塑化劑（大眾笑…）（編案：此時台灣正好查到很多食品中被惡心商人加入塑化劑，成為社會大事件），來抹我的臉，我受不了呀！那我當然要處理。他們不要來染污我們佛教，大家便相安無事。如果他們是仿冒的假佛教，混入佛門染污了佛教，我當然要取締他們。

所以對外道，如果他們虛妄地說他們最究竟，那我就要辨正一下：誰才是最究竟。如果他們不說比佛教究竟，我們就不跟著談，我們不主動招惹他們，我們會尊重他們，這就是我的原則。所以，不來招惹我，我就不會破他們；可是一神教若是有誰要來招惹正法道場，我總有一天就要破斥他們，讓他們無法回應，這就是我的立場與習慣。

我這個習慣，對外道如此，對同修們也如此。早期有些同修，有時候私底下會跟我誇耀，說他的證量如何、如何、如何，我聽了就說：「喔！喔！喔！」我就是哼哼哈哈混過去，不想當面推翻他，這是我的習慣。可是他一旦開始否定正法的時候，我就要跟他算總帳了：「你以前說了什麼，錯了，錯在哪裡；你又說過什麼，又錯了，錯在哪裡。」我就跟他全部算總帳。那如果他沒有異心，只是存著善心在努力修習正法，爲了正法而在奮鬥，他即使說法錯了，或是誇大過頭了，我也不會指說他有什麼錯誤。這就是我的習慣。

以前有一位師兄，有一次我們去看地，那時想要買禪三道場的地。在車上，他就拿出他寫的詩給我看，來顯示他證量有多麼高，我就說：「啊！不錯、不錯、不錯！」我就是「不錯」兩個字讚歎，沒有別的評論。可是他一旦否定正法，我就開始評論他，讓他沒有還手的餘地。我不管他以前在外道那邊的勢力多大，假使他冒充佛教了，我就要處理他。他若是只說原來外道裡的教義，我不管他。但他可別來冒充，作仿冒品來賣正品的價錢，那是很不道德的。製造仿冒品眞的很不道德，人家辛辛苦苦發展研究創造出來，結果他卻用仿冒的，其實是掠奪人家的辛苦成果。

仿冒品，現在眞的很多，但大家都習以爲常。就說現在最近的好了，沒有果汁的果汁（大衆笑…），沒有牛奶的牛奶，沒有咖啡的咖啡，大家就這樣子喝了十幾年，怪不得那些果農種得那麼辛苦，卻沒有賺錢；因爲現在市面上賣的果汁都不是用水果製造的，那果農種的水果就不好賣啊！沒有牛奶的牛奶——保久乳，我從年輕喝到退休前都還在喝。因爲我以前常常出遠門辦事，身上就帶一顆饅頭，一包花生米當午餐；然後在路上，特別是冬天，我就買一罐保久乳，因爲保久乳都會用保溫箱弄得熱熱地，喝起來暖呼呼地，一直都以爲說：「這鮮奶還不錯。」什麼鮮奶？原來是豆漿做的，根本就沒有一絲一毫的鮮奶，那叫作沒有牛奶的牛奶。

現在大家爲什麼不喝果汁了？因爲那是沒有果汁的果汁，所以就不喝了！現在水果就因此開始漲價，果農終於得到利益了。所以這種仿冒品，大家習以爲常，可都不知道那是仿冒的。我十幾年來不買果汁喝，爲什麼呢？因爲我很早就知道那裡面沒有果汁，（眾笑…）我就是不買果汁喝。有時候買瓶外國的蔓越莓汁，那也還好，至少還有30%果汁。台灣這些果汁，我想大陸也許八九不離十；所以，對那些仿冒品，大家都習以爲常；那麼佛法的仿冒品，情況也是一樣啊！大家也都習以爲常。可是對於那些佛法仿冒品，當我們知道了，就應該出來揭露。但是大家都貪小便宜，貪小便宜的結果，就是買到仿冒品。

什麼叫作佛法的仿冒品？又怎麼樣是貪小便宜？就是求快啊！要不然就是用買的，就是這兩個貪小便宜嘛！用買的，意思是說：「我供養您大師一千萬元，」或是說：「我供養您五千萬元，請您直接告訴我開悟的內容是什麼。」這就是用買的。可是我從來不賣，一定要從基礎佛法開始學起，一定要從基本定力開始學起，打好了根基，只要菩薩性足夠，就算沒錢，也一樣可以開悟。

那麼貪快是指什麼？就是想要簡單容易就得的假開悟。例如有大師說：「你要放下啦！把一切煩惱放下時就是開悟了。」所以什麼都放下了，連事業也不想經營，一個人跑到深山去躲起來；一家老小弄得焦頭爛額，他也不管，說那樣子放下一切時就叫作開悟。不然就說：「你只要好好修離念的方法，心中離念了，就是開悟啦！」這些就是貪小便宜。因為離念很容易修，可是要修成無相念佛，要修成看話頭功夫，然後要證得如來藏，卻是很困難的。

現代人學佛，不外乎速食麵的心態，只要滾水一沖就可以吃了，總是不願意下麵慢慢煮、慢慢炒煎炸。他們都不想要這麼麻煩，都只想要吃速食麵，所以仿冒品就可以流行起來。可是來咱們正覺修學呢，正覺不跟他們來這一套；不管你是什麼人，你若是想要得法，就得按部就班把定力慧力都修好，還得把菩薩性發起了才行，那就得乖乖地上兩年半的課再說。所以有好些人對這件事情很受不了，他們很喜歡正覺的法，可是聽說一定要上兩年半的課，心想：「我兩年半都去那邊學習，人家都知道我去那邊學法了，那還行？」怕人家知道啊！大多數人都是想要我暗地裡把法送給他們，然後他們可以宣稱是自己開悟的。

但是，仿冒品就因爲貪小便宜的心態，於是就開始流行了，佛教界就有了許多種假開悟的印證出現。但我們不容許他們流行，我們還得要把那些仿冒品的本質掀開來，讓大家看清楚，因此我們不許密宗仿冒了佛教還指說佛教的不是，這就是你們應該要努力幫我一起來作的事情。只要外道不仿冒佛教，我就不動他。因爲他說他是基督教，他說他是道教等，都沒有欺騙人們；那人家要選擇道教，選擇基督教，是他們的自由，我們何必去說他們不對？因爲各人有各人信仰宗教的自由，我們不想干預。可是如果有哪個外道冒充佛教，或是哪個外道老是要找正覺的麻煩，我就必須要辨正他，這就是我的想法。

所以有一些人說：「欸！你專門講佛教的不對，都不講外道。」我回答說：「你們眞的是佛教嗎？」當密宗指責我們時，我們就要問密宗：「你們眞是佛教嗎？你們從裡到外都不是佛教，你們是仿冒的假佛教！」仿冒佛教又來打壓佛教，我當然要講。至於別的宗教，他們又沒有仿冒佛教，我爲什麼要讓他們心裡不痛快？沒有必要。所以說，「各人說各人的法，不要批評別人」，這句話可以用來面對外道，但是不能用來想要仿冒佛教的外道。所以如果基督教來問我說：「你爲什麼一直要講密宗不對？」我一定這樣跟他說：「如果有人根本就不是基督教，但他們一直欺騙人家說：他們才是眞正的基督教，並且比你們基督教更基督，（大衆笑…）那你們認同不認同？你們如果可以認同，我就不破密宗。請問你們認不認同？」他們一定不認同嘛！這就是一個原則。

所以說，這第二個「安樂行」法，它的原則大家要弄清楚，不要依文解義，然後拘泥於文字說：「你看這段經文已經說了，所以不論外道怎麼樣，我們都不能講他們的不是；所有附佛法外道，我們也不能講他們的不是。」那就錯了！如果那種說法可以講得通，那 佛陀爲什麼要跟隨在六師外道後面，一一去廣破六師外道？六師外道們，不論去到哪一個大城，佛陀隨後就跟著去破他們，爲什麼呢？因爲他們自稱法義比 釋迦牟尼佛究竟，自稱他們的法能得解脫，宣稱 佛陀的法不能使人解脫。然而他們說的都是騙人的，所以佛陀以人天至尊，赤著腳跟在六師外道後面，一個大城又一個大城去廣破。

但是世尊的作法並沒有違背這一段經文的開示，因爲他們是仿冒品；他們是阿羅漢的仿冒品，如來的仿冒品；是仿冒了阿羅漢，又仿冒了如來，那當然得要去破斥他們。可是如果那一些外道們，他們說的是：「釋迦如來的法眞勝妙，而我的法也不錯，但是我說的並不是佛法。」那麼世尊就不會一一去破他們。也就是說，選擇的權利是在眾生的手裡，但是弘法者不要用仿冒的方法，也不要明著或暗著使用壓制的方法，來吸引信眾。然而密宗正好就是這樣，他們明明是仿冒的假佛教，結果竟然說他們比你佛教的佛法層次更高。當他們仿冒了佛教以後，竟說他們比佛教更高，那當然我們得要處理他們。所以這一個「安樂行」的大前提、大原則，大家都要把握住，不要光看字面的意思。接下來，世尊想要重新宣示這個道理，就用偈這麼說：

「菩薩常樂安隱說法，於清淨地而施床座；以油塗身澡浴塵穢，著新淨衣內外俱淨，安處法座隨問爲說。」這是說菩薩永遠都是愛樂安隱的說法，凡是令人浮躁的、令人起貪、令人起瞋、令人生起無明的，或是令人躁動的法，菩薩都不樂說，只樂於說令人安隱的法。從另一個方面來說，菩薩愛樂於「安隱說法」，就是說：「菩薩不誇大，不炫耀，如實說。」凡夫們會怎麼樣說法呢？會弄得場面好大、好大，每年都想要辦萬人聞法大會。然後，在這裡辦完了，換去那裡辦；那裡辦完了，再換另一個地方。目的要作什麼呢？造勢啊！就是想要搞大名聲。那一些大師們不都是這樣作嗎？但是我們不想這樣作。

我們就是很平穩、很安靜地說法。可是諸位又馬上浮起一個問號：「那您爲什麼要去高雄辦那一場425大演講？」這個祕辛就要告訴諸位囉！因爲我們去抗議達賴喇嘛藉風災來台斂財，接著南部有人就開始透過管道，由這邊的警察單位來正覺問東問西找麻煩，至於我們應變的內容就不談它。所以我們接著就在高雄巨蛋辦一場大型佛法演講，把我以前所講的題目還沒有講完的內容，把那後半場的內容改在高雄巨蛋去講。這就是在世間法上顯示說：我們也有大山頭一樣的能力，顯示我們的信眾人數不會比達賴少。而且我們一開始就宣示：「以後不會再辦這樣的大型佛法演講。」因爲那只要一次就夠了！何苦年年去辦它。

但是佛門自清運動，我們卻要每年辦，每年都應該吹大風，把那些徒有空殼的稻穀吹走，留下「貞實」的稻穀，既貞又實。教育大眾是我們的責任，所以我們還是會繼續作破斥密宗假佛教的工作。那麼這一些事情並不是爲了顯揚名氣，如果是爲了顯揚名氣，我在所有書中使用本名就好了，然後每一本書都把大頭照印上去，走到哪裡大家都認識：「哎呀！這位是蕭平實啦！」可是我們不想這樣。名與利就只有這麼一世，能帶到未來世去嗎？全都帶不去啊！因爲名與利是歸五陰所有的，五陰不能去到未來世，那我能把此世的名利帶去未來世嗎？能把往世的名與利拿到這一世來用嗎？都不行啊！

我如果把往世的名字公開出來，大家一定罵翻了：「這個人好狂喔！竟然敢冒用古德的好名聲。」何苦來哉，害人家造業。所以應該要「安隱說法」，而不是要大張旗鼓。除非你別有用意，否則利樂眾生的目的達到了也就可以了；你辦一場大法會，使正法得以穩固下來，也就夠了，不必每年或者每兩年、每三年，就去辦一場大型的法會。那樣拋頭露面的目的是爲了什麼？爲了博取名聲嘛！但我們不用博取名聲，不斷地摧邪顯正的事行，我們正覺早就臭名在外了。佛教界那些老修行，如修行超過五、六年，而且有眞正用功在修行的人，哪個不知道蕭平實？只是不認識我罷了。所以有時候，他們在談論蕭平實，我卻正好坐在他們的隔壁桌吃飯，他們都不知道，我也裝作沒聽見。因爲我這個人很習慣被罵，眞是賤骨頭，早就被罵慣了。所以說法時不必招搖，「安隱說法」就好了，大家也覺得很寧靜，而且能夠眞實獲得法上的利益，這樣就夠了，爲什麼要搞那麼大的場面呢？

那麼「安隱說法」的時候，世尊說，應該「於清淨地而施床座」。說法時不能不簡擇場地，不可以在不清淨的地方說法；假使看見菜市場人多，就在菜市場中說法，那麼這個究竟法就會被你貶低了。就好像誦戒一樣，大家聽戒時在下面坐，誦戒者卻一定要高座，不可以站著，也不可以和大眾一樣坐在下面誦，得要尊重戒法。說法時也是一樣，當你眞正演述經典時，不管是哪一部經典，都不可以站著講；因爲你若是站著講，這個法就被你在表相上先貶抑了。你一定要高座而說，這就是爲什麼講經時，一定要高座而說，是因爲尊重法。

高座而說，對說法者有什麼好處？有啊！就是練腿功，因爲這麼一盤腿就是要講到完，這就是練腿功啊！可是練腿功輕鬆嗎？有樂觸嗎？沒有啊！

所以高雄那個演講連續五個鐘頭不休息，我得要換腿兩次，每兩個鐘頭我就換一次腿，因爲五個鐘頭確實太長了。至於我們現在這樣講經兩個鐘頭，也就不用換腿，講完了剛好下座。高座說法，盤起腿來正經八百地演說，目的是什麼？就是尊崇於法。因爲這是至高無上妙法，我不可以站在地上演說啊！否則，將會顯示這個法不尊貴。所以必須「於清淨地而施床座」，「床」不是講睡覺那個床；這個床，禪宗裡面也叫作「禪床」，可是在佛門裡面叫作「法床」。

在古印度，國王接見臣子，他那個座位就叫作床；國王的座位很大，也很高，有時候他覺得累了，可以把身子斜躺著，與臣子們曲肱而說，那個就叫作床。有時候床沒有床的樣子，有時是在一面牆壁很高的地方凹進去一大塊，四方而平坦，國王就在那上面或躺或坐，跟臣子們一起論事；而臣子們就盤腿坐在下面，國王就坐在上面或者躺在上面。國王那個床座大約是一個人的高度，以顯示國王的尊貴，但那依然叫作床，卻不是睡覺用的。

這個床座的意思就是說，你爲眾生說法時所坐的法座，不可以寒傖，得要莊嚴。可是過猶不及，有人爲了要莊嚴，就雕龍刻鳳，後來有人就變成坐在龍椅上說法了。所以有些寺院法師的法座是龍椅，那就不對了！法座是要莊嚴，但是莊嚴並不應該等於華麗。我們正覺講堂這個法座很莊嚴，可是一點都不華麗，線條很簡單，沒有圖案雕刻，這就是我們正覺的風格。但是也不能太小，得要讓我可以盤起腿來坐得安隱。若是太大了我也不喜歡，因爲我不是一個好大喜功的人。所以當初要訂做這法座時，我是先盤起腿來，量量看需要多寬，就做出這個法座，剛好夠我盤坐。我們不會做那種特大號的，因爲我們對那個表相沒興趣，可也不能做一個很小又不像樣的，若是坐上去時好像坐在一個茶几上面，那麼這種法座就會使無上正法被你貶低了！沒有那個莊嚴性了。所以必須在「清淨地」，而且要「施床座」；不可以站在地上爲人家演說經典，演說經典的規矩一定要維持著。

接著說「以油塗身澡浴塵穢，」那是在印度。北印度很乾燥，夏天又很熱，皮膚往往龜裂；演說《法華經》的說法之師，總不能夠皮膚裂得一塌糊塗，或是乾燥到一塌糊塗；不能以那個模樣上去說法，所以要先「以油塗身」；當然在「以油塗身」之前，應該要先「澡浴塵穢」。以前的人澡浴時是怎麼澡浴的？是用一些布，弄上一些草灰，來把身體油膩擦乾淨；然後在河裡面，

古天竺跟隨 佛陀的出家人都是這樣，站在河裡面再去把身上的草灰沖掉，大多是用草灰。後來好一點的時候就是用澡豆，一種滑滑的好像豆類的樹上果實，把那個樹的果實從外殼榨出來用。澡豆，我們台灣以前常常用，閩南語叫作「磨麾子」，好像龍眼一樣，國語叫作什麼？（有人回答：無患子。）無患子！對！把果實裡面的籽去掉，把外層的粗殼拿掉，那裡面是一層褐色的，沒有咖啡那麼深色，較淺而褐色的，果肉好像龍眼一樣，但比較硬，然後把它們壓成一塊一塊的；好像小餅一樣，製成一塊一塊的餅，以前在我們鄉下就叫作「茶箍」，因爲它就好像茶餅一樣，所以我們管它叫作「茶箍」。其實它不是茶，可是看起來像茶籽製成的餅，所以後來台灣話的肥皀便叫作「茶箍」。你們年輕人現在已經不知道那是什麼東西了，只能想像。我們以前小時候洗澡就那樣洗。後來首次看見現在洗衣的肥皀，我們都當作是寶，拿來沐浴。然後首次有香皀，我是什麼時候看見的？我哥哥結婚時才看見香皀，好奇問說：「這是什麼？」那時香皀很名貴的，尤其當時有一種香皀叫作黑砂糖香皀，那一盒裝著六塊，是拿來在人家結婚時送禮用的，當時算是很高貴的禮盒。現在呢，大家不當一回事了。

這就是說，古時天竺出家人是用草灰或者澡豆，把淋溼的身體塗一塗，然後再用水洗乾淨，這叫作「澡浴塵穢」。然後才是「以油塗身」，要使身體看起來光明圓潤，不要看起來乾乾癟癟的，人家一看說：「這菩薩這麼沒有福報！」對菩薩演說的法義就不太信受了，那可不行！草灰很好用，以前出家人都用灰來清潔器皿。

上回電視節目上有人說，什麼用雞蛋殼磨碎了，用來洗碗，用來洗茶杯，說茶杯有茶垢，很不好洗。其實不必那麼麻煩，你們每天供佛，不是都有香灰嗎？那香灰不必丟掉，一袋一袋收集起來，當你泡茶葉的茶杯變成褐色的時候，不是像原來玻璃那樣透明了，就拿香灰把它灑進去，再放幾滴水下去，然後用「綠老虎」來刷洗；以前我們沒有那個東西，都是用「菜瓜帛」，也就是老在瓜藤上，採下來曬乾燥後的絲瓜布，在杯子裡攪一攪，然後用水一沖，乾淨得很！根本就沒有任何茶垢的痕跡存在。比電視上說的蛋殼粉更好用，比天工清潔粉都好用。

就是說，以前天竺出家人都用草灰來清潔身體。不曉得經典、論典有沒有記載，我不知道，我的印象中就是這樣。澡豆可就算是高級品，不是常常有的。所以灰是很好用的物品，因此草灰、樹灰，什麼灰都行，只要把還沒有全部燒完的硬物過濾掉了就行。那你家裡供佛，那個香灰都可以留下來，需要時都可以使用。我都把香灰留下來，那是很好用的東西，清洗茶杯的茶垢非常好用，乾淨得不得了。古時出家人當然沒有現代的香皂，澡豆也不是常常有，大多是用草灰來淨身，這就是「澡浴塵穢」。

「澡浴塵穢」之後「以油塗身」，然後換穿「新淨衣」。如果有新衣最好，如果沒有，至少要換穿乾淨的衣服，得要「內外俱淨」，內衣外衣都要換。所以我今天要來講經，出門前一定要先沐浴，但是我沒有塗油。（大眾笑⋯）因爲我們這裡天氣不乾燥，不用塗油，但一定要沐浴，要換新淨的衣服，才能夠「安處法座」講經說法。不可以一身汗臭，衣服也不是洗清淨的，穿了好幾天了也穿上來說法，這樣就不行，一定要換清淨的，這已經成爲一種習慣了。然後要「隨問爲說」，假使不是講經，而是爲人說法時，當人家有問題提出來，你就要爲他解說。

「若有比丘及比丘尼，諸優婆塞及優婆夷，國王王子群臣士民，以微妙義和顏爲說。」接下來說：「如果有比丘和比丘尼，諸優婆塞以及優婆夷，國王、王子、群臣、士民，當這些人來了，你應該用微妙的義理，以溫和的顏色、溫柔的音聲，來爲他們解說。」換句話說，不要太嚴肅。講經時面容嚴肅的目的是什麼？在於令人畏懼不敢質疑。令人畏懼的目的是什麼？是讓大家覺得說：「這位是大師，高——不可攀。」使人不敢生疑而完全信受他，這就是他們面容嚴肅的目的。如果不是臉色發青、講話顫抖，而是面容嚴肅，就知道他的目的是在震懾眾人。

可是身爲佛法中利樂有情的弘法者，需要讓人家震懾嗎？根本不需要，反而是應該讓大家樂於親近，所以不需要擺那個架子。你說法時該怎麼說，就怎麼說；你的身口意行是這個樣子，說法也是這個樣子，不必做作，故意裝得那麼嚴肅。做作的目的，是在遮掩自己沒有眞材實料，所以每一句話要從嘴裡說出來時，都要先在腦袋裡面轉好幾圈，當他要先在腦袋轉好幾圈才能講出來時，就不能講快，只好一個字又一個字慢—慢—地—說（眾笑…），否則他會轉不過來，這時當然得要嚴肅一點，讓大家不敢質疑。

可是菩薩不是這樣說法的，菩薩應該「隨問爲說」、「和顏爲說」，別老是以爲人家提出問題來請問，都是在質疑，菩薩沒有這個心態。所以，以前那三次法難，在他們發動之前，都曾經先私底下提出問題來問我，他們都已經提出過了。有時會有同修跟我說：「老師！他是在質問您欸！」我說：「不要這樣想，他有問題，我們就幫他解決。」我從來不認爲是質疑。雖然後來他們發動了法難，證實那果然是質疑，但是我依舊不改其性，還是維持原來的想法。不管誰提出問題來問，我都儘量幫他解答，我不要認爲是質疑。所以我解答的時候都會很詳細說明，因此有人說：「老師最好拐啦！你跟他問一樣，他就會跟你講三樣。」

可是這有好處啊！這表示說，我爲他解答更多的時候，包括衍生出來的問題，我也幫他解答，那麼他就可以快速提升。所以我們今天才有這麼多人可以用啊！會外的大師們看見我們在法界衛星上面說法，竟能有那麼多老師上來說法，心想：「喔！原來你們正覺的弘法團體這麼大！」因爲大部分的弘法團體或道場，都是只有一個人能說法，就是堂頭和尚，其餘的人都不行，所以他們覺得我們正覺團體很大。可是他們不知道的是，我們派上去電視說法的老師，目前還不到一半，我們還有很多老師可以上場的。但是人派上去太多了，大家就不記得了：「正覺的老師們是一大堆人，到底那是哪一位老師講的，我都記不得了。」所以目前就不用派上去太多人。

因此說，爲人說法時，應該要「和顏爲說」，而且說的要是「微妙義」，不能講那些很粗淺的、言不及義的東西，隨便就交差。你既然身爲菩薩，要利益眾生，本來就應該這樣作！所以，不管是出家人、在家人，乃至大官或者平民，他們只要有法義上的問題提出來，你都應該和顏悅色，並且「以微妙義」來爲他們說明，不是隨便交代一兩句話就算了，也不能把世俗法當作佛法來爲他們說明，這就是菩薩的本分。今天講到這裡。

上一週《妙法蓮華經》接下來要講的四句：「若有難問隨義而答，因緣譬喻敷演分別；以是方便皆使發心，漸漸增益入於佛道。」這裡說到演述《妙法蓮華經》的菩薩遇到出家在家四眾，以及國王大臣乃至庶民，當然是要和顏悅色而爲他們演說；但是因爲此經太深了，往往會因爲聞法而產生了一些疑惑。如果有疑惑提出來請問，乃至於有人因爲聽聞而不信受，心生懷疑不能接受就提出質難，這時菩薩就應該隨著對方的所問，爲他們一一解答。「隨義而答」意思是不可以顧左右而言他，有一些善知識，你問的問題他可能是聽不懂，所以亂答一氣。也有可能他知道你問的問題，但是他不曉得該怎麼回答；然而大庭廣眾之中又不能不答，所以他就東拉西扯答一些不相干的事情，把問題搪塞過去，那就不符合「隨義而答」的聖教了。

不論解答什麼，都是應該看對方問什麼，針對所問而解答，不該是自己想說什麼就說什麼，隨便講幾句話或者扯上一堆無關的說法，讓對方沒有機會再問，把時間給用完。這在會外那些所謂佛學學術會議中，我們同修們有時應邀去參加，結果是同修們提出問題時，對方故意把時間給佔用掉，因爲他們講一堆無關所問的言語，讓你沒有時間再發問；表面上看來他已經回答了，其實等於沒有回答，因爲都是答非所問。你問的是佛法義理，他卻跟你回答世間法，講上一堆無關的言語。等於是你問養馬，他跟你回答養豬，就這樣交差過去。這就不是「隨義而答」。

眞正善知識都應該「隨義而答」，但是還沒有成佛之前，終究還有不知，對於不知的部分就明白答覆說：「這個部分，我還無所知，不能回答。」這樣不就結了嗎？人家反而讚歎說：「這位善知識還蠻誠實的！」如果不誠與不實，那是當什麼善知識？所以「隨義而答」這四字看起來好像沒什麼，其實學問大了。也就是說，想要爲人講解《法華經》之前，你得要有深廣的佛法實證基礎；對方問什麼，你就針對他的所問而作答，不管他是疑惑而問或者質難而問，你都能夠爲他回答，這樣你才夠格成爲能爲人宣講《法華經》的善知識。

在「隨義而答」時就有好多方式了，例如對方若是聽不懂，你就要告訴他：這個問題的因緣是什麼？爲什麼會有這個問題，先幫他把問題的根源找出來；用這樣的方式——以因緣的方式，先幫他把基本的疑惑解決。接下來再用「譬喻」爲他解說，因爲你講了「因緣」以後他可能還聽不懂，心想：「爲什麼我會這樣問呢？我不覺得我是由於這個因緣而這樣問的啊！」他也許不懂你爲他解說問題的因緣是什麼目的，那你就爲他作個譬喻，有了譬喻，他可能就能懂得一些。所以作譬喻是很重要的，你如果不作譬喻，他也許會覺得不滿意，因爲無法眞的聽懂，因此你要施設譬喻來說明。

那，這個譬喻說明了以後，他就容易懂了，也就能夠接受，否則他很難接受甚深微妙法的。但如我們正覺教團弘法，在最早那五年，都不說任何人的法義錯誤，我們全部讚歎。但是人家不接受，繼續毀謗我們，我們就不得不直接面對了。想要當好人既然當不成，他們不讓我當好人，逼著我要當惡人，那我就來當，隨他們的願、滿他們的願。所以我就開始指名道姓辨正法義。可是指名道姓以後他們仍然有話：「各人弘揚各人的法，互相尊重，你爲什麼要講別人的錯誤？」以前也有人這樣講過，就好像陳履安的說法：「各人悟各人的，不必講別人不對，河水不要犯井水。」但是我對他說：「不然！」就像今天，今天也有一個圖書館打電話來，說有人寫信跟他們檢舉說：「他們的藏書裡面，正智出版社的《楞伽經詳解》是有問題的，不應該典藏。」圖書館來電詢問說：「我也不懂佛法，我也不曉得該不該收藏。但對方有來信，那你們怎麼說？」我們就說了一個譬喻：「譬如，有很多家的金店，他們賣的都是鍍金。後來有一家新的金店賣眞金，並且還是低價販賣，那些鍍金卻是高價販賣。最後終於有人買到這個眞金說：『欸！這才是眞金，都不腐蝕、都不會壞、都不會爛等等。』得到眞金的功用。然後跟別人的鍍金互相比較以後，發覺那些都是鍍金、都是假金。而這一家賣眞金的店，賣得又便宜、貨色又純，是眞金，於是名聲不逕而走，流傳開了。然後那十幾家賣假金、賣鍍金的店，就開始攻擊這一家賣眞金的，說這家賣眞金的店，所賣的黃金是有問題的、是假金。賣眞金的店就只有他一家，其餘十幾家聯合起來攻擊他。但是這一家賣眞金的店終於把貨色拿出來作比較：『眞金應該如何？假金則是如何？』教大家怎麼分辨。所以這一些賣假金的人，就應該提出證據來證明說：『我的貨色是眞金，不是假金。』但他們不出來證明，反而不斷去攻訐，說人家賣眞金的店賣假金，那你認爲這樣有道理嗎？」

圖書館的人一聽，就說：「這沒道理啊！可是我也不能單聽你一面之詞啊！不然請你寫個文字寄給我們，我們有這個文字作憑據，就可以繼續典藏。」我說：「這也是個好辦法。」所以我們今天就寫了一張文字，說明：「我們正智出版社的書，包括正覺同修會、教育基金會的書籍，講的才是眞正的佛法；當我們出版正法書籍之後，那一些賣假金的，也就是我在引號內註明的『悟錯者、未悟者』，他們從來都不敢具名寫書出來回應，就證明我們的貨色是眞金。」我們明天就會寄出去了。這顯示未證言證的大妄語人（主要應該是密宗喇嘛教的人），他們抵制正法已經無所不用其極。

這意思就是說，你要懂得運用譬喻；當你用這個譬喻一說，對方就瞭解了。例如說，假使哪一天基督教替假藏傳佛教出面來爭執（應該是不會啦，我是說「假使」，因爲基督教也討厭密宗那些騙財騙色的事），我說的是假使有一天，有人冒充基督教來支持假藏傳佛教的時候，我會告訴他們一個譬喻說：「假使有一天，有一個團體冒充說他是眞正的基督教，但他根本不是基督教，卻都是使用你們基督教的十字架、耶穌的雕像……等，也使用你們的《聖經》傳福音，但是他對於《聖經》的解釋全部都是另外發明扭曲後的那一套，跟你們基督教的原意不一樣，然後說他才是眞正的基督教，說你們正統基督教所說的福音層次很低，他們才是最高級的，那你們接不接受？」我會用這個譬喻來請問他們，那基督教一定會接受我的說法。

如果他們故意曲解而不接受，我就找一批人來冒充基督教徒，把他們的《聖經》全面曲解，看他們接不接受？他們如果不能接受，那我就說：「現代所謂的藏傳佛教也是跟這個冒充的人一樣，所以我們也不接受。這樣的道理，你接受嗎？如果你接受，那我們就把那個冒充你基督教的團體消滅掉，我來負責。」然後我下令解散也就消滅掉了（大眾笑……）。你得要用這個譬喻講給他們聽，不然他們老是嫌我們說：「欸！你們佛教裡面爲什麼要自己這樣一直互相內鬥？」其實並沒有內鬥，只是自清。因爲假藏傳佛教根本就不是佛教，從皮到毛，其實是從毛、皮、肉、骨、髓完全都不是佛教；他們四大教派從裡到外都不是佛教，結果他們說自己是佛教，而且還誇口說他比正統佛教更勝妙，仿冒品沒有被正廠追究就應該自我慶幸了，竟然還要超越正廠，故意貶抑正廠的產品，說他們仿冒的產品比正廠產品更高級。

我們應該把這個譬喻講給他們聽，他們一聽就懂了：「對呀！那個是仿冒品，仿冒品本來就應該被舉發出來取締呀！」所以你跟他們譬喻基督教被仿冒的事，他們就會接受了；否則的話，他們總是覺得事不關己，就爲假藏傳佛教四大派發聲質疑我們。如果你告訴他們說：「如果哪一天人家仿冒你基督教，而他們從裡到外都不是基督教，那我願意幫助你們破他，好不好？」他們一定說：「好！你眞是我的好朋友。」這就是說，不同宗教之間可以互相包容，但不可以有仿冒，更不許仿冒了人家還來公開貶抑被仿冒者。你弘揚你的基督教，我尊重你；我弘揚我的佛教，請你也尊重我；但是不容許有人仿冒你們基督教，也不容許有人仿冒我們佛教。

當我們用這個譬喻爲他們說明以後，他們聽了一定會接受，這就是「譬喻」的妙用。如果你沒有運用譬喻的方便，再怎麼樣跟他們說明：「他們根本不是佛教，他們仿冒我們什麼……等。」你講了一大堆全都沒用，他們會認為你只是教內不同宗派在互相內鬥，他們只會認為你是內鬥。但你如果告訴他們說：「換了你們基督教被仿冒了，然後我也說你們只是內鬥，你們同不同意？」他們一定不同意，你就說：「對呀！我們正是這樣的情況。」那他們就會接受。所以你要有「譬喻」這個方便善巧，當你有方便善巧譬喻出來了，他們聽了也就懂了。法義上如此，在事相上亦復如是。

但這個「譬喻」聽了以後他如果還不太懂，那你就得「敷演」了，也就是把道理與譬喻全部都鋪陳開來，讓他更深入瞭解。因為你口頭上講的他不一定接受，得要舉證出來。要怎麼舉證？例如哪個地方本意是如此，結果第三者仿冒了以後，扭曲解釋變成另一個樣子；然後又舉出第二件、第三件、第四件、第五件，不斷舉例出來同時以譬喻詳細說明，這就是「敷演」。當你舉例出來，他瞭解了以後，就會接受了。

可是如果你舉例了，他還沒有完全瞭解，或者他因為先入為主的觀念，一時改不過來，那你怎麼辦？你就詳細為他作「分別」，說明這裡面的差異在哪裡。例如第一件事情的差異、第二件事情的差異、第三件事情的差異、第四件事情的差異，當你「分別」出來很多種差異，他後來一定會覺得你有道理，就說：「好！夠了、夠了！你不必再講了！我瞭解了。」他就接受了。所以「分別」是最後的手段。因此你要能夠洞悉他提出那個問題的原因，洞悉了就能爲他解釋說：「你爲什麼會提出這個問題，我知道原因。」也就是「因爲怎麼樣的原因，所以你提出這個問題」，把那個因緣給解釋清楚，他就會信服。眞正聰明的人，只要你講出了這一點，知道你看穿他提問的因緣，他就會接受了，也就信服了。如果是比較執著或智慧比較不足的人，那你就要使用譬喻；譬喻若猶不足，加之以敷演；敷演之不足，加之以分別。

那麼你有了很多層次的敘述說明之後，「以是方便皆使發心」，你就用這樣的方便解說，他就會瞭解，最後終於能發起菩提心，願意實修成佛之道而不是聲聞人修的解脫道。佛法眞的不簡單，確實既深又廣、難以理解；而且法教非常富麗堂皇，什麼樣的勝妙法都有，眞的太勝妙了！當你能使用「因緣」、「譬喻」、「敷演」、「分別」的方式來演說佛法，就能夠使聞法的人發菩提心，努力修學以後，終於「漸漸增益入於佛道」。例如有人本來反對正統佛教，他本來是站在假佛教的外道立場來反對你破斥假藏傳佛教，可是當你爲他這麼詳細說明以後，他反而發覺到：「自己所信仰的宗教根本遠遠不及正統佛教啊！」

甚至也有外教人士，從你為他說明、敷演、分別出來的法義裡面，看出來說：「啊，原來我們的教主都還只是欲界天的境界而已，連色界、無色界都還到不了，就別提聲聞初果人的實證；欸！看來你這位善知識，不但超過阿羅漢，而且還是個菩薩。」那他就願意發心了：「我還是應該要走入佛門來，我一旦走入佛門，當我證悟以後，就遠遠超過我原來的教主了。」如果真的聰明人，他最後一定會思惟到這一點；經過一個月、兩個月、一年、兩年的思惟，就會發覺：「我只要斷了我見，就超過我原來信仰的教主；如今證明我所信仰的教主還沒有斷我見，所以我只要一開悟明心，就超過我的教主很多了。因為我原來的教主所留下來的經典或是聖訓等等，看起來他是既沒有斷我見、也沒有明心的凡夫。我若是去正覺修學，只要一開悟了，我就兩者都有，都超過我的教主，那我幹嘛還要信仰他？將來我實證菩提以後要是再禮拜他，他都還受不起喲。」他這麼一想：「我應該走入佛門，當個菩薩。」於是他就能夠發菩提心。但這個發心，不是無緣無故發心；他發心走入佛菩提道，是因為你有這一些方便說法，這一些方便就是這兩句：「若有難問隨義而答，因緣譬喻敷演分別。」你就是要有這些方便，所以要爲人演講《法華經》，眞的不容易啊！

你有這一些善巧方便深廣的智慧，你就能夠使人「發心」，這個發心才是眞發心。一般講的發心都是在講好聽的方便說：「請你發發心，把剩下的食物一起吃完，免得浪費了……」（大眾笑……）那也叫作發心喲？「請你發發心，幫我們把這一件工作完成。」這其實不是佛法中說的發心；佛法中說的發心是發菩提心，就是發起四宏誓願，這才能叫作「發心」。沒有發菩提心的人而說他有什麼證悟的內涵，自稱是怎麼當菩薩的，那都是假話，是自欺欺人。就是要歸依佛門三寶而發起四宏誓願，才能叫作眞發心。發心這兩個字，現在已經被濫用到很普遍的地步了。你有這些方便可以讓人家發菩提心，當他們發了菩提心以後，你自然就有智慧方便運用種種善巧來增益他們，於是他們漸漸可以眞的證悟，那不就是「入於佛道」嗎？

接著說「除嬾惰意及懈怠想，離諸憂惱慈心說法；」這兩句是告訴我們，你若要眞正行菩薩道，爲人演講《法華經》，自己得要先除掉懶惰之作意，也要先除掉懈怠之心想。不但如此，還要「離諸憂惱」再加上第四法：以慈心為眾生演說佛法。這才是菩薩。當菩薩的人若沒有辦法除掉懶惰之作意，就不夠格稱為菩薩；不但出家人如此，在家人也是如此。所以看看你們朝九晚五上班，九點之前一定要到公司，中午只吃個飯，不能休息就繼續作事，整整作到五點才下班。可是九點到公司打卡之前，你要加上什麼？在路上去公司的時間，在家裡處理家事的時間，進早餐的時間，那你早上幾點要起床？啊？幾點要起床？六點半？有的人說七點，住近一點的人就是七點，住遠一點是六點半就要起床了；如果有一大家子，還要幫他們準備飯盒，沒有六點起床還眞的不行。

當這些都處理好了，你才能九點到達公司，然後一直作到五點下班，又要趕著回家，家裡還有一堆事情要作；然後晚上剩下不到兩個鐘頭，趕快讀書、趕快拜佛作功夫，對不對？對呀！到睡覺時已經是幾點了？十二點了？對呀！在正覺講堂努力學法就是這樣子。因為你本來就有一堆事情要作，可是又不能不用功，不然來正覺講堂幹什麼？所以再用功一、二個鐘頭已經午夜十二點鐘了。所以常常有人把事情忙完了，終於有時間拜個佛，結果拜到睡著了，在地上睡著了對不對？（大眾笑…）對！很辛苦啊！在家菩薩就已經要「除嬾惰意」，如果是出家菩薩，竟然沒有「除嬾惰意」，那該怎麼辦？白天睡覺，晚上下來看電視（大眾笑…），那該怎麼辦？（平實導師又重問一遍說：）那該怎麼辦？打屁股喲？（大眾笑…）要遷單了！

打屁股當然不行，因爲是出家人，分屬僧寶呀！但那樣生活都已經不是出家人了，比在家人更懈怠、更懶惰了，是不是這樣？是呀！你們看各寺院凌晨四點打起板，四點半就得要到達大殿集合，大家要一起作早課；早課作完了要出坡，到六點過堂；過堂完了還有一堆事情要作，作到中午過完堂了可以睡個午覺，最多只有一個鐘頭。各大寺院大約是這樣子，除非一個人弄一個精舍住，若是住在大寺院中，大約就是這樣。接著晚上還要繼續忙，忙到晚上十點打了安板才能休息。可是安板以後，自己還得要用功，那該怎麼辦？只好關起寮房門，點起小燈偷偷再來讀正覺的書；然後也許讀得很歡喜，捨不得放下，至少也得讀上一個鐘頭，接著趕快睡覺，不然明天起不來呀！在那些大道場裡大約是這樣的。

所以說，出家了以後，如果不是學密宗的道場，可就更沒有懶惰的資格了；他們若是爲了修學正法，都是要忙到沒有時間的。所以好多大道場的出家人身體都弄壞了，這是我所知道的，確實太多了！有些道場把出家人忙得一場糊塗，又沒有「法」教導給常住們實證；如果他們有「法」教人實證，在那裡出家把身體弄壞，也還可以！那個代價還是划得來。問題是他們都沒有「法」，在那邊出家又把身體弄壞了，結果還沒有法可證，於是不得不離開呀！那一些大道場都是這樣的，你們看台灣四大山頭，哪個不是這樣？都是這樣的。所以即使他們都在忙著世間法中所謂的接引眾生，也都是談一些世間法而已，沒有三乘菩提可言。可是他們大約也是沒有辦法懶惰的，因為只要一懶惰，接引進道場的信徒減少了，馬上就會被遷單了！如果安板之後開啓小燈偷偷讀正覺的書，只要被抓到了，也會馬上被遷單，這都是眞的呀。所以他們連一點點懶惰的機會都沒有。

那你演講《法華經》的人是這樣子，我告訴你們：聽《法華經》的人也是要這樣才行。因為我把《法華經》講解到這個地步了，那你們聽經的人，心中還可以覺得說「自己可以繼續懶惰」嗎？不可以欸！你們聽了《法華經》以後，應該要發願說：「我盡未來際，同樣要像這樣如實演講《法華經》。」應該要這樣發願呵！文殊師利菩薩也告訴大家，他在龍王宮中就是專講《法華經》，沒有講別的；很多年、很多年一直講下去，就只是演講一部《法華經》，何曾有「孏惰意」？如果出家了還懶惰，什麼都不作、什麼法都不學，還想要過在家人一樣的生活，那不如別出家，因爲那個因果將來一定擔不起，不如還俗反而比較好。

以我來講，我都覺得他們還俗會比較好，因爲我這一世示現在家相，可是爲了正法，我都忙得沒日沒夜；連我都不敢有懶惰了，如果他出家了，比我還懶惰，那就眞的該打屁股了。所以在正法中出家，要發心說：「將來我也要跟人家一樣如實演講《法華經》。」那就要努力呀！什麼時候能夠像這樣講《法華經》呢？你自己要衡量一下：「我還要拚多久？」算盤珠子撥一下吧：「我要像這樣如實演講《法華經》，還得要拚多久？唉呀！我連時間都不夠了，哪還有時間在那邊懶惰？」

當然更不該起「懈怠想」。什麼叫作「懈怠想」？例如稍微努力一下，就想：「我今天拚得很辛苦了，休息啦！」那就是懈怠；才剛拜佛，才拜個十分鐘就說：「喔！今天好累。」人家一拜下去，就是整整拜六個鐘頭，都不喊累，他才拜個十分鐘就喊累，這就是「懈怠想」。那麼演講《法華經》

的人更不可以懈怠，因爲能夠如實演講《法華經》的人，背後一定有很多事情要作，沒有時間給他懈怠，所以這兩個條件是要遵守的：不可以懶惰、不可以懈怠。否則就沒有資格如實演講《法華經》。

講《法華》的人也常常會被人家質疑問難，因爲能如實演講《法華經》的人，一定是弘揚如來藏妙法的人；那，末法時代弘揚如來藏妙法，通常是會被人家質疑、會被人家問難的。那麼請問：被質疑問難的時候，該不該有憂惱？不該！絕對不該有憂惱。因爲當你出世弘揚如來藏妙義的時候，就應該知道一定會被質難；這是因爲「眾人皆醉我獨醒」，你很清楚知道自己是清醒的，清楚知道別人都醉了；可是那一些已醉的人都會說：「我們都沒醉。」因爲醉的人不會承認他醉了，而你清醒的人也不會承認自己醉了，因你明明清醒著；可是那一大群人都醉了卻都說他們沒有醉，硬說你才是喝醉的人。

如果你目前還是世間法中的人，一定會說：「豈有此理！」可是我告訴你：「世間法中就是有此理。」因爲醉的人都會說他們沒醉，然後反過來說你醉了，只因爲你的說法與他們不同。所以你一定會遭遇質難：別人都是悟得離念靈知、都是悟得意識境界，或是猶如密宗開悟是落在身識境界中，單單你是悟得離見聞覺知的如來藏，眞是「道孤」而「德必無鄰」啊！那當然你會被廣作質難，會被群起而攻！但是你不應該有憂惱，因爲越被攻擊時，你就越發知道這個如來藏妙法的難證與可貴：「我證得這個如來藏，他們都證不得，他們連理解其中的少分都作不到。」那你就會覺得自己能夠親證，眞的是好幸福、很珍貴，不可以也不應該有「憂惱」！

當你沒有憂惱的時候，接著不是已除掉憂惱就算了，不是自我排解就算了，還要進一步爲眾生「慈心說法」。要以利樂那些凡夫眾生的心態來爲他們演說佛法。所以說法的目的不是爲了破斥他們，而是爲了救他們，是想要救他們離開邪見，因此第四個條件就是「慈心說法」。如果說法時是瞋恨心、是氣得一場糊塗臉色鐵青，那眞的不能叫作慈心。你們有沒有人看過這樣的人說法？看過嘛！而我辨正諸方大法師或外道時，曾經情緒波動起伏過嗎？沒有啊！就更別說起瞋了，反而是歡喜有機會讓我摧邪顯正廣植福德。所以你們要發願，以慈心爲人如實演講《法華經》，不論是發願在今世、未來世，都是現在就要開始作了，這四點一定要先作：「除嬾惰意」、「除懈怠想」、「離諸憂惱」、「慈心說法」。

這四個要點得記住，不論你是在家菩薩、出家菩薩都一樣。所以孩子還沒有養大以前，你就不要抱怨說：「我這麼辛苦，每天要去上班。唉呀！這些孩子都是來跟我要債的。」不是來要債，是來當你的佛土！是要來給你攝受的。如果你有能力，當然現在就可以申請退休；如果退休的年資還沒有到，那就不要怨也不要怪，安分守己繼續上班吧！把你欠他們的債給繼續還清了再說，同時要記得轉變為攝受佛土。所以這四點要記住喔！要這樣才是真正能夠為人講《法華經》的善知識。

接著，既然要慈心說法，當然就要看怎麼說了。所以接著說：「晝夜常說無上道教，以諸因緣無量譬喻，開示眾生咸令歡喜。」也就是說，不論白天或者晚上，如果你有因緣為眾生說法，可不要為眾生演說世間法，也不要為眾生演說小乘法，應該演說「無上之道的法教」；所以，既然你是為人家宣演《妙法蓮華經》，你所演說的法應該是「無上道教」，怎麼可以老是演說世間法，或者演說有上之法？例如演說二乘菩提，就是有上之法，不是「無上道教」，所講的就不是無上之道的法教，就違背了你如實演說《法華經》的本意了；所以應該「常說」而不是偶然說，而且所常說的都是無上佛菩提道的法教。由於眾生對這種無上之道不容易聽懂，也很難得聽聞到，所以你要借用種種因緣來爲眾生演說，也藉著不同的因緣演說不同的佛法，但是都在顯示「無上道教」。那就看什麼因緣，當你遇到什麼因緣，就藉那個因緣來演述無上的佛菩提道；不管什麼因緣都拿來演述佛菩提，這才是把一切世間法都轉爲佛事來利樂眾生。

當你藉各種因緣來演述的時候，同時就會引伸出無量的譬喻，否則無法使眾生理解。所以爲了說明如來藏的妙義，佛陀施設了九種譬喻，讓眾生可以瞭解說：「從因地一直到佛地的如來藏，究竟是怎麼回事。」因此才要用到九種譬喻，否則的話只要講一種譬喻就好了。但是光講一種，眾生顯然不可能理解，所以單單是說明如來藏本身，世尊就用了九種譬喻。加上成佛之道久遠過程中的種種實證，所以如來就有「無量譬喻」來爲眾生說法。那你既然要爲人演述《妙法蓮華經》，你就應該要藉著各種因緣，使用「無量譬喻」來爲眾生說法，讓大家有所瞭解。

當眾生在你的「無量譬喻」中瞭解了以後，他們才可能發菩提心，否則就不可能發心修學佛菩提道。你如果能夠這樣都作到了，爲眾生開示佛菩提時，眾生就會瞭解：佛菩提道眞是勝妙而且深廣，値得用三大無量數劫努力去修學。當眾生聽聞你這樣方便善巧說法時，發了菩提心以後，他們心中一定是很歡喜的。所以有沒有眞正的發心，又多了一個檢驗的標準：就是努力去學習以後心中有沒有歡喜？如果努力去學了以後心中越來越煩惱：這個也不對，那個也不對。然後每天又要看師父臉色，或是看老師的臉色，覺得越學越痛苦。修學到最後的結果呢，聽說師父教的這個法也不對。那心情眞的不歡喜啊！

如果學得不歡喜，表示你學的那個法是有問題的。那我就要回過頭來問諸位：「你們來正覺，學得歡喜不歡喜？」（大眾笑著回答：歡喜！）我就來找找看，有沒有誰學得不歡喜，等一下我下座後，一腳就把他踢出去（大眾笑…）。這就是說，是不是眞正的正法，問題是在善知識本身，不是在學者；學法的人能不能學得歡喜，問題也在善知識本身，不在學者。所以，我從來不罵那一些大山頭的信眾們，因爲過失不在他們，過失都在堂頭和尚。所以我辨正法義時，只辨正那一些堂頭和尚們，不辨正他們座下的法師們，這就是我的作風。所以哪個大山頭座下有什麼人評論我們正法，我會找他們堂頭和尚，我不直接找那個評論的人，因爲那其實並不是他作的。

實際上，敢出頭來評論正覺的正法，那一定是在那個大山頭的最高層領導人指示下才會作出來，評論者自己不可能直接出來作。因爲上面還有堂頭和尚在，他怎麼敢作？凡是要作一件事情，一定先要有一個依據，下面的法師們不可能自作主張去作，所以我當然會找他們堂頭和尚直接評論，我才不管他下面哪個法師寫信來罵什麼，或是上網評論什麼，我要找他的堂頭和尚。我的作風就是這樣，因爲過失不在於那些信眾，也不在於他座下的法師們，而在於堂頭和尚本身。所以眾生學佛時若是學到苦苦惱惱地，修學了三十年以後都還覺得佛法渺渺茫茫，那過失當然不在學人，而是他們的堂頭和尚！

所以你能夠如實宣演《法華經》時，你是應該能有各種方便善巧，並且也有慈心來爲眾生說法，那麼眾生一定可以學得「歡喜」。如果沒有慈心，縱使除掉了「嬾惰意」、「懈怠想」、也沒有「憂惱」，但是沒有「慈心」，那他說法時一定是板著臉孔一副大師的模樣，讓人不可親近。然後對深妙的法又是以二、三句話就帶過去了，他不想讓人家懂得。雖然他有實證了，但他不想讓人真的知道，因此隨便二句話就帶過去，不肯爲眾生細加解說。那他根本就不可能跟你用「因緣譬喻」來「敷演分別」，大家當然會聽得索然無味，因爲根本聽不懂。

他懶得講，吝於說明，怕人家聽聞以後就學了去，怕人家悟了就跟他一樣；因此，大眾學得都不歡喜，因爲怎麼聽都不懂。如果聽不懂，學人應該怪自己說：「可能我很笨，那我就努力學，我可以學久一點；兩個月不懂，我再努力；一年不懂，我還是再努力。」可是如果學了五年還不懂，那就不是你的問題了，那其實可能是善知識自己也不懂，不然就是他吝嗇得太過分了。所以真正爲人演述《法華經》的善知識，是應該有整體的函蓋面，並且條分縷析、條理分明、層次分明，讓大家可以聽懂，也讓大家知道說：「我來這個道場學習到現在，如今大概是在哪一個層次，接著應該要進入哪一個層次？那麼我接下來應該要修學什麼法？又應該要修集什麼福德來輔助？然後我再過大約多久就可以到達哪一個地步。」

這都是善知識應該作到的，不應該讓學人永遠學得渺渺茫茫。那麼善知識如果能夠作到這樣子，座下的學人大家就學得很歡喜呀！因爲如果說：「我智慧不夠，我會知道自己學了這麼幾年下來，大概是什麼部分的智慧不夠，我會瞭解，因爲善知識已經有講過。那我智慧夠了，但我還是沒有辦法突破，我還欠缺什麼地方沒有學好？是我的福德不夠或者我的性障該除？或是我的定力等等。」都從善知識的開示裡面，自己心中就能了然分明。那麼這樣學起來就很歡喜啊！因爲知道自己接著該怎麼辦，而不是學到渺渺茫茫、窈窈冥冥。所以如何爲眾生方便善巧開示「咸令歡喜」，這是如實爲人宣演《法華經》的善知識應該作到的事。

接下來說「衣服臥具飲食醫藥，而於其中無所悕望；」講《法華經》的目的不是在於顯示說：「我的證量多麼高，你們大家都要供養我。」不該這樣。所以對於生活所需的衣服、臥具、飲食、醫藥，不論是哪一種都「無所悕望」，不曾存著悕望說：「因爲我爲人宣演勝妙佛法，或者因爲我爲人宣演《妙法蓮華經》，顯示出我多麼有證量，大家就會來大大供養我，所以這一次我來講經，等一下要回寺院的時候，一定是禮物一車載得滿滿的。」如果這樣子存想，這個人不配講《法華經》，因爲他對「衣服臥具飲食醫藥，而於其中『有』所悕望」，這根本就不符聖教。

這是因爲能夠深妙地宣演《法華經》的人，他對這些一定都是「無所悕望」的；因爲這種菩薩是有道種智的人，當然是有福德的人，不必期待眾生來供養他這一些生活物資。所以這樣的善知識，「但一心念說法因緣，願成佛道令眾亦爾」；能夠如實宣演《法華經》的善知識，他一心憶念著的就是有什麼說法的因緣，然後就爲眾生說法；他自己「願成佛道」，但是也希望跟他學法的人都可以成就佛道。不是有些善知識所講的：「你們在家人都是一壺永遠燒不開的水。」有沒有法師們這樣講？有啊！新竹某個寺院弘揚《廣論》的那一些法師們就曾經這麼說：「你們在家居士，是一壺永遠燒不開的水。」我是不是在家居士？我的水燒開了沒？不但開了，還燙著他們！（大眾笑…）

我還要燙著他們，而且是現在依舊在燙他們，希望能把他們也燙開。所以他們的想法認爲說：「佛法的實證是我們出家人的事，你們在家人永遠都沒希望的。」他們就是這麼講的，但我們回頭來檢查他們，反而要說：「你們在家人有希望，那個寺院的出家人他們都沒希望。」我眞的公開講：鳳〇寺那些出家人是沒希望的。爲什麼他們沒希望？因爲，他們正是自己口裡講的那一壺「永遠燒不開的水」；他們全都跟著日常法師落在六識論裡面，專學密宗外道的我見、我執、我所執的邪法，怎麼可能證悟佛菩提呢？怎麼可能成就佛道呢？他們連斷我見證初果都不可能，正是永遠沒希望的人。所以菩薩不但自己「願成佛道」，對於大眾也是希望他們和自己一樣，都可以像自己在將來眞的成就佛道，這樣才是有資格爲人講《法華經》的善知識。

如果宣演《法華經》的時候，能夠具備這四句的心態與身口意行，那就是對於大眾有大利益的人，也是對於大眾可以施加安樂的人，也是如法供養大眾的人，這樣的善知識才值得供養。如果他一天到晚心裡面想著「爲人家講經說法，人家就會大量供養我」，那他就不值得供養了。在世間法如此，出世間法如此，天界也是如此；假使有人一天到晚想要當國王，那大家就說：「欸！要提防這個人。」然後馬上就跟國王密報：「大王！你要提防這個人，他有一天會幹掉你。」那他就當不成國王了，對不對啊？正因爲他根本「無所求」，所以他可以當上國王，大家都會擁護他，因爲他愛民如子，都不爲自己設想。他都不覺得自己是國王，每天都去作很多利樂眾生的事情，於是子民愛戴，那他不當國王，誰該當國王？可是如果他一天到晚橫徵暴斂，不把人民當孩子看待，孩子就不當他是父王，於是最後把他推翻掉。同樣的道理，如果一天到晚想著說：「我出來講經說法，眾生都得對我恭敬供養，我就會獲得很多供養。」那這個人就不值得供養。這也就是說，菩薩對於眾生是無所求的，本來就不應該求那一些世間法上的供養。有智慧能夠如實宣演《法華經》的人，是不需要等待人家供養的；不管他出家、在家，一定是有很可愛的異熟果報，不需要希望人家供養。那麼這樣子來爲眾生說法，才是對眾生「大利安樂供養」。

接著說「我滅度後若有比丘，能演說斯《妙法華經》，心無嫉恚諸惱障礙，亦無憂愁及罵詈者，又無怖畏加刀杖等，亦無擯出安住忍故。」這六句是講什麼？是說要能夠「安忍」，安忍這個法很不容易修持。世尊說祂滅度之後，如果有比丘能夠演說這部《妙法華經》，心中沒有嫉妒瞋恚，以及種種煩惱來障礙說法；而他心中沒有什麼憂愁，也沒有人會來罵他、羞辱他；當他爲人演說《法華》的時候也沒有恐怖的事情，或是其他值得畏懼的事情施加於他身上；更不會有刀杖等施加於他，也沒有人會如此說他：「唉呀！你講得太差了！」要把他趕出去。都沒有這些事情。爲什麼他能夠沒有這些事情發生？因爲安住於「忍」的緣故。

說到安住於忍，這就有文章了。也就是說，對於眾生不能信受這部《法華經》的事，他要有「眾生忍」。當這部《法華經》中深妙法的經文，到了應該加以演述時，他能夠爲人如實演述，並且開示而令眾生可以聽懂，這表示他得要有「法忍」。可是如果這樣子，也還達不到世尊說的沒有任何橫逆的目標，因爲他還得要有「慈忍」。也就是說，他存心要利樂聽法者，所以他對這部經裡面的法沒有吝嗇，願意爲眾生如實地、詳細地闡述出來，所以他還得要有慈忍。有這三種忍力，他才能夠離開所有橫逆之事；否則會被人家譏嫌辱罵，甚至於有時他會講得太荒唐，使人聽不下去，決定要把他擯出。

這是因爲實在講得不像話，扭曲到一塌糊塗，大家都聽不下去了，不得不把他擯出，另外請出大眾之中能夠善於說法者來替代他。所以要能夠離開這一些事情，得要安住於忍，就是「生忍、法忍、慈忍」。如果沒有慈忍，光有前二種忍，那他講《法華經》一定沒多久就講完了，很快就講完了；因爲他不願意把其中的深妙法說給大家聽，那麼大眾等他一講完，下一部經就不請他講了，一定換人，把他擯出。因爲他沒有慈忍，雖然有生忍、有法忍，可是在法上吝嗇，對大眾沒有慈心，所以他不願意多說，三兩句話就把一段經文交代過去了，那，大眾聽了覺得沒有利益，不能得安樂，於是，最後不請他講經了。

接著說：「智者如是善修其心，能住安樂如我上說；其人功德千萬億劫，算數譬喻說不能盡。」世尊講完了這些重頌就作一個總結：「有智慧的人，就像是前面所說的這樣子，善於熏修他自己的心，能夠住於安樂法中，如同我釋迦牟尼上面為大眾所說的一般；像這樣的人，他的功德無量無邊，假使我釋迦牟尼佛以千萬億劫的時間，用算數譬喻來加以說明，他的功德還是講不完的。」

世尊這四句話在告訴我們什麼呢？這四句話的意思叫作「語重心長」。如果你能夠聽懂釋迦世尊的意思，就會瞭解到祂老人家真是語重心長。世尊為什麼要講到這麼坦白？真是講得夠坦白了！對末法時要為人宣演《法華經》的善知識，不管他是比丘、比丘尼、優婆塞、優婆夷，世尊確實講到很坦白：要為人宣講《法華經》的菩薩應該要具足的「安樂行」是如何？就是應該這樣子。那麼，如果能夠真實作到這一些開示的內涵，就表示你的證量已經到達某一個層次了；這一些功德要加以具足宣說出來就不容易了，因為這是經過一大阿僧祇劫的修習以後，才到達這個階段。如果要一一加以細說的話，當然要把這一位善知識在過去阿僧祇劫修行的內涵全部拿出來講，那是不是要「千萬億劫」來說明？是啊！因為能夠到這個地步的人，他就是經過第一大阿僧祇劫的修行才到達的，那你想：一大阿僧祇劫修完以後，能夠善說《法華經》，他的歷程是整整一個無量數劫，那麼用「千萬億劫」來述說他的功德，不過分吧？一點都不過分哪！所以才說「算數譬喻說不能盡」。

諸位得想一想了，你們有很多人發願說：「我未來世也要為人如實演講《法華經》。」我知道你們有很多人發了這個大願。發了這個願以後，是不是應該找個時間說說看啊？可是因為貪玩，假使今天已經是週五了，心想：「明天休假。唉呀！晚上出去玩啦！」於是去唱卡拉ＯＫ、看電影、秉燭夜遊等等。玩到明天，一直玩到明天晚上，累得一塌糊塗，然後週末晚上深夜才回到家；結果這一睡，整個星期天的白天都在睡覺。如果是這樣子，要等到什麼時候才能具足三種忍而有能力來為人如實宣演《法華經》？那可就不是一大阿僧祇劫了。那你可能要歷經三大阿僧祇劫以後才能為人如實宣講

《法華經》，那就要叫作「化短劫入長劫」了。

所以實際上在佛菩提道裡面，要怎麼樣「化長劫入短劫」，這是一個很重要的課題。世尊開示這四句話裡面顯示出這個道理，可是沒有人讀懂。這就是說，如果能夠作到前面所說的這樣子，那眞的要「千萬億劫」以「算數譬喻」來爲他敘述，卻都還說不完他的功德，因爲這是要經過一大無量數劫的實際修行以後才作得到。諸位有沒有聽過誰像我這樣講《法華經》？也沒聽過嘛！有沒有讀過？沒讀過嘛！你從經典裡面，例如《大正藏》、《龍藏》、《磧砂藏》、《嘉興藏》，你們可以去找找看有沒有，一定都沒有啊！所以，佛陀這四句話不是隨便說的，事實上也確實是如此！眞的「千萬億劫，算數譬喻」要說盡他的功德，是說不能盡哪！

所以當你有一天或者有一世，你能夠這樣如實演講《法華經》時，其實你的智慧，人家沒有辦法衡量的；當人家質疑你某個部分時，你就寫出那個部分法義的書來，讓他們讀了說：「欸！這個你也懂！」當別人又質疑你另一個部分，你又爲他回應而寫了出來，人家又說：「這個你也懂啊？眞沒料到！」說老實話，凡夫眾生們沒料到的還多著呢！因爲你是經過很長的時間，也許超過第一大阿僧祇劫修行，以這樣的實證才能夠如實演講「此經」。凡夫們尚且未斷我見，怎麼可能知道你的證量？那你要爲他們宣說這一些功德，眞的需要細說從頭。

細說從頭是要從哪裡開始講？要從「初信位」開始講起。那就要說：「這某某菩薩今天講這部《妙法蓮華經》這麼勝妙，是因爲他在初信位如何、如何、如何……」這就得講初信位時他如何修行的事。初信位講完了，講二信位，就這樣連續講到初住位、二住位以後，再講到初行位、二行位以後；然後再講到初迴向、二迴向位以後，再講到初地去。至少得要講到初地去，這要講多久？過去實修一大阿僧祇劫，你想現在需要講多久？所以 世尊說要講「千萬億劫」。不懂的人會說：「《法華經》那些東西都是神話，別太相信！」可是，其中隱含的義理，其實他們都不懂。

這也證明說，世尊這四句話說的可都是「誠實語」。這是「如實語」，可是不懂的人就說：「那只是一個讚歎。」事實上不只是一個讚歎，而是一個過往眞實修行的描述。描述跟讚歎不一樣，讚歎是表面話，是歌功頌德；但描述是在敘述他的歷程，是眞實發生過的經歷。因爲有前面那樣的歷程，才能達到這樣的功德。所以不要以爲這四句話是場面話，這是如實語。

那麼諸位如果發願說：「將來我要爲人如實演講《法華經》。」這個大願眞的很好，我大大地隨喜，可是呢，隨喜之後，我卻要從你頭上潑一盆冷水。爲什麼要潑冷水？因爲想要讓你清醒過來。因爲你發了願以後，前面講的這四法一定要作到，就是「除嬾惰意及懈怠想，離諸憂惱慈心說法；」那得自己先摸著自己的心，看看作不作得到？如果能作得到，潑了冷水以後，我再給你一杯薑湯，暖一暖你的心窩，因爲值得鼓勵。這才是正覺的門風。正覺門下有名的就是精進、努力、調柔、有智慧，現在佛教界對正覺的瞭解就是這樣子。你看別的道場徒眾廣大，但他們信眾大家都是嘻嘻哈哈過日子；可是在正覺裡面修學，大家都很拼，這就是正覺跟外面山頭的信眾不一樣的地方。

台灣佛教界都瞭解到這一點：一旦進了正覺就是努力去拼命了！可是如果沒有辦法作到這四點，縱使努力拼，什麼時候能夠爲人如實演講《妙法蓮華經》？眞的不可期待。一定要作到這四法，如果這四法能夠作到了，你的證量自然會顯示出來。在爲人宣演《法華經》的時候，讓眾生大利得安樂，這就是你對眾生的法供養。那時你的功德，就是 佛說的「其人功德千萬億劫，算術譬喻說不能盡」。以上說的就是「第二個安樂行法」。你如果要爲人如實宣講《妙法蓮華經》，應該有這第二個安樂行法。接著第三個安樂行法是如何呢？我們來聽 佛陀開示：

經文：【「又，文殊師利！菩薩摩訶薩於後末世法欲滅時，受持、讀誦斯經典者，無懷嫉妬諂誑之心，亦勿輕罵學佛道者，求其長短。若比丘、比丘尼、優婆塞、優婆夷，求聲聞者、求辟支佛者、求菩薩道者，無得惱之令其疑悔，語其人言：『汝等去道甚遠，終不能得一切種智。所以者何？汝是放逸之人，於道懈怠故。』又亦不應戲論諸法，有所諍競；當於一切眾生起大悲想，於諸如來起慈父想，於諸菩薩起大師想；於十方諸大菩薩，常應深心恭敬禮拜；於一切眾生平等說法，以順法故不多不少，乃至深愛法者，亦不爲多說。」】

語譯：【「除此以外，文殊師利！菩薩摩訶薩在後末世，正法快要滅亡的時候，受持、讀誦《妙法蓮華經》的人，心中不可以懷著嫉妒之心、諂媚之心、欺誑之心，也不可以輕罵修學佛道的人，不可以對修學佛菩提道的人，尋求他的過失。如果有比丘、比丘尼、優婆塞、優婆夷，他們來求聲聞法的時候，或者來求辟支佛果位時，或者來求菩薩之道的時候，不應該讓他們生起煩惱，也不應該讓他們心中生疑後悔，不應該這樣告訴他們說：『你們這一些人啊，距離這三乘菩提之道還很遙遠，終究不可能得到一切種智，為什麼呢？因為你們這一些人都是放逸的人，在三乘菩提的法道上面都很懈怠的緣故。』也不應該用戲論的方式，來為眾生說法，更不應該於求法者有所諍競；應當對一切眾生生起大悲之想，應當對諸如來生起慈父之想，應當對諸菩薩們生起大師之想；對於十方世界的菩薩摩訶薩們，永遠都應該要從深心之中生起恭敬之心來禮拜；對於一切眾生應該要平等地說法，由於隨順於法的緣故，所以說法的時候不多亦不少，乃至於眾生對三乘菩提中的某一乘妙法有深愛之心，也不應該為他額外多說。」

講義：接著世尊為我們開示，為人演說《法華經》的菩薩應該注意的「第三個安樂行法」。這第三種安樂行法，是善知識應該要遵守的。也就是說，你說法時應該「恰到好處，不多不少」；說太多，眾生無法信受奉行；

說太少，眾生全都聽不懂，就無法利益他們。這就是說，菩薩摩訶薩在後末世，也就是已經到末法時期了，正法幾乎無法弘傳，已經快要滅失了，這時來受持《法華經》、讀誦《法華經》，應該要注意的事項就是：不可以懷著嫉妒心、諂媚心、欺誑心；也不可以看輕修學三乘菩提的人，特別是對於修學佛菩提道的人，更不可以看輕，也不要尋求、找尋這些學人的任何過失。

「於後末世法欲滅時」，也許有人想，那大概就是佛法剩下最後五百年的時候；或者說，大概就是佛法剩下最後五十二年 月光菩薩來人間的時候。其實不然！諸位想一想：假使不是有咱們正覺來住持正法，那麼佛教的正法，再過多久就會滅亡？諸位認為再過多久？現在？其實已經滅亡了！我們出來弘法的時候不就已經滅亡了嗎？因為全部都是意識境界，佛教界已經全部跟常見外道合流——跟常見外道匯合為同一條河流，就這樣子流下去了。河流會往上流嗎？不會啊！都只會往下流，所以叫作合流。在正覺同修會弘法之前，其實正法是已經滅亡了，全球佛教界都只剩下「表相佛法」，全都是相似像法而沒有眞正的正法了。

而表相佛法就是佛說的相似像法，名相與佛法相同，但本質卻與外道常見相同，所以相似像法很容易又被外道入侵了，這些外道們僞稱爲「藏傳佛教」，其實西藏佛教的四大派就是「喇嘛教」，都以喇嘛們所說爲準，不以佛經裡面世尊所說法教爲準，根本不是佛教。外道們入侵佛教有多麼嚴重？喇嘛教本身就不談它。談談喇嘛教所謂的「顯教」，其實佛教就佛教，不該講什麼顯教、密教；因爲「密教」的意思是「世尊祕密之教」，指的是實相般若的密意如來藏，如來藏勝義才是密教。可是他們入侵了以後卻區分說：「我們是密教，你們是顯教。」意思是說顯與密，全部都是佛教，其實他們根本不是佛教，看他們入侵得有多嚴重！

諸位想想看，在「般若中觀」方面，外道用應成派中觀侵入佛教確實非常成功，也就是承襲自宗喀巴《廣論》，推廣六識論邪見的釋印順、釋昭慧那一派；這個應成派中觀已經把台灣正統佛教給完全侵襲了，台灣四大山頭，只有一個後起的中台山沒有淪陷，其他的三大山頭全都是「應成派中觀」的理論，直到正覺弘揚八識論正法以後，才開始被影響而有些改變。

可是那唯一沒有被應成派中觀邪見所淪陷的大山頭，是什麼境界？還是意識、識陰具足的境界；不但是意識、識陰具足的境界，還加上兩個邪見及一個遍計執性——「自性見」、「外道見」再加上「遍計所執性」。爲什麼呢？因爲他主張說：「諸位能聞能見之性就是佛性。」那就是自性見，是外道的見解，不外於識陰六識的自性，與自性見外道相同；然後他又加上說：「要處處作主。」這又加上意根末那識的遍計所執性，那麼他們大山頭的正法還在嗎？不在了，也是淪亡了。所以這個沒有被應成派中觀攻陷的大山頭，是淪亡爲常見外道法、自性見外道法。

至於被應成派中觀攻陷的三個山頭，其中有一個還主張什麼「禪、淨、密」三修，他們還暗地裡努力修密宗呢！所以從那個山頭出來的人又另立一個山頭，依樣畫葫蘆也在搞密宗，座下的比丘尼就是他的後宮嬪妃。你們說可怕不可怕？好可怕！所以實際上，正法在台灣已經淪亡了！那咱們就渡海過去看看西邊的大陸，結果呢，完全一樣，沒有差別，全都是密宗喇嘛教的天下。所以不必等到九千多年後，正法在二十年前的中國，已經全面淪亡了！好在我們又把正法延續起來，終於正法沒有被全部滅掉，因爲我們把正法復興起來了。

那麼「菩薩摩訶薩於後末世法欲滅時」，也就是了義正法已經快要滅失的時候，你出來住持正法了，得要受持《法華經》、讀誦《法華經》。受持與讀誦的道理前面講過了，這裡不再重複解說。當你受持與讀誦這部《法華經》的時候，心中不可以懷著嫉妒之心、諂媚之心、欺誑之心。嫉妒從哪裡來？從世間心而來；在「後末世法欲滅時」，當你如實演講《法華經》，你將會發覺那些像似正法的道場、附佛外道的道場，「信眾非常多，道場非常大，供養非常多」，具足這三個非常。因爲信眾多到你難以想像，幾百萬信眾、一千萬信眾你能想像嗎？

然而了義正法可能有幾百萬信眾、一千萬信眾嗎？不可能啊！因爲太深、太難理解了！是只有高層次的少數學佛者才能理解、才能信受奉行的；那些基層學佛人是沒有辦法信受奉行的。那你如實宣演《法華經》的時候，看到像似正法的道場信眾黑壓壓的一大片，你回頭數一數自己的座下說：「唉呀！怎麼才幾百個人。」不說以前，我們最早期弘法時才只有二、三十人，現在呢？會員六千多個人，加上還沒有入會的學員，全部加起來，再加上歸依的信徒，大概就是一萬多人吧！（編案：這是二○一一年六月二十八日所說。）那麼這時你比較起來會覺得說：「我們是最勝妙的法、最高的法，佛教界都應該聽我的才對，怎麼大家都跑去相似像法那邊，都不聽我的？」然後就生起嫉妒之心，那你就不安樂了！

眞的，有人剛開始會這樣想，我是沒有這樣想過；但是有另外一種方式，類似的情況出現，例如我寫《公案拈題》第一輯，那時書名叫作《禪門摩尼寶聚》，就是說：這是禪門修行者想要親證的寶珠，整個都聚集在我這一本書裡面，所以叫作「禪門摩尼」的「寶聚」。「摩尼」就是「寶珠」。禪門摩尼諸寶，全都聚集在這一本書裡面，所以叫作《禪門摩尼寶聚》。我想：「這麼勝妙的東西，使人讀了可以開悟的書本，這一印出來可能會洛陽紙貴，一定會隨即再增印的。」所以我一下子印了五千本，可是接下來的情況是，五年都賣不完，就別說是洛陽紙貴了。當時又因爲印刷廠不小心，封面有小瑕疵，所以印刷廠說：「我補印改正的版本五百本給你。」所以總數有五千五百本，可是我賣了十年還賣不到兩千五百本。後來我就重新增寫時改名《宗門正眼》，也沒有賣出兩千本，爲什麼呢？因爲人家都覺得說：「讀不懂。你到底在講什麼？」（大眾笑…）所以我當時是把佛教界參禪人都高估了，才會一刷就印了五千本。

因此，我後來都不印那麼多了，現在都是每一刷只印兩千本；現在我的書好賣了，就先印兩千本，印好交書了緊接著再印兩千本。這樣已經夠好了，在台灣佛教界，除非是大山頭信眾很多；若是一般法師寫的書，每一版是印一千冊，那一千冊兩年還賣不完。我現在算是很不錯了，在台灣這麼小的地方，我一版印刷兩千冊，一個月不到就賣完了，所以交書時就接著再印第二刷。那麼話說回頭，當初《公案拈提》第一輯，我爲什麼會印五千冊？因爲覺得說：這麼好的禪門方法書，讀了去參究，是可能開悟的啊！如果眞要說價値的話，其實這些《公案拈提》的書，每一本賣五萬塊錢都不嫌貴；但我才賣五百塊台幣，竟然十年賣不完。後來我才想：我把當代的佛教界學人高估了，也把所謂禪門的參禪人高估了。

但這是另外一種形式的心態，根本不叫作嫉妒，而是尊重得太超過了。因爲嫉妒的定義是說：「你們大山頭那些亂講佛法的書都可以賣那麼多本，賣那麼好，爲什麼我這本這麼好的書，竟然賣出這麼少？」那才叫作嫉妒。但我當初沒有這樣想，反而是尊重過頭了。後來我只是想：「我錯了！我把當代佛教界高估了。」所以從第二輯開始，我就只印兩千冊，不再印五千冊了，因爲眞的不曉得什麼時候才能賣完。而且最早的當時，同修會也還沒有成立，當然也沒有倉庫，我就用自己在大直的一戶三十四坪的公寓（大約一一〇平方米）拿來放書；我沒有出租，我就拿來放書，作賠本生意。

後來規模大了，放不下了，找到游老師住家的地下室去存放。那時眞的好奇怪，那裡本來有很多白蟻，我們把書放進去以後，那些書竟然都沒有白蟻來蛀。然後又漸漸擴大，才又再換地方存書，但我不曾嫉妒過。以前有一位幹部，我們最早期那位福田組長常常跟我抱怨：「老師啊！我眞的很不服氣，我們這是了義正法，他們那些大山頭都只是落在意識上面，根本都沒有開悟，爲什麼他們信徒那麼多，道場那麼大……。」他常常跟我抱怨，不只兩、三次，我跟他說：「你不要這樣想，應該換個角度想：『我們這個法的層次太高了，人家站在地面，連看都看不清楚，莫說一般佛教徒，根本是連大法師都搆不到，你叫他們如何能立即進到會裡來呢？如果我們把自己的層次拉到地面來，他們不就能搆得到了嗎？可是你願意拉下來嗎？』」「不願意！」我說：「對了！連你都不願意把自己的層次拉下來，當然我們的人數就少，這個本來就是正常的。」後來他終於不抱怨了，因爲懂這個道理了。

這就是說，你有智慧能夠爲人如實宣講《法華經》，就應該要有智慧知道眾生的層次在哪裡？他們所能接受的勝妙法，可以到什麼層次，那你應該把握那個分寸。所以根本用不著嫉妒，嫉妒也沒有用！如果嫉妒了就有用，你就可以多嫉妒一些。可是嫉妒完全沒有用，你知道眾生就是那個樣子，他們所能夠接受的就是到這個層次爲止，再往上面的層次，他們接受不了，那你就接受這個事實。當你心裡面接受了，心中就沒有嫉妒了。當你看到說：「那一些像似正法，信眾是那麼多。」你就會覺得這是正常的，本來就應該這樣，所以你心裡面就不會懷著嫉妒之心。當你已經沒有嫉妒之心時，是因爲你看清楚了眞相。當你看清楚眞相的時候，也就不會有諂媚之心，就不會對佛教界的那些廣大信徒們產生諂媚心，而去作出譁眾取寵的事。

你一定不會這樣作，而你會去作的只是吃力不討好的事，不會去諂媚那些基層的學佛人；因爲你清楚知道「法的入處、法的本質、法的次第、法的究竟」，你也明明知道說：那些有廣大信眾的大師們，他們對於法的認知層次在哪裡。你知道他們對了義佛法完全沒有入門，你更知道他們那些座下的信徒，都是還在摸索的人。那麼你以這麼高層次的法去跟他們演說，他們一定聽不懂；既然聽不懂，你跟他們諂媚了，會有用嗎？當然沒有用！你如果每天派了正覺的證悟同修們，到各大道場去說：「你們來正覺修學，將來一定會開悟啦。」對所遇到的人，都說「來正覺學一定會開悟」，他們會來嗎？不會來！他們一定說：「你們正覺的人都是神經病。」（大眾笑：）有的人也許就想：「呵！你們來巴結我，希望我去護持你們。」他們會認爲這樣，會認爲你有諂媚之心，所以我們絕對不作這種事情。

你們有沒有誰去他們那一些大道場裡，去讚歎說：「你們這麼聰明、這麼有智慧，來正覺修學一定會開悟。」有沒有？沒有！因爲你們知道雙方差距太遠了！除非你是剛進正覺學法。如果你來正覺已經三、四年，你會知道他們跟正覺這個妙法的距離有多麼遙遠，你一定會看得出來。因爲你來學了三、四年以後，再跟他們相見，說法時一定會發覺說，他們這個也不懂，那個也不懂，都是一問三不知，你很難爲他們說明正法的深妙處，所以你知道諂媚他們也沒有用，一樣度不了他們。

那麼末法後世，正法即將要滅沒的時候，你爲人家如實演述《法華經》，當然可以看清楚這個眞相，因此你對大眾不會有諂媚之心，當然更不可能有欺誑之心。欺誑之心就是說：明明不實而說為實，明明是虛而說為實；明明是眞而說之為假，明明是實而倒說為虛。你一定不可能這樣子作，因為你如果有能力在正法即將壞滅的時候，可以出世為人如實演講《法華經》，而且心中已經無所畏懼，你絕對不會有欺誑之心。因為你從自己的證量上面已經看清楚了，法界的因果本來就是如此，那你怎麼可能還有欺誑之心？所以你一定會如實說法，絕不欺誑。

有這個層次的當然很好，但是，假使剛剛入地或者即將入地的菩薩摩訶薩，有時無意之間會顯示出一個狀況，是因為習氣種子都還在，所以偶爾會「輕罵學佛道者，求其長短」，在不經意之間顯示出來；如果是一般的善知識，當然更會這樣作，那已經不是習氣種子，已經不是不經意顯示出來的種子，而是刻意的現行；他們往往會當眾「輕罵學佛道者，求其長短」。你們在一般的寺院裡面學佛時，這情況比較少；可是如果你去到大山頭學佛，這情況就很常見。所以一天到晚都可以看見那些大山頭裡的法師們，常常在罵徒弟、罵信眾：「你怎麼這樣！你又怎麼這樣！」一天到晚在罵，有沒有？我看多了，因為我曾經也是被罵者之一，並且還是沒有過失而被責罵。

那你說，「輕罵學佛道者，求其長短」的事，到底多或是少呢？其實很多啊！已是司空常見。而且台灣的佛教徒都非常善良，見了法師都是恭恭敬敬又禮拜、又供養的；這是很好的習慣，也是「學佛道者」所應有的良好習慣；但是，偏偏那一些大山頭的法師們，大多是聲聞的心態，修的是聲聞法卻自認爲是大乘法，然後又自居爲僧寶，歧視所有在家的信眾們，我所見到的是這樣。但是，如果眞是這樣的人，他就沒有資格如實演述《法華經》了！怪不得他們都不肯出來講《法華》。好，今天就講到這裡。

上週講「安樂行法」的第三法，講到一百三十頁第四行一半，仍然是在講解：演說《法華經》的菩薩所應該遵守的四個安樂行法。這是第三個法；上週最後一句是說：「亦勿輕罵學佛道者，求其長短。」今天要接著說：「若比丘、比丘尼、優婆塞、優婆夷，求聲聞者、求辟支佛者、求菩薩道者，無得惱之令其疑悔，語其人言：『汝等去道甚遠，終不能得一切種智。所以者何？汝是放逸之人，於道懈怠故。』」我們今天先來說這一小段。這是說，凡是爲人演述《妙法蓮華經》的菩薩，不但要像前面講的，到了末法時期演說《法華經》時，不可懷著嫉妒心、諂媚心、誑言之心，也不可「輕罵學佛道者」，去察視他們的長短。這是屬於講《法華》者本身應該要作的，但如果有人來聽受《妙法蓮華經》時，不管他是佛門四眾，或者佛門四眾中有求三乘菩提的不同種姓者，說法者都不應該在說法時讓他們生起煩惱心；不要讓他們聽聞到你說法的時候，所說的內容有讓他們不悅的言語，而心中產生懷疑以及後悔之心。

這意思是說，說法時在法義上無妨深入而兼有淺出，攝受各個不同層面的佛弟子，不管是在家或出家者都一樣要攝受，但是在身口意行上面卻是要注意；也就是不要有輕視的心態，讓對方覺得被歧視了；這是因爲如果有輕視的心態或者語氣，對方聽了以後心中會生疑，心裡面就想：「這個講《法華經》的人，是眞實證道之人嗎？」他們心中會懷疑，一旦心中有懷疑時就會後悔：「我今天不應該來聽他講經，我來錯了。」

這種疑的情況是很正常的，我舉一個自己的例子給諸位聽。以前我追隨一位大法師，當然後來我發覺他們那邊連看話頭的功夫也不會，因爲大法師自己都還不會；我發覺他們不會看話頭的原因是什麼？是因爲我破參以前，在一九八八九年之前的事；有一次大法師召見我，問我說：「你在教人家看話頭，那你這個看話頭的功夫，是怎麼練起來的？」那個場景，我現在還是歷歷在目：他斜靠在長沙發上，兩腿伸得直直地，腳尖在上、腳跟著地；旁邊陪我的人，姓林，名字就不講，他就問我這個功夫。可是我並沒有懷疑什麼，因爲我這個人向來對人家很信任，對人家不會生起什麼疑心；而且是我所依止的師父，我怎麼可以疑他？根本就不應該疑心，我向來是這樣。所以我也沒有多想什麼，就報告說我是怎麼樣練成這功夫的。

這也是因爲有一次在他們的大殿上，在他們周日下午的禪坐會中，有一次看著話頭時，我就看著地上，心中看著話頭，看著、看著……然後就完全沒有五塵了，只剩下個話頭，那就忘了眨眼。因爲離開了五塵就不知道眼睛澀，也就忘了眨眼；大概經過約二十分鐘了吧——因爲那是後來看時鐘才知道的，聽到一聲——鏘！（監香的法師會拿著香板，有人打瞌睡就走上前去打一香板。）後來一炷香的時間到了，監香法師敲了引磬；那個引磬聲把我從看話頭的境界裡面吵了出來，然後我又接觸到五塵，發覺眼睛好澀，可是閉不下來，因爲眼球乾掉了；所以我得要拉拉眼皮，把兩眼皮都拉一拉，終於有點淚水滋潤，才能眨眼皮，然後我想：「欸！這炷香，我才剛坐下，怎麼就敲引磬了？」因爲感覺上好像只過了五分鐘。其實一炷香是一個小時，然後就是，因爲在那話頭裡面沒有時間（有的道場一炷香是定在半個小時），但因爲很長時間都沒有眨眼，所以有很多人注意到；後來他們就來問我，我就告訴他們說：「因爲我看話頭，所以變成這樣子。看到後來就是視而不見，聽而不聞哪。」然後就有人問我怎麼練成的，我就教他們從無相念佛開始練。

所以後來大法師找我去問這個問題，我心裡面也沒想到他還不會看話頭，就一五一十把練成功的過程整個講了，然後他就要求我說：「那你可以把這個功夫練成的內容，修練的過程寫下來，我們《人生雜誌》可以刊登。」我就眞的寫了，也呈上去了。一晃，半年就過去了，沒看到登出來。又過不久之後我破參了，破參之後智慧開始生起了，然後說法就跟以前有點不同。因爲那時我在那個禪坐會裡當幹部，而且我是當「知津組」的組長。知津是什麼意思？津津樂道那個「津」。知津就是說，你知道這裡面的滋味，這叫「知津」。津津蘆筍汁那個津，有沒有？（大眾笑…）津津樂道的津。知津的意思就是知道那個滋味。當禪坐會的知津組組長，看來我也是名符其實，因爲我眞的知道這禪坐裡面是什麼滋味。所以人家打坐三個鐘頭下來，覺得累癱了，我三個鐘頭坐下來，精神卻是好得不得了！爲什麼呢？因爲入定了以後獲得休息，就類似睡上一覺。那麼他那個時候就開始注意我。

然後有時人家就會開始問我問題，我就告訴他們，要怎麼作功夫，看話頭功夫要怎麼鍛鍊。有的人是還沒有那個功夫就開始問參禪的事，我也告訴他：「明心是什麼，眼見佛性是什麼。」然後風聲漸漸傳開了，我就被指導師傳喚，被他洗了一把臉。「洗臉」聽懂嗎？（導師呵呵笑…）就被洗了一把臉，我就知道以後不可以講話，不能再指導別人。所以，從那時開始，每次去參加共修時，不論人家問我什麼法義，除非是討論某一些事情該怎麼作，如果是問到法，我就說：「是、不是、不對、對、繼續……。」（大眾笑…）我都是一個字、一句話就打發了。

我們同修會最早期有一位梁師兄（他後來離開了），以前他也在那邊共修，後來我被請求出來弘法時，他又有因緣就跟著我修學。有一次他就告訴我說：「我以前覺得你很高傲、很苛刻，跟你問問題時，你都不太理人。」我說：「你不知道，那時我如果多講兩句話，就會被指導師找去訓話，所以我不能多講話。」他就說：「我就覺得奇怪啊！明明上課你都講得很詳細，那爲什麼在那邊時就那樣，我就覺得奇怪。原來如此。」當然，後來我也發覺這樣子不對，心裡就有想要離開的念頭。在那之前還有一件事，是一年到了重選禪坐會的會長，他們就問我，並且是大法師直接問我：「下一任你來當會長，好不好？」他問我這件事情，是在我破參前大約半年的事，我說：「我沒有辦法接這個任務，因爲我現在沒辦法破參，老是住在見山不是山的境界裡，沒有心情來接這個會長的職務。」所以就沒接了。

後來因爲破參以後人家跟我討論一些法義，我說法跟以前有一些不同，風聲漸漸傳開了！有時候我多指導同修們一些法，人家就會找我去「洗臉」；所以我後來想說：「我不要再去了，去了沒有意義。」因此我就辭掉所有職事，再也不去他們道場了。就只有逢年過節時，總是因爲這一世還有那麼幾年師徒之情，所以我也去捧捧場；或者是園遊會的時候我也去一下，其他時間我就不去了。我家供佛淨水的小供桌，就像這一個，就是在他們辦的園遊會上買的，二千七百塊錢，我還記得。然後我就不去了。

但是諸位現在也許心裡打個問號說：「你講這一些幹嘛？這跟『疑悔』有什麼關係？」我就說：「有啊！」因爲我的話還沒說完。然後我一直都沒有去了，過一段時間，有一次因爲他們禪坐會新選了會長，姓林，名字就不談了，她得要向大家介紹新任的幹部，要召開幹部會議。但他們來電說是要開聯誼會，在那之前已經先叫我繼續當他們會裡的顧問，我說：「顧問也不要當了，因爲我以後不太可能再去參加。」可是他們硬要把我安個顧問的名銜，沒辦法就勉強接受著。後來既然說要辦聯誼會，我想：「也好啦！那我就去一趟，順便當眾把顧問給辭了。」不然的話，顧而不問，或者不顧也不問，老把人家一個名額佔著幹嘛？可是我同修反對我再去，她說：「你別去！你去了一定會被羞辱。你都那麼久沒去了，人家知道你就是確定要離開了，那你再去就會被羞辱。」我說：「應該不會這麼惡劣吧！」然後我就去了。

結果呢，聯誼會應該是在很大房間那一間舉行才對，去了沒人，問了人，結果說：「不是，是在隔壁那個小房間。」我心想：「聯誼會怎麼會在小房間？聯誼會應該人很多、很熱鬧啊，辦活動啊。」於是我就走到隔壁房間，才一進去，看見會議桌擺成一個ㄇ字型；我剛進去時，這位大法師就站著正在訓話；我開門一進來，就剛好跟他面對面，他就說：「啊！蕭某某，進來、進來！坐我前面，不要怕。」（大眾笑⋯⋯）我心裡面就起了個問號。這時我開始起疑了，對他心中有疑，是這時候才出現的。因爲我以前一直信任這位師父，認爲他都沒問題、沒問題！因爲打從我破參以後都不曾檢驗他，人家問我時，我還爲他辯解說：「中台山那個沒悟啦！我這個師父應該是有開悟的。」我還繼續爲他辯解。因爲我還沒有起過疑，悟後也不曾對他所說的法義加以檢查。所以我破參以後依舊繼續信受他，只是不想再去，是因爲那裡沒辦法容得下我，往往會被指導師叫去洗臉，那我就只好離開。

結果那一次去了，一進門才發覺那是幹部會議，不是她告訴我的聯誼會，而是他們正在開會。他這麼講：「不要怕，坐到我前面來。」那我就乖乖真的走上前去，直接坐到他的前面，距離不到一公尺。我現在想起來，當時也眞該坐到他正對面最近的地方。確實應該如此，因爲沒有人可以面對他，當時在座所有人，有誰可以面對他？我雖然這世當他的徒弟，但我可以面對他，所以有因緣就讓我坐在他的正對面，就與他面對面。然後，他講著講著，後來話鋒一轉：「這個蕭某某，我沒有印證他大徹大悟，但是你們如果想聽聽他說一點法，他的無相念佛還可以啦……。」就這麼講。

這時我又生起了第二個問號，這是第二個疑。第二個疑起完了以後，他講完了，接著就開始宣布這次選舉出來的幹部名單：會長林某某，什麼組、什麼組、什麼組等等組長，我坐著就聽；各組組長介紹完了，接著就是該介紹顧問了；可是所有顧問都介紹完了，也沒有我的名字。因爲新任會長跟我說：「你是顧問，一定要來參加啊！」我本來的想法是說：「等到唸到我當顧問的時候，就順便站起來婉辭，別佔著人家一個名額。」因爲不顧也不問，我佔著名額幹嘛？結果顧問名單唸完了，擔任顧問的人都介紹完了，也沒有我，那時我又生起了第三個問號。等到會議全部結束的時候，大法師走了，幹部們開始討論說要辦個什麼活動，要去角板山遊覽，我說：「我有事啊！眞的沒辦法去，抱歉、抱歉。」他們不斷地強求我一定要參加，但我終究推辭了。

會議全部結束了，我開車回家時就開始思索：「如果同樣是證悟的人，他爲什麼會否定我？如果他悟的跟我悟的是一樣，就不可能如此否定。但他今晚公開否定了，表示他所悟的一定是跟我不同。」因爲他如果眞的開悟了，明明知道這是正法，而他否定了這個正法，未來世那個果報是很大的，是很難想像的很大果報，這遠比犯十重戒還要嚴重。因爲這是違犯「法毗奈耶」，是謗菩薩藏。否定正法是違犯了法毗奈耶，那我就心裡面思索著。從那邊開車離開，開在百齡路上一直在思索著；那時開到明德路交叉口時，我突然生起一念疑心：「難道他沒有開悟嗎？他悟錯了嗎？」我突然生起這麼一念，回到家中我把《禪的生活》、《禪的體驗》……等四本書，在那個晚上全部讀完；當我重新再讀這一遍時，我終於恍然大悟——不是開悟的悟，（大眾笑…）終於知道：「原來他落在意識裡面，根本就沒悟，怪不得啊！」

你們看，我為什麼會對他生疑？就是因為他說話不當。如果不是他說話不當，當著所有禪坐會幹部面前否定我所悟的如來藏，我就不會疑他。因為我從來沒有起心動念懷疑過他的證量，從來沒有起心動念過。我這個人一旦相信，就不懷疑他；除非新的證據出現了，我才會認定他是有問題的。我從來對人都是這樣，一切人來了，我都先把他們當作好人，我不曾先把人家當作惡人。但是如果有人騙了我，以後我就會認定他是惡人。當天晚上我把他的四本書檢查完了，恍然大悟：原來他連聲聞見道都沒有，因為他落在意識裡面了！

這顯示出來，就因為他的這一些所作所為、所說，引起我那一些懷疑；

由於這些懷疑，所以我就判定他的悟可能跟我有所不同，才會檢查他。可是，開悟不可能有兩種或三種，因爲法界的實相只有一種，不是像「斯斯有兩種」；（大眾笑…）因爲實相永遠只有一種，不可能會有兩種，也不可能更多，那麼所有人只要眞的開悟了，內涵一定是相同的。可是他顯然跟我不同，才會當眾否定我。那我就檢查那四本書，那個晚上讀到半夜，全部讀完了，因爲以一個實證者來看凡夫寫的東西，那眞的很容易讀；一目兩行，我讀到凌晨兩點，四本書全都讀完了！

從那時開始，我說法就跟以前有一點不一樣，不再爲他辯解。接著，以前中鼎工程顧問公司，他們有許多人也來參加共修，有位張師兄請求我開講念佛法門，因爲他想要度他父親念佛。那我就講念佛的內涵，整理好以後，本來書名叫作《念佛法要》，後來覺得這個名稱好像很通俗，已經有很多人寫過這樣的書；我想要顯示它屬於念佛的「方法論」，有智慧的人一看到書名，知道這是屬於念佛的方法論，就會信受，願意讀一讀，所以就改名爲《念佛三昧修學次第》。這本書都還沒有整理出來，我才剛講完，交給幾位同修開始整理，他們就派人來了！在小年夜，不是在大年夜，大法師派出一位果某法師，請張老師來電邀約，說要來見我。小年夜那天中午，他們剛好禪七解七，我跟張老師說：「他如果不是要來求法，請他別來。」因爲小年夜大家都很忙。大年夜當然更忙。但那天是小年夜，我記得是小年夜。張老師問了對方，他說是爲了請法，我說：「如果是要來請法，再怎麼忙也要接見。」於是就接見他了。接見的結果，我聽他講了好久的話，看來不像是請法。聽他講了半個多鐘頭，我就說：「我看您今天來，不是爲了請法，那您來找我的目的是什麼？」他才說出來：「你們說半年就明心，一年就要見性……」因爲我們以前是這樣，半年就明心，一年就見性，所以後來死掉很多兒子，因爲那些水果都還半生不熟我就先剪下來，後來死光光。他繼續說：「我不太相信，我只要三十年能夠明心，就很高興了，不要說什麼眼見佛性了。」我當場伸手一砍說：「好！就讓你三十年開悟！」請問，這樣對他好不好？（同修們答：不好！）不好？好啊！你看那四大山頭的大法師，有哪一個是開悟的人？他們少小出家，現在都幾歲了？哪一個人有開悟？我記他三十年能開悟，算是很好了。可是他再怎麼拼，最快也要二十七年。我說是最快，慢的話就是要整整三十年。

然後我說：「那你今天來，好像是要作說客的。今天小年夜，大家都很忙，你既然不是請法，不然你就開門見山直接講了吧！」他就提出條件：「師父說，我們全省有很多個道場，你蕭居士喜歡說法度人，那你可以來我們全省每一個道場都去說法，全省巡迴說法……」我心裡面想：「一定有條件。」第二個念頭，我想：「我去了要說什麼法？用你們講的法去爲人說嗎？不行欸！」因爲我明知道這樣是在誤導人，若是用我的法去說，我又會被一次一次叫去洗臉，那我如何去說法？但我還是先問他：「那你們讓我去各地道場說法，有什麼條件？」他們就說：「你那本《念佛法要》不要出版，這樣就行了。」

我又一次恍然大悟！悟得什麼呢？因爲在中信局的佛學社，我們有在那邊開課，那錄音帶都是第二天早上就會被人送到他們那邊去；我在《念佛法要》的後面有講到說「虛空粉碎不是開悟」、「大地落沉也不是開悟」，因爲那境界我都體驗過，那都是意識境界，不是開悟的境界。他們就怕我把這個評論印出來流通，那大法師的底牌就走光、曝光了；因爲他一直主張說：「要坐到虛空粉碎、大地落沉，才算大悟徹底。」我卻說那不叫作大悟徹底，那個境界連開悟明心都不是。原來條件是這樣子！那我就說：「對不起！我沒辦法答應。」然後他就開始不斷質疑我們所謂的開悟明心、眼見佛性等等；張老師那時也是濫慈悲，跟我早期一樣的濫慈悲，她就伸出手來，準備給他一個機鋒，（導師伸出手刀砍下來說：）我當場就向張老師這麼一砍說：「還早咧！」（大眾笑…）把張老師的機鋒硬生生攔下來，跟 克勤大師攔我一樣。

克勤大師當年也是這樣啊！張老師當時等於是複製我九百年前的事情：那時在天寧寺方丈室的青石板地面，大眾席地而坐；北投有一家溫泉旅館的老闆，九百多年前他也在天寧寺學法；還有一位姓林的居士，當年同樣也在天寧寺學法，他們那時都是在家居士；張老師那時當我的侍者，站在我後面；克勤大師坐我對面，那我今生的這位師父就坐在 克勤大師旁邊，他身邊是那兩位姓林的同修；另外一邊是幾位法師。當時他就一直質疑說：「不可能開悟啊！開悟到底是如何如何，根本不可能啊……」我那時把手伸出來，準備要使出一個機鋒，沒想到 克勤大師一個手刀立即砍下來說：「還早咧！」正覺祖師堂 克勤大師那尊雕像的典故，就是這麼來的。那一次我也是直覺反應，我把他那招也拿出來，一個手刀直接砍下來說：「還早咧！」

就這麼快速砍下來！張老師立即把手收回去。（大眾笑…）

這是說古時的事，言歸正傳；那位果某師來作說客以後，再過大約兩年時光，他們禪坐會又換了會長，那位新會長叫什麼名字啊？有點忘了，好像姓李吧！是一位女眾，現在連名字也忘了（補註：李美慧）；她有一天傍晚打電話來，通常我不接電話，那一天我同修止在廚房忙，沒聽到電話聲，因爲抽油煙機很吵，她沒聽到；我看鈴聲響那麼久還沒有人接，我就去接過來聽（當時我在三樓佛堂，她在一樓炒菜），她打過來問：「蕭師兄啊！你有沒有想要來寺裡面出家啊？」（大眾笑…）我聽著覺得好奇怪，就回答說：「妳爲什麼要問我這個問題？」她說：「因爲你以前說過，有想要出家啊！」我說：「對啊！我現在也還是想要出家啊！可是我現在沒辦法出家。」她說：「那你現在還有沒有想要出家？」我就先問她一個問題，因爲我那時開始「學乖」了，我就先問：「這是妳的意思？還是師父的意思？」她就說：「這是我的意思，跟師父沒關係啦！」我心裡面馬上浮出兩個字：「才怪！」（大眾笑…）然後我就告訴她：「如果我要去妳們寺裡出家，要三個條件具足。第一個條件，是我同修主動放人，不是我開口要求的。第二個條件是，如果我不出家弘法，佛教正法就會滅亡，這是第二個條件；如果不需要我出家弘法，佛教不會滅亡，我就不會出家。第三個條件，師父親自來邀請我，不要用電話。這三個條件缺了一個，我就不可能出家。」

這樣容不容易出家？很難喔！因為第一，我同修得要是主動放我，也許討厭我說：「算了，我不要你了，把你休了，你去出家吧。」這算是第一個條件完成。第二個條件，如果我不出家弘法，佛教就會滅亡，可是目前並沒有這個情況啊！第三個呢，這很容易：你如果希望我去復興你的道場，可以啊！你就親自來我家邀請，但是前面兩個條件要先完成。這就是以前發生過的事實。

那我今天為什麼要順便講這件事情？因為講到「疑悔」了！這是跟疑悔大有關係的，當年我為什麼會生疑去檢查他是否悟錯了？是因為他說的那些話有問題；還有就是因為最近有第二個原因，我得要講這些話，因為最近「廣論團體」他們化名，並且捏造一些單位的名稱寄了誣告信出來；他一個人竟然當了八個單位的總幹事，包括蒙藏委員會在內，都是由他當總幹事。蒙藏委員會有總幹事的職位嗎？我不知道，反正他們稱是那八個單位的總幹事，信中說我被聖嚴法師趕出來……等。現在講到「疑悔」，剛好與聖嚴法師九百年前和這一世疑悔的事情有關聯，我就順便提出來講，這樣諸位就瞭解「疑悔」障道有多麼嚴重。這是我親身經歷的故事，不是編造的；因爲是過去的事，所以叫作「故」事，但不是童話故事。這意思在表示說，凡是對法、對善知識有「疑悔」的人，往往是一疑千年，所以千年以後都還　樣懷疑，依舊無法悟入般若。從善知識來說，當你說法時必須「如實」，不能「如虛」；如果說法時都是編造或者好像編造的，人家聽了就不信受。

而且也不能輕視新學菩薩，因爲所謂的新學菩薩，往往是你從這一世看到他才剛新學，但他也許過去世已經修過無量劫了；既然還沒離開胎昧，你都看不出來。那麼那位大法師就是太輕視我這個「新學菩薩」：因爲我這一世，在當時學法的時間還很短。我這一世歸依三寶是幾年啊？我是在一九八五年歸依三寶，隨即開始學法，但我是在一九九〇年破參，當時明心與眼見佛性一次過關，這樣前後總共是幾年？五年。而我當年是把人家教的東西全部丟掉，因爲我在家裡閉關十九天，用他教的方法根本沒有用處，所以我最後一天下午上了座以後，大約參到三點半吧，我說：「他教的那些方法可能是沒有用的，因為我這個功夫這麼好，都還沒辦法。那我就乾脆自己參究吧！」

於是我就從「明心見性」四個字下手，去把它整理，然後是往世的種子現行了，我就全部解決了，前後不到半個鐘頭啊！不像你們參得像什麼？如喪考妣！我根本就沒有，我就是自己確定說：既然說明心又說見性，那麼明心與見性一定不同，才會叫作明心見性，不然就應該說是明心明性或者見心見性，結果是說明心與見性，二者一定不同。我從這裡下手，往世的記憶一生起來，我不到半個鐘頭就解決了——遍山河大地都是我的佛性！但大法師對這個事情是全然不信而繼續懷疑的。那麼因為這個「疑悔」，對學佛人的傷害很大，所以我認為，說法就是應該如實，應該遵循孔老夫子那句話：「知之為知之，不知為不知，是知（讀作智）也。」這才是聰明人。所以我說法時不打誑語，我如果用籠罩的、或是打誑語，我那麼多本書，早就被人家挑毛病了。

然後再過不久，應該是又一年的農曆年來了，他們辦園遊會，有人通知我去參加，我就是那一次買了供佛的小供桌，就是現在家裡佛堂佛前放供杯的那個小供桌。他們那回也辦展覽——東初老和尚的文物展。園遊會逛完了，我剛好遇見了大法師，我就說：「師父！您上回讓我寫的那三篇文章，一直也沒使用，是不是請您什麼時候擲下來給我？」所以他後來就有交代還給我，用張便條紙寫了幾個字「交蕭某某」，總共四個字。只有這四個字，那可是墨寶欸！爲什麼是墨寶呢？因爲那是文件證明，證明他不懂得看話頭的證據。他叫我寫了，說是要刊登在《人生雜誌》上面利益大眾；我寫了給他，結果遲遲沒刊登。不刊登的意思是什麼？（平實導師又問大眾一遍：）是什麼？正是他個人要讀，不是要刊登給大家閱讀的。我這個人有保存檔案的習慣，所以我全都留著。

當時他聽了就說：「你那本書的書稿，在知客處，你可以拿回去了。」我心裡覺得好笑：「我都已經拿回家半年了，現在才告訴我。」那個書稿是什麼？就是《無相念佛》的書稿。大約半年前，是被人家丟在知客處的垃圾桶，在那個字紙簍裡面。然後是果權師打電話給北投的一位師姊，師姊才通知我去寺裡拿回來。我早在半年前就拿回來了，他才跟我講。那時是被丟在字紙簍的，還好果權師幫忙撿了回來，不然你們今天就沒《無相念佛》可讀了。你們看，這一些故事精采不精采？（有人答話…）精采？精采得一塌糊塗。

這就是說，一個人的身口意行，會顯示出一個人的證量，矇不了人的。因為不論怎樣裝腔作勢籠罩人，都是只有一段時間有效；但是有智慧的人，會因為那一些事相起了疑，然後就會去加以檢查。如果他不是作了那些事情讓我起疑，我也不會去檢查他的書，還是會以先入為主的觀念，繼續認為他是證悟者。但是因為他最後那件事情讓我起了疑，所以我那天晚上回家，把四本書拿起來，一目兩行，四、五個鐘頭我就全部讀完了：「原來，他根本就沒有證悟啊！」那麼我想，到後來他讓那個女眾打電話給我，問我要不要出家？大概是想要善後吧，都因為以前一直否定我。他還算不錯，沒有罵我是邪魔外道；有的大山頭的大法師私底下都是罵我邪魔外道，但他換一個話說：「陽明山下有個居士說法，那是不如法的。」因為那時候我們在陽明精舍，陽明精舍就在陽明山下，他說我講的法是不如法；然而經過很多年的私底下抵制，我卻依舊把每一本新出版的書都寄給他，到後來他大約是漸漸發覺自己的不對了。可是，你要這匹好馬去吃回頭草，已經是不可能的，所以可說是後悔莫及。

同樣的，我們弘法的時候，也是如此小心不犯疑悔的毛病。我從來不看輕任何人，而且我心裡面一直在等：「有一天一定會出現一位比我證量更高的人，我就下座聽法，拜他爲師。」我這也不是空口白話，我眞的曾經因爲人家向我推薦了整整兩年，我就暫且相信他們的推薦，嘗試著拜師修學說：「好！既然你們推薦了兩年，那我就拜他爲師。」結果證明他是假冒的，於是我就開始破斥他！但我不需要因此而存著慢心，因爲那個可能性一定會存在；這一世不存在，下一世也有可能存在，未來世一定會存在。遇到了大善知識時，若是一腳把他踢開，那可是自己的損失，不是善知識的損失。這就是我的心態，所以，不輕末學、不輕新學就是我的心態。因爲每一個人在還沒有離開隔陰之迷以前，他的過去世怎麼修學佛法的，你都無法想像。

直到後來，我往世的一些證量漸漸回復了，我終於能去感應別人的因緣。但是雖然感應到說：「某些人是新學菩薩，學佛以來不過三劫、五劫。」我也不輕視他們，因爲人眞的很難說啊！所以你們沒看見過我當面罵人，我也沒有當面輕笑過任何人說：「你眞的好笨，沒有希望證悟啊！」我弘法二十年了，不論私下或公開，不曾對任何一個人講過這種話，我都是鼓勵再鼓勵。所以不要讓人家起煩惱，使他對我們生起懷疑心，否則對方就會反悔而退轉，不再修學了，弘法者一定不能有這種事情出現。有的人就是會這麼說：「你們這一些人啊！距離解脫道或者距離佛菩提道都還太遠了！你們不管怎麼修，終究得不到一切種智的，爲什麼呢？因爲你們是放逸的人，你們對於佛道、解脫道還是很懈怠的緣故啊！」有人是這麼講的。

我們同修會裡面就沒人這麼講過嗎？有啊！我們會裡面也有人被講過：「我說你沒希望、就是沒希望啦！不要說什麼見性，你連明心也沒希望啦！」對不對？有人被講過的，十幾年前有人被講過，但沒想到我幫他明心以後還幫他眼見佛性，如今還當上親教師了。前些時候也有人被講過，才去年而已，他們認爲那個人是沒希望的，沒想到他被我派了任務，將來還可能成爲親教師，但他其實曾經被人笑過：「唉！你沒希望、就是沒希望啦！你免肖想了啦！（台語）」說這種話很傷人！但我的所見跟那一些人的所見不一樣。那一些人的所見是說：你是不是夠聰明、夠伶俐？但我的所見是：這個人有沒有智慧？心性好不好？我不看聰明伶俐，因爲我這個人生來就不是口齒伶俐的人，從小也被人敲腦袋：「你爲何這麼憨！家裡好東西都拿出去給人家吃。」我就是笨啊！可是我笨到會寫書出來讓哲學家讀不懂，只有實證的菩薩才能讀得懂，所以我不輕視人家。

因此說，大家講話的時候，眞的要小心，不要小看人，隨隨便便說：「你不可能開悟啊！你永遠沒有希望啦！」他們憑什麼這樣講呢？是有宿命通嗎？看見人家過去無量劫了嗎？就算眞有宿命通，他們大不了看個一世二世吧？我還沒有看過誰有宿命通可以看過前三世的，更不要說過去很多劫。因爲，以往自認爲有宿命通的，來到我這裡，一通也沒有；所以我都不信那個，我寧可信自己，信我自己所看見的。所以說，輕視任何人都不應該，不但在這裡我這麼講，後面 常不輕菩薩還會告訴諸位這個道理。

菩薩應該如何行止，在我們會裡面就是有人被笑過：「哎呀！老菩薩！妳又不識字，妳根本不可能開悟的。」沒想到她開悟了，可是她開悟以後，她女兒的同學——佛學院畢業的學生當法師，竟不敢跟她講話。爲什麼呢？因爲說出來，馬上就會被老菩薩檢點了。這老菩薩雖然不識字，一聽就知道說：「欸！師父！您落在哪裡……您這樣講不對，爲什麼不對呢？……」就把過失講給法師聽。這老菩薩不識字欸！所以不要輕視任何人。當年六祖不也被輕視嗎？大家都認為說：「這個獦獠根本沒希望。」可是五祖一見就知道，這個人是他等待的人；但是怕人家特別注意他，就故意隨順大家的話說：「唉！你這個南方來的獦獠，來求什麼佛法？」但卻幫六祖證悟，還把衣缽都傳給他，所以真的不能小看人哪！

除了要如實以外，「又亦不應戲論諸法，有所諍競；」這是說，除了要尊重一切學法者以外，對諸法不應該戲論。換句話說，三乘菩提裡面的一切法，你都應該要如實演說，不應該拿來用戲論的方式說法，這是很不好的。有一些禪宗祖師，我就瞧不起他們，因為他們是屬於「狂禪」的一類；譬如臨濟義玄剛出道的時候，正是狂禪。又如有一些祖師動不動就說「大小釋迦，如何如何……」，他那個言語裡面對 釋迦如來是有所輕視的；雖然他的語意是沒有輕視的，是尊崇的，但那個字句本身是輕視的字句，這是完全不該使用的，不管他悟得多麼深。想要跟 釋迦如來相提並論？門兒都沒有！為什麼呢？因為禪宗一般的祖師開悟，不過是第七住位，大不了是八住、九住位，能進入十住位的人很少、很少；禪宗公案裡面你找不到一打人是眼見佛性的，雖然過牢關的人不少。所以，那一類爲了接引人而故意用戲論的言語來說法的方式，殊不足取！

戲論諸法是有過失的，因爲三乘菩提諸法無比尊貴，怎能用戲論方式來演說呢？且不說大乘菩提，單說二乘菩提，那阿羅漢不過是證得二乘菩提，尚且是人天應供，何況是諸大菩薩、諸如來的境界！怎能用戲論的方式來演述大乘佛法？所以「戲論」是不應該有的。但若是「有所諍競」而說法，更不應該；也就是說法的實質，法上的層次差別是非常分明的，不可以硬把高層次的人強拉下來，硬把低層次的人強推上去，否則就是「諍競」。

例如有個人已經證得一切種智——他有分證，具有道種智，他已經在宣講甚深微妙的八識心王諸法，包括各種心所法等等；但是有一個人才剛明心，他就開始貶抑對方，這表示他的「異生性」還沒有斷除一絲一毫，更不要說是斷盡。因爲大乘見道者所應該斷除的異生性，是既深又廣的，那是要無數劫才能斷盡的；而他才剛悟入就開始貶剝上位的善知識，那表示他還有「諍競」之心。可是我相信，再過個幾年，他就不敢再有諍競之心；因爲他會發覺人家講的法義，他從來都沒想到過，更不要說他可以自己懂得。當他用自己明心的見地，要去找對方的毛病時，其實找不到；可是對方都知道他的落處，也知道他的悟處，所以不必幾年他就會自動杜口。深悟與淺悟的差別就在這裡。

如果沒有眞悟——他只是一個解悟的人，就會跟你諍競到底，因爲他沒有能力檢查自己與對方的差距，他沒有這個智慧。所以說，心有諍競的時候，他本身一定有問題；假使他這個問題幾年後就解決了，表示他的開悟還是眞的，當他改正了以後，就懂得去跟上位菩薩懺悔。因爲他一定會知道已經造了謗上位菩薩的重罪，是毀謗勝義菩薩僧，所以他想：「這個業很重，不趕快滅除不行！」他一定會知道這個。所以在禪宗裡面，誰悟得深、誰悟得淺，大家互相心知肚明。眞悟者之間不會互相諍競，只是偶爾會拿出來拈提一下；拈提的時候卻不是帶有貶抑的意思，有時候看來那字句是貶抑的，其實卻是讚揚，家裡人一看就懂，凡夫卻依字句表義誤會而當眞，人家一聽他的說法就知道他誤會了。所以說，有諍競的時候一定有問題。

我出世弘法二十年來，有一些同修有時候會告訴我：「老師啊！我有一天看到所有的境界猶如鏡像，全都是假的啊！」我心裡面想：「喔！你是初地滿心的人喔？」可是我沒有講出來，但是我會明確說明：「這個不是猶如鏡像的現觀。」但我當面說明那個境界不對時，沒有貶斥的意思，只是不想有人大妄語；若是一般情形，無關於大妄語的誇大說法，我會當作沒聽見。有時候，有的人會告訴我，說他現在如何、如何：「老師！我現在觀行到什麼、什麼、什麼。」我說：「喔⋯喔⋯這樣喔？不錯！不錯！好啊、好啊！」但是其實他有很多錯誤，只因為那很多的錯誤並不是什麼大過失，我大多不談它，鼓勵他繼續努力就好。

可是一旦他退轉後開始否定正法了，那我就要拿出來破他了，否則我都會包容。我不曾當面指斥過誰說：「你這個說法不對，你那個說法又不對。」我沒有當面指斥人，但是我一定會——如果有某一個因緣，我必須要說明那個說法不對的時候，我一定會解釋那個理由。我不會只是罵說：「你這個不對啦！」我一定會詳細說明理由，並且絕對不會大聲或不耐煩，一定很委婉地詳細說明。這就是我的習慣。你若是要我改，也是難改；叫我大聲去斥責人家，我也作不來，因為多劫以來的習慣就是這樣。人的習慣是很難改的，從我所見九百多年前天寧寺那一幕中的那一些人，只有一個人有些改變；就是他從來都不講話，但他這一世會跟我聊，九百多年前他是從來都不講話的。但其他的人都沒改，我也沒改。至於那一位很懷疑佛法可以實證的人——這一世否定我的那個人，到現在依舊還是疑，疑蓋還是很重。然後，我看見他幾千年後，會變成一位女生，清湯掛麵的模樣，還在爲人說法；她的道場在山坳裡面，都是綠色的，很環保（大眾笑…）。然而九百年前那個誇大口的人，到現在還是繼續誇大口，他最喜歡講的一句話就是：「我打坐時，坐到一個層次咧——萬里無雲、萬里天！」（閩南話，大眾笑…）還是一樣誇大，都沒改變。

所以，人的習慣很難改，你要叫一個人一世就改，不容易啊！這就是說，你行菩薩道時該怎麼行？得要設法改變自己，能夠改變成功才是好的。至於我的習氣，我不要改，我要繼續保持，並且繼續把它擴大；因爲我的習氣是好的，爲什麼要改掉呢？假裝大師誰都會裝，可是裝出來有用嗎？只能騙世俗人而已，自己心裡面可很清楚啊！所以「有所諍競」的時候，一定是有問題的，自己就該懂得怎麼樣去檢討，怎麼樣把諍競心給消除掉。特別是你要爲人演述《法華經》，一定不可以有諍競心。

接著說：「當於一切眾生起大悲想，於諸如來起慈父想，於諸菩薩起大師想；」這些經文看起來好像沒什麼，可是意義深遠。對一切眾生要起「大悲想」，爲什麼對於佛門四眾卻是要起慈心，而不是要起悲心？可是對一般眾生不是起慈心，而是要「起大悲想」？這裡面是有差別的，因爲一切眾生跟佛門四眾是不一樣的；一切眾生是無明所籠罩，貪瞋非常嚴重，無心於道，只愛樂世間法，不懂得出離生死苦；所以對這一些世俗眾生，你無法施加法樂於他們，你的慈心對他們用不上。所謂「慈能與樂，悲能拔苦」，你想要以法利樂他們，其實作不到，因爲他們完全無心於解脫與實相；你能夠作的就是爲他們生起悲心，救拔他們的苦難。

雖然他們不知道自己有苦難，但是你要起悲心救拔他們；他們對於三乘菩提的實證是沒有希望的，你很清楚知道；但是他們現在所作的事，會導致下一世開始墮落，而他們並不知道。你無法幫助他們親證三乘菩提，所以你對他們生起慈心都沒有用，應該要對他們生起悲心，救拔他們遠離未來世下墮三惡道。所以，我們爲什麼要努力去教育民眾遠離喇嘛教？就是要使他們遠離下墮的邪法邪行，可是他們不知道我們的苦心。以前有很多人沾沾自喜說：「我們都在修學《廣論》！」可是他們現在不敢再跟人家炫耀說「我們在學《廣論》」。他們現在不敢開口炫耀了，爲什麼呢？因爲我們舉證說：「兩部《廣論》講的全都是外道法，都是常見外道法。特別是《菩提道次第廣論》後半部所說的止觀，那全都是雙身法，都是外道法。」所以他們現在不敢再誇耀說他們都在學《廣論》。

因此，就有些學《廣論》的人生氣起來，你們看，最近有人寫了個誣告函，去向各學校校長誣告。其實我很希望其中一項誣告是眞的，他的誣告信中有一項誣告說，我們正覺每半年接受一次中國政府的補助，每次三百萬元人民幣。欸！這等於是每半年收到一千五百萬元台幣，我倒很希望這是眞的。可惜不是眞的，我們還不曾接受過中國政府任何一毛錢，如果中國政府每年補貼我三千萬元台幣，那我對這一棟大樓，每一戶我都出價六千萬元買下來，都不再嫌貴了！我再也不嫌貴，一戶六千萬元我也可以買下來，因爲那是白得的錢財，只可惜不是眞的。那他們爲什麼要這樣亂寄誣告信？因爲不知道我們救護他們的善意，誤以爲我們在詆毀他們。其實我們是救護他們離開《廣論》邪法，只有離開《廣論》才能回到正法，但他們不懂，誤以爲我們在詆毀他們，所以就出來誣告。當然我們研究的結果，知道那只是個化名；而那封匿名信也沒有發信的地址，只有各學校校長等收信者。

這意思就是說，你對那些人，縱使有慈心要幫他們證悟三乘菩提，其實也沒用，因爲他們沒有因緣。所以你對他們不應該起慈心，而是應該生起悲心。起悲心後應有的作爲，就是繼續破斥《廣論》——破斥邪法；他們會繼續生氣，但時間久了習慣了，有一天將會起心動念試著瞭解我們書中所說的道理，這會讓他們將來終於能夠有理智，冷靜下來思考，然後他們將會發覺：「原來人家是好意救我們離開岔路，那我們就離開岔路，回到正道吧！」所以你對他們應該起大悲想。

這裡講的是「大悲」，不是只有悲。悲爲什麼又叫大，因爲夠廣也夠深！廣就是說，你要從很廣的層面一一加以說明，而不是只有一個局部，這樣的悲心才是大悲。這麼廣的部分，每一個部分你都要詳說——每一個部分你都要說得很深入，這樣才叫作「大悲」。這大悲跟悲是不同的，所以我們要作的工作還很多，因爲世尊交代我們，「當於一切眾生起大悲想」，不是只有叫我們起悲心而已，要有大悲喔！那我們就要講得很多、很多，而且每一個部分要講得很深入，讓無緣實證三乘菩提的愚癡眾生——例如密宗裡的學人，懂得遠離邪見邪法，避開未來世下墮三惡道的噩運，這就是我們繼續要作的工作。

對於 如來，我們就反過來起慈父之想。起慈父之想，其實各人的認知都不一樣。一般人都會想：「如來當然夠格當我的父親。」大概就是只有這樣想。可是從世間人的層次來想：「欸！我的父親都還不如世尊呢！那麼如來應該可以當我爺爺。」然後又想：「我爺爺也不如世尊，往上推究到祖宗十八代也都不如世尊，那我對如來是應該怎麼尊敬？」喔！當他這樣想的時候，恭敬心就會增加很多了。但是有人像這樣對 如來有較正確的理解了，在大眾中，仍然是極少分中的極少分；因爲 如來的證量到底是什麼，仍然無所知。所以當他有一天斷三縛結了，他發覺說：「我現在斷三縛結了，可是如來的智慧我還是不知道啊！」這時對 如來又多增加一分恭敬了。

然後他繼續進修到二果、三果、四果，實證阿羅漢了；乃至四果之後，繼續從慧解脫進修俱解脫、三明六通大解脫，結果依舊無法猜測 如來的智慧。爲什麼呢？因爲他去問菩薩了；他爲什麼要去問菩薩？因爲菩薩說的法他都聽不懂。他是三明六通的大解脫阿羅漢，可是菩薩說起般若來，他還是聽不懂，但他又看到菩薩們對如來那麼恭敬，於是他就想：「菩薩應該最知道如來。」所以他去問菩薩：「如來的境界到底是什麼？」菩薩說：「我其實也是所知甚少。」因爲他問到的只是個初地菩薩。他又想：「初地菩薩的所知甚少，不然我就來問八地菩薩好了。」結果八地菩薩告訴他說：「我知道的如來地境界，也是太少太少了，不值一提。」啊？八地菩薩竟然比初地菩薩知道的還少，豈有此理？不信，再去問等覺、妙覺，結果都說不知道。

爲什麼會這樣，老實說，眞的是如此；三明六通大解脫的阿羅漢，如果不迴心修菩薩行，不實證菩薩道，他連三賢位的第七住菩薩的智慧都不懂，如何能想像初地菩薩的智慧？可是三地菩薩對 如來的覺受是什麼？他會覺得自己就好像個十三、四歲的少年，如來老爸的境界到底是怎麼回事？他也不太知道，所知道的全都是 如來開示出來而有的理解，完全無法具足證知，所以凡事都得依靠 如來。就好像說，你掌管整個家庭，你一個月收入有多少？你有幾戶房子，有多少田產，有多少存款，你那個十三歲的兒子知道嗎？不知道嘛！對不對？他有時候接到你的命令說：「欸！你去找某一戶和某一戶房子，找什麼人跟什麼人，向他們收租金。」這時他才終於知道，原來我老爸有這一、二戶房子在出租。可是其他的呢，依舊不知道。

因爲他目前的能力，只能到那一、二戶那麼遠的地方去收租，更遠的地方他去不了；所以其他的部分他都不知道。他只聽說五哥、四哥還要去到更遠的地方收租，收得更多租金。他只知道這個，可是詳細情形他也不知道。有一天問到他的幾位哥哥，那幾位哥哥說：「我只知道我去的那些地方，其他的我也不知道，因爲大哥跑得更遠，收的錢更多。」那麼大哥就完全知道嗎？也不全都知道，因爲老爸還有很多自己直接收取的租金——譬喻 如來直接收取的功德，大哥也不知道。就像這樣子，所以沒有人眞的知道 釋迦如來；知道得越多的人，就會發覺自己知道的其實是感覺越少，因爲他實際參與越多時，才知道其實還有更多以前所不知道的內涵，他的感覺是這樣。所以都是知道得越多，感覺上卻認爲自己現在對 如來的所知其實很少，越發知道自己對 如來的境界不懂的地方更多了。所以即使是妙覺菩薩，當來下生成佛的妙覺菩薩——一生補處菩薩，對 如來也都是生起慈父之想的。

可是偏偏就有人說啊：「我知道啦！釋迦如來的境界就是這樣，因爲我現在已經跟祂一樣了。」你一聽就知道那個人一定是凡夫，我保證他是凡夫！只有凡夫才會這樣想，只要證得初果就不會再生起這種想法了。所以「於諸如來起慈父想」，確實應該如此，實際上諸菩薩全都是如此。即使到了八地了，進入八地心了，都還覺得自己只算是如來家中剛剛成年的兒子，老爸的產業總共有多少，他還是不很瞭解的；八地心尚且如此，如果到了等覺、妙覺，那就像是三十幾歲將近四十歲的兒子，可是也沒有完全知道，一直要到成佛時才完全知道。那你說，有誰可以不「於諸如來起慈父想」？沒有一個人可以違背 世尊這個聖教！

接著，「於諸菩薩起大師想」，對諸菩薩眞的應該要起大師想；但是有一個前提：誰是菩薩？這個「菩薩」要先定義好，不要像愚癡的孩子一樣，路上不管見了哪個男人都叫爸爸。可不能隨便亂叫，只有一個人可以叫作爸爸；也只有一個人可以叫作媽媽，不能把滿街上的女人都叫媽媽。同樣的，你要「於諸菩薩起大師想」，然而什麼人才是菩薩？要先定義清楚，可別見了每一個人都認爲是菩薩。所以說，「菩薩」要定義清楚，不能夠見了阿羅漢也當作菩薩，不能見了緣覺也當作菩薩。「菩薩」有一定的內涵，具備那個內涵時才能稱為菩薩。

那麼咱們可以先從凡夫菩薩來說吧！凡夫菩薩的條件是什麼？一定要受三歸、受菩薩戒，否則成為什麼菩薩？有三歸並且有菩薩戒，才能稱為菩薩。好！這就是菩薩了，叫作凡夫菩薩，是初發心行菩薩道的菩薩。那麼這凡夫菩薩，可以是在家、也可以是出家，所以不一定是出家人才叫作菩薩。也不一定說出家人都是聲聞人，因為現聲聞相的人之中也有菩薩。好！接著要再區分：是勝義菩薩？或者是名義菩薩？名義菩薩是說他受了菩薩戒，但是一天到晚在犯戒，那就是名義菩薩——有菩薩之名沒有菩薩之實。這個名義菩薩的階段修行過了，是因為現在他有努力在改變自己，那我們就說他是真正的菩薩，但這個真正的菩薩還只是個「凡夫菩薩」；接著就是勝義菩薩，勝義菩薩是說他在佛菩提道裡面已經有實證，他已經生起了實相般若，能夠現觀法界的實相，也能現觀無餘涅槃中的實際，那他就是勝義菩薩。這時候，他就被稱為菩薩摩訶薩。

菩薩摩訶薩，不論你的身相是男是女、是在家或出家，都不管這個，只論你實證的階位如何？看你在菩薩道五十二個階位中，現在你是在哪個階位？你得要是第七住以上，不退於七住位之下，才能成爲菩薩摩訶薩；這是證悟的賢位菩薩，也可以稱爲菩薩僧，不論在家或出家，因爲已經是實證佛菩提的勝義菩薩了。繼續進修而把佛菩提通達了，圓滿了見道的功德而入地了，就叫作聖位菩薩，也屬於勝義菩薩，一樣叫作菩薩摩訶薩，當然更是勝義菩薩僧。所以對菩薩要有定義：他是假名菩薩、名義菩薩，或者是眞正的菩薩。

如果只是受了菩薩戒而成爲菩薩，可是一天到晚都在世間法裡面鬼混，那個人只是名義菩薩，不是實質上的菩薩。因此，眞學佛法的人，一定要先懂一些對菩薩明確定位的道理。如果有人既不受三歸，也不受菩薩戒，他竟跟你說他是菩薩，那你就告訴他說：「你這個也可以稱爲菩薩，叫作『理即菩薩』。」「六即佛」的第一個「理即佛」，就套上去給他用；他問你說：「這是什麼意思？」你就爲他說明：「從實際理地上，我看你是菩薩，但你仍然不是菩薩。」這對佛教內部的正本清源很重要，可以避免外道擅自冒用菩薩的身分，所以你得要把「菩薩」定義清楚。

如果他只是名義菩薩，你對他起大師想，這是不對的，因爲他只會帶壞你；你如果對他起大師想，他帶著你到處去吃喝玩樂，雖然吃的都是素食，都是遊山玩水，但是你的道業一定不會進步；他也不懂教你如何布施修集見道前應有的福德資糧，布施時的五種情況應該要怎麼作，使你可以達到最好的福德效果，他自己也不懂，更不會教你；你如果對他作大師之想，隨著他的教導去作，那你就會走錯路了！

甚至於有人受了菩薩戒，也去受聲聞戒而現出家相，又是年高德劭了，可是他教導你的全都是「六識論」邪見，然後教你說：「你要護持正法喔！凡是講如來藏的人，都是自性見外道，你要努力破斥他們，你要破邪顯正。」其實他的行爲是在破法，你卻拿他當作大師，起了大師想，遵照他的話去破斥如來藏。糟了！下一世不可能生在人間了，因爲那是犯了「謗菩薩藏」，遠重於違犯菩薩十重戒。所以，「於諸菩薩起大師想」是對的，但前提是那個「菩薩」是什麼實質？你要先把菩薩的定義弄清楚，定義清楚了以後，才可以確定說：「我應該針對什麼樣的菩薩，來生起大師想。」總不能夠見了每一個凡夫菩薩，都把他當作大師想；總不能夠見了那些否定正法或是精修雙身法的假名菩薩們，你也都對他們起大師想吧？

所以這裡面的分際要先把握好，如果把握好了，「於諸菩薩起大師想」，你的道業進步就很快；因爲每一位證量比你高的菩薩，你都不會漏失掉，你都會一一承事，然後你就獲得許多法利，於是道業進展很快，你就可以「化長劫入短劫」。所以，「於諸菩薩起大師想」是對的，但是你要確定那個菩薩值不值得你對他起大師想；但如那些喇嘛們，他們都自稱是觀世音菩薩、文殊菩薩再來，那你要把他們當作菩薩嗎？絕對不行！所以，「於諸菩薩起大師想」是絕對正確的，大家都應該依教奉行；但是要先把菩薩的定義界定清楚：哪一些菩薩是你應該「起大師想」的人？哪一些菩薩是你應該遠離的人？你都先要定義清楚。有這個智慧之後，才能夠依教奉行「於諸菩薩起大師想」。

接著說「於十方諸大菩薩，常應深心恭敬禮拜；」我們辦三歸依的法會，我都會特別強調：我們歸依於僧寶是「歸依十方常住菩薩僧」，不歸依聲聞僧，也不是單單歸依我們地球上的菩薩僧團；而是十方世界的一切菩薩摩訶薩，一體歸依；而我們就是十方一切菩薩僧中的一員，不能自外於十方世界的一切大菩薩們，因爲佛國淨土不是只有這個地球上有；所以十方一切世界，一切佛國中的大菩薩們，我們一體歸依，才是大乘法中說的「歸依僧寶」。那麼，這是不是我們比他們低？不一定啊！因為十方世界菩薩僧團裡面層次很多，有賢僧、聖僧，但也有凡夫僧。

總而言之，就是歸依於十方世界整個菩薩僧團，而不是歸依於某一個人；如果只歸依於某一個人，那就成為「依人不依法」了。「於十方諸大菩薩」要有正確的歸依，所以我們辦三歸依法會時，我會特別強調這一點：不是只有歸依某一個人，也就是說，來到正覺參加三歸依法會的時候，不是歸依我蕭平實一個人，而是歸依於十方法界一切菩薩僧團，一體歸依。既然這樣歸依了，就時時都要「深心恭敬」，然後禮拜「於十方諸大菩薩」。

當你能夠這樣作到的時候，你的心量就變很大了。因為 佛陀的境界不可思議，法的深廣也難以想像，而十方諸大菩薩的境界不可測度，眞的理解其中的道理，這時你的心量就很大了！心量大的時候，接著就是這兩句了：「於一切眾生平等說法，以順法故不多不少，」當你心量大的時候，你對一切眾生說法時就很平等了；換句話說，你不會因為某甲每個月都供養你好幾百萬元，就為他說多一點；某乙每個月才供養兩三千塊錢，太少了，所以他來請法時，只爲他講個五、六分鐘。你絕對不會這樣，因爲你的心量已經很大了！你根本不把那幾百萬元的供養放在眼裡。也就是說，當人家覺得他每個月供養幾百萬元，心中認爲：「這位是大客户欸！」這個客戶眞的好大，我們同修會裡面能夠找得到有誰是每一個月供養正覺同修會幾百萬元的？也沒有，所以這樣的客戶是超大號的客戶了！可是就算有這樣的人來到正覺，我們有爲他多說一點法嗎？也沒有，還是週二這個講經，同樣是增上班那個課程，不會增加、也不會減少。

至於有的人從來都不供養我，那我就都不跟他說法？我們也沒有這樣；我們週二的這個講經還是對外一體開放，誰都可以來聽經，來聽我說法。這意思在告訴大家什麼道理？就是說法要平等，不看錢財，也不看說：「這個人是不是特別巴結我？」而是隨順於因緣去作，諸佛都是這樣。假使某甲弟子證阿羅漢果的緣熟了，就爲他演說阿羅漢法；假使某乙弟子證菩薩法的緣熟了，就爲他說菩薩法，幫他證悟；假使某丙弟子入地的因緣成熟了，就爲他演說入地的法，讓他入地。都是隨順於各人的因緣，不會吝法；但是也不會多給，因爲多給了也吸收不了，浪費口水與時間，所以說法時應該不多也不少，因爲得要「順法故」。

有時遇到了某甲，你應該爲他說很多的法，因爲他有能力吸收；可是你若不肯爲他說，或是說得很少，那就是對他說法太少。可是有時遇到某乙，這個某乙的吸收能力很差，你只能夠針對同一個法，從很多層面來爲他講解，讓他眞懂這個法；他就只能懂這個法，你說了更多法給他也沒有用；你得不斷爲他專講同一個法，雖然你花了很多時間，但你給他的就是那一個法，沒有別的法。可是另外一個人又不同，他可以舉一反三，那你就可以爲他略說很多種法；他把每一個法證得了以後，就可以發展出很多法來，所以他學法的速度就會很快，那你就應該爲他略說很多法，不應該少說，或是只在少數的法上面去作深說。

對不同的人，有不同的說法，「以順法故不多不少」，是因爲隨順法的緣故，爲人說法時本來就應該如此。所以遇到聲聞種性的人，你就只能爲他說聲聞法，不應該跟他說菩薩法；你如果爲他演說了菩薩法，就是說太多了，他不相應，也無法吸收，他也會厭惡。如果你遇到了菩薩，卻爲他說聲聞法，他不相應，也會厭惡說：「我要學佛菩提，善知識偏偏都只跟我說解脫道，我不來了。」他就不想再學了。所以你說法時要恰到好處，因此，要隨順於法，隨順於法就是說，你要觀察眾生的根器；他們的根器是什麼樣的種姓，你就爲他們宣說適宜的法。

但有的人是無種姓，既沒有聲聞種性，也沒有緣覺種性，更沒有菩薩種性，因爲他是無種姓人，沒有三乘菩提的種性。既然沒有菩提種性，那你要爲他演說什麼法呢？只能爲他說人天善法，就告訴他：「你這麼有體力又有錢財，你應該作善事，鋪橋造路。」遇到有些人，是很有錢又很閒，可是沒什麼體力，你就告訴他們：「你們去救濟貧窮，布施財物給眾生。」他們一定會問：「那麼我遵照你的教導去作這麼多的善事，我將來得到什麼？」「未來世可以得到健康的身心啊！」或者說：「死後可以生天，你下一世當了天人，五百個好漂亮的天女奉侍你哦！」「那我是不是要爲天女們準備食物等等？」你說：「都不用，每一個天女都有七個婢女，她們自己會去準備，你只要享受五百個漂亮的妻子就好了！」他一想：「喔！那好！我努力去行善。」他就這樣子努力去行善。可是你不能爲他演說聲聞菩提、緣覺菩提、佛菩提，你爲無種姓人說了三乘菩提，即使幾分鐘的教導，也都還是太多，你得要隨順於法。

可是有的人不但是無種姓者，而且沒有善根，那你連人天善法都不能爲他講，只能夠跟他講「因果」：「造善業會有善報，」就爲他說明爲什麼會有善報。「造惡業會有惡報。」爲他說明爲何會有惡報。就跟他單純地談因果，不能講人天善法，因爲他不可能聽你的話去行善，一定不會遵守的，所以你只能告訴他因果律。這關於因果的法聽了，因爲你說得有道理，他接受了，從此以後他的心性開始改變了，不再造惡業。也許過了五年、十年以後他想：「欸！以前聽某人講過，造善業有善業的因果可以生天享福，那我不如造一點善業也好。」也許他起心動念轉變了，那時你就可以爲他開講人天善法；可是那個人天善法，也只能爲他講到五戒十善，還不能講禪定。因爲你講禪定時他一定聽不進去，當你告訴他說：「初禪的境界中就是離開欲界五塵的享樂。」他聽不進去，心想：「我爲什麼要離開五塵享樂？我一心要生到欲界天去享福，你還叫我離開欲界福報。」所以人天善法中的色界天法、無色界天法，你都還不能爲他提起，只能告訴他欲界天的法。

所以，說法的時候應該「不多不少」，「以順法故」。也就是說，「法」的層次是這樣千差萬別的，而你要隨順於眾生根性：無種姓者就只講人天善法；求生天享樂的就只講欲界天法；求離開欲界不淨境界的人，就跟他講色界天、無色界天的法；若是一直在造惡、不求善生、不作善事的人，你就告訴他因果的法。你要知道這一些道理，佛陀遇到外道來參訪問法時，說法都是有層次的，都不會一開始就講聲聞解脫道或者講菩薩道。所以你們若是讀過四大部阿含諸經，就會發覺《阿含經》裡面，佛陀說法時都怎麼說的：凡是外道來問法，佛陀總是先說「施論、戒論、生天之論」，都會先講這三論。告訴來求法的外道們：持戒可以保住人身，布施可以生天享福；如果還想要更高層次的天界，例如色界天、無色界天的境界，得要把這三個法講完了，觀察對方信受了，然後才為他說：「欲為不淨，上漏為患，出要為上。」若還是聽得懂，也能信受，想要進一步學法，才會為他說明「五陰無我」，才講這個聲聞法，都還談不上佛菩提的。

所以說，對一切眾生平等說法原則，是在基礎上的平等，不是齊頭式的平等。也就是說，眾生的基礎是什麼，依他們現在的基礎，應該說什麼法就演說什麼法。如果他現在的基礎，是應該告訴他如何入地的，你就告訴他如何入地；如果他現在的基礎，是應該滿足十地而進入等覺位，你就告訴他這個法。諸佛都是這樣作。所以「於一切眾生平等說法」的前提，是以他的立足點來平等說法。

因此，你們不可以要求我說：「我每逢週二來聽經，都沒聽到您講增上班的課。」（大眾笑…）因爲週二聽我講經的人，每一個人的立足點不同——學法的基礎不同，我不能講那一些太深妙的法。所以能夠公開講的，一定是在可以公開宣講的層次之中。增上班有增上班的層次，進階班有進階班的層次，禪淨班有禪淨班的層次，公開講經時則有講經的層次。這樣才是「於一切眾生平等說法，以順法故不多不少」；那我們所有的老師們也都一樣，「以順法故不多不少」，該說到哪裡就講到那裡，超過的部分都不會講。不應該講的就不會講，可是該給的也不會少給，這正是「以順法故不多不少」。好，今天先講到這裡。

上週《妙法蓮華經》講到一百三十頁第二段倒數第二行，剩下最後兩句：「乃至深愛法者，亦不爲多說。」這兩句好像在罵我，因爲我早期就是這樣。我不管是誰，只要有人「深愛法」，我就一直講，滔滔不絕講個沒完；現在比較會控制一點，以前我這一點就沒有作好。爲什麼要這樣講？因爲每一個人，如果進了正覺同修會，或者假使另外有別的道場，證明是可以實證菩提的；只要是這一類的道場，有些人願意進入這種道場來；都不看表相，只確定這樣的道場是可以幫他們實證的，那他們就進來學法了。這一類人，不看你大雄寶殿是不是金碧輝煌好像皇帝的金鑾殿一樣，他們也不管你山頭大不大，只因爲你這個法如實可證，所以他們進來了。這種人有一個特性，就是「愛法」；不但愛，而且深愛，愛得不得了，如果你只爲他們講一些世俗法，他們不愛聽；可是你如果爲他們講勝妙法，他們可就愛得不得了。他們不怕聽不懂，聽不懂的越是要聽，因爲知道這是可證的，心想：「我只要聽久了，法就是我的。」有這樣的認知。所以，像這樣的道場中，學人都是愛法的人，而且是「深愛法者」；像這樣的學人，當你爲他們說法時，不論你講得多麼深，他們都願意聽，即使聽不懂也願意聽。

可是菩薩也不能講太多，這就好像我們以前講解《楞嚴經》時，或者講《勝鬘經》時，甚至更早期演講《楞伽經》的時候，其實好多人都聽不懂；可是大家硬撐著想辦法要聽，聽上五、六個月以後開始聽出滋味來了。以前我講解《成唯識論》時也是一樣，因爲《成唯識論》很深，就等於把《瑜伽師地論》濃縮起來；所以當年有好多人破參以後對這《成唯識論》依舊聽不懂，但是不氣餒，一次又一次聽。那時是每週末都要來上課，每次要上兩個鐘頭；現在是每兩週上一次，每次三個鐘頭。大家以前是每一週上兩個鐘頭的課，專學《成唯識論》，當年多數人是還沒有破參的，自然是聽不懂，卻也是努力熏習；然而已破參者也有不少人是眞的聽不懂，很痛苦：「明明我就開悟了，爲什麼還聽不懂？」可是勉強自己聽久了以後，三個月過去了，三個半月、四個月過去了，終於開始聽懂了，這樣的人都叫作「深愛法者」。如果不是眞的「深愛法」，心想：「我已經開悟明心了，但這個唯識太深奧了，我就不用聽啦，算了！」然後也許告個長假，也許連一句 good bye 都不說，直接就走了，以前就曾經有人這樣。

當然，後來想一想：「唉！以前跟我同時明心破參的人，爲什麼他現在智慧變得這麼好？我與他竟然相差這麼多！」想一想：「那我還是要回去繼續聽增上班的課程。」那也行！反正本來都是家裡人，家裡人有時候懈怠，說要出去旅遊散心，就讓他去旅遊輕鬆一會兒。旅遊夠了——各處道場都去逛過了，發覺那些大師說的法義都不值一聞，眞的聽不下去了；因爲在正覺這個大館子有這麼多的菜色，色香味俱全，長年吃慣了，出去外面聽那些大法師說法，就像是在野外小店吃鹽炒青菜，吃不下去了，所以就回來了。想要回來都行！隨時都可以回來上課，只要寫個銷假條子就行了。反正是家裡人，隨時要出去玩都可以。但爲什麼會導致這個情形發生？因爲他雖然有些懈怠，他畢竟還是「深愛法」呀！只是不像繼續學下去而且永不中斷的人那麼深愛而已，因爲他還是有一些放逸。

所以說，正覺的法深妙、難懂，這是佛教界有名的。你們現在拿起《無相念佛》說：「這個法太淺了，我已經破參好幾年了，不讀這書了。」可是那麼淺的法，在會外還是有很多人說：「喔！那法太深了，根本都讀不懂。」這個時候，你是該悲哀、還是該歡喜？（有人回答：該歡喜。）該歡喜？這麼自私！爲自己歡喜的同時，也要爲那些眾生悲哀呀！不能只看一面。因爲你學的是中道之法，怎麼只能看自己這一面？因爲他們眞的讀不懂。你看我那一些書，例如《邪見與佛法》、《甘露法雨》、《維摩詰經講記》，這些都是講經或者是演講記錄下來，都是很淺顯的法義；可是會外已經有好多人說：

「那個太深了，讀不懂。」但是你們可以繼續安住下去，繼續聽下去，連更深的增上班課程也不會退縮，共修時間到了一定來報到，這就很不容易，這叫作「深愛法者」。

如果不是深愛法，一聽到「正覺」就先倒退三步：「啊！聽說去那裡學法，既辛苦又很深、很難懂喔！」可是你們不怕，所以說你們是深愛法者，那咱們正覺就是要度你們這種人，不是這種人我們還不度呢！也就是說，「深愛法」的人總是不嫌多聞。但是菩薩說法要有一個觀察：什麼時節因緣該講什麼法，什麼時節因緣該如何去把你的法作不同面向的思考，然後加以弘揚。有時你得要大破，然後來大立；有時你只是小破，方便攝受人家進來，然後作一些小立；有時你根本就不破，就只是給他好處，讓他看著就歡喜，然後他就進來學法。你要觀察時節因緣，所以當你說某一種法，說到一個層次時該把它結束，你就作個結束，不能無限制地引伸下去；否則就得像 文殊師利菩薩在大海龍宮裡面，一部《法華經》講上幾百年、幾千年，那不是人間的聽眾所能聽聞的。人間的聽眾通常不超過一百歲——少出多減，大部分人不過一百歲，只有很少人能超出一百歲；所以你必須要分成不同的類別、不同的面向、不同的層次來說法，因此佛陀說法就是以這樣的原則來說，不該說的絕對不說。

例如外道來了，聽說 世尊出現在人間，猶如優曇缽華難得值遇，因爲有時好幾劫過去都還遇不到一尊佛出現，當然要來禮拜、求法；可是佛陀有一個規矩，外道來求法時，佛陀都是先說「施論」；看他聽得進去，再說「戒論」；若還聽得進去，再說「生天之論」，把欲界天、色界天、無色界天往生的條件講清楚。如果這個也聽得進去，再告訴他欲界是不清淨的；這個論如果也聽得進去，再告訴他「上漏爲患、出要爲上」，是說色界天仍屬有漏的境界，無色界天也還是應該出離，才能脫離生死。這些全部都聽得進去了，再告訴他：人類的五陰是多麼虛妄無常，演說四聖諦等道理，讓他的法眼清淨——就是獲得解脫道的法眼淨，就成爲初果人了！

於是這外道就向 佛陀請求出家，但是 世尊最終也只說到這裡，剩下的，要由學人獲准出家以後，自己在山洞裡或樹下靜坐，好好去思惟整理。鈍根的人要整理兩、三個月，利根的人則是明天早上就來向 佛報告：「世尊！我自知已成阿羅漢，我生已盡，梵行已立，所作已辦，不受後有。」世尊會為他勘驗，然後說：「沒有錯，你是阿羅漢。」這就是授給聲聞法中的第一記。

所以說，世尊說法時一定有層次，一面說法一面觀察；可以說到哪裡就說到那裡，不應該說的決不浪費口舌。如果來人是非常利根的，世尊根本就不跟他講什麼法，一看見了就說：「善來！比丘！」於是當事人三千煩惱就斷盡了，成為善來阿羅漢，這就是禪宗最早出現的公案。就這麼一句話：「善來！比丘！」他就成為阿羅漢！你看世尊有沒有多說一句話？不多啊！只是這樣一句話就解決了。所以不管你講什麼法，應該把握各個層次；當機者的層次在哪裡，你就講到那裡。你所講的層次如果超過當機者的層次，那就不該講；因為你講了對他們無益，反而使他們心中生起恐懼：佛法太深了，我沒辦法學，於是他們就退失了。

因此世尊這一段經文最後的交代，其實是說：你雖然對眾生要平等說法，但平等不是講齊頭式的平等，而是依照眾生不同的根器來說平等。他的根器是只能聽聞人天善法，你就跟他講人天善法；他的根器是可以講聲聞法，就講聲聞法；他的根器可以講緣覺法乃至菩薩法，就講緣覺法乃至菩薩法；如果他的根器甚至於可以爲他說一切種智，那你就爲他說一切種智，大原則只有四個字「不多不少」。換句話說，面對的根器是應該講到哪裡，你就只能說到那裡；不能吝法而不說，但也不能夠多說；因爲多說無益，可能還使他覺得自己太笨、無法學這個法。那你就不如讓他先學淺的法，然後等他次第學上來，漸漸地緣熟了，就好像樹上的水果，等到它成熟了，你正好輕輕一摘，它就下來了，正好吃。

如果要用剪刀去剪的，表示它的成熟度還不很夠。所以台灣人很聰明，買水果的時候要先瞧一瞧，要端詳一下，多嘴時還會再問一問：「這是不是在叢黃的？（閩南語）」如果是紅色的水果，就問：「這是不是在叢紅的？（閩南語）」對不對？因爲如果是還沒有熟就先摘下來，再與礦石放在紙箱中去催熟的，一定不夠香甜。所以台灣人吃的香蕉是天下最好吃的香蕉，日本人吃的香蕉，是七、八分熟就從樹上用鐮刀割下來，洗淨了放進紙箱子，然後把礦土也放在紙箱子裡面，用船運過去二十天左右剛好熟了，那就是日本人吃的香蕉。不論他們再怎麼挑剔，他們吃的香蕉都只是表皮漂亮，因爲不是「在叢黃的」（閩南語）。

這就是說，怎麼樣才是最好的？那個時節因緣，你得要去觀察它；某一個人的時節因緣只能夠講到哪裡，你就爲他講到那裡；不能吝法而少講，但也不能講太多，因爲他聽不懂，你自己也浪費了時間，不如用那一些時間挪來作別的事情，可以利益更多人啊！所以說法時應該「**不多不少**」，因爲你必須要隨順於法，佛法的本質本來就應該如此。所以當他的層次只能到那個層次，你再爲他說更多，他也聽不懂，所以雖然他「**深愛於法**」，你也不應該爲他多說。那麼這一段經文總結下來，到底在告訴我們什麼？是告訴我們說：凡是爲人講《法華經》的人，都不要輕視於學法者；而你爲人講解《法華經》時對三寶也得要恭敬，不能因爲說「我能講勝妙的《法華經》」，覺得自傲，就對三寶不恭敬。恭敬於法很重要，因爲眞要懂得恭敬於法時，你自然就會懂得恭敬於佛。同理，懂得恭敬於法時，你自然就會恭敬於諸大菩薩。

如果於法不恭敬，對佛就不會恭敬，對大菩薩們也不會恭敬。譬如說，你會不會把經典拿到廁所裡面去讀？爲什麼不？因爲恭敬於法。又譬如說，有人專修持名唸佛，他會不會坐在恭桶上面唸著「南無阿彌陀佛」？「恭桶」聽懂不懂？不懂？恭敬的「恭」，水桶的「桶」，聽不懂？古時候沒有馬桶啦！

沒有像現在的馬桶，古時候的馬桶講文雅一點就叫作「恭桶」；就是有一個大木桶讓你蹲著，大約比米斗大一點，邊緣釘上一圈圓木，可以讓人坐上去解大手，那叫作恭桶。有錢人家或當官的，往往有這樣的東西可以方便；就放在房間裡面，在床鋪旁邊留一個小空位，外面有一層布遮著，半夜裡可以用來方便。這是古人的生活，你們現代人都不懂啊？連「恭桶」都聽不懂。這就是說，你絕對不會把經典拿去坐在恭桶上面，一面出恭一面讀經典。你絕對不會，但爲什麼不會？因爲尊重於法。你也絕對不會坐在恭桶上面唸著：阿彌陀佛、阿彌陀佛（大眾笑…）。對不對？你絕對不會，爲什麼？因爲尊重於佛。

這就是說，對於學法者，你不要歧視他，不要看輕他，因爲眾生都還有胎昧，你不知道他過去世的來歷，而他過去世的修爲還沒有引發出來以前，你並不知道；你輕視於他，可能就輕視了大菩薩。也不要以不屑的語氣告訴對方說：「你對三乘菩提的實證根本沒有希望。」眞的不要這麼說，因爲連六祖那個不識字的獦獠，都可以成爲中國禪宗的六祖，後來講出《六祖壇經》來，可是求法之時他自己知道嗎？也不知道，因爲他也還沒有離開胎昧。但是當時大家都看不出來，都罵他：「你這個獦獠也要學佛法！」而且他是要得三乘菩提見道之中最深的法；但是五祖看出來了，故意把他留在碓房裡面，就是留他在磨坊裡面；他一進去磨坊舂米，就整整舂了八個月，大家幾乎忘記他了，可是五祖有沒有忘記他？沒有！五祖只是默默地看：「這個人到底是不是以前達摩大師預記的人？」他得要觀察。

因爲這個人是從南方來的獦獠，又不識字，個子又矮矮的，長得那麼瘦小而不莊嚴；但是在這個時節，眼前常住的大眾一個個都不是，剛好這個人來了，竟然講出那些話來，這就有可能是他，於是就靜靜地觀察他。你看五祖也是要這樣觀察他八個月，惠能太瘦小了，那個舂米的木棍他踩不翹啊！得要在木棍這邊踩下去，使那一邊翹起來，然後把腳鬆掉，讓那一邊直立的木棍掉下去，才能舂米。但惠能在這邊不論怎麼踩，都因爲他體重太輕了，始終踩不翹，他只好在腰部綁石頭，增加身體重量，才能使舂米的木棍可以踩高來舂米。他就這樣八個月作苦工，最後，終於有人寫了偈在粉壁上，大家覺得不錯，開始傳誦而被他聽到了，他想：「這樣粗淺的偈，不是證悟者，也能寫上去？」他就告訴別人說：「我也要寫偈。」這個不會寫字的人也要寫偈欸！張別駕不就代他寫上去了嗎？他寫出來的偈顯然比神秀好——比首座好得多；五祖這時就確定是他了，經過八個月的觀察，然後他的偈這麼一講，五祖確定了：這就是達摩祖師預記的六祖。

所以你看，連五祖都不跟他說法，要他整整八個月都在磨坊裡舂米；但是該為他說法的時候，就一次都倒給他。可是他能吸收多少？也是有限；所以他去南方以後還得要混跡十五年，處處隱藏身分去聽人家說法；當他聽人家說法的時候，只聽經文，不聽人家的講解；聽了十五年後，他的智慧就成熟了，可以出世度眾。那你看，五祖為他說法時有沒有多說？沒有。可是也沒有少說啊！因為該給他的已經給了，接著就是看他自己了！所以「不輕新學」這個知見很重要。因為還沒有滿足三地心之前，都還有胎昧，你不曉得這個人是什麼來歷，他自己也不知道呀！所以就該一體平等看待。

更不要去嘲笑人家說：「你沒有因緣就是沒有因緣，別妄想啦！」可是有時被人家嘲笑沒有因緣的人，將來竟然也會出來弘法，還講得很好呢！誰料得到？所以要尊重一切弟子，《金剛經》不也告訴你嗎：應該尊重弟子。當然《金剛經》那句經文講的是另一個層面，但文字表面上也這麼告訴我們了。凡是能夠作到這樣的人，表示他心中無慢，無慢的人就能夠對三寶有恭敬心，所以能夠「於一切眾生起大悲想，於諸如來起慈父想，於諸菩薩起大師想」。

但是這樣身口意都具足歸依於三寶的時候，這只是對上；可是承上啓下，就得要對眾生有「大悲想」，也不要吝於法。但不吝於法時也不能夠偏向一邊就講太多，該講到什麼層次，你就說到什麼層次；因此假使同修之間正在討論某一件法義時，那是可以公開討論的內涵，就不必公開指責他說：「你這個法講錯了，你錯得一塌糊塗……」都不必。除非是學術討論，例如在論義班中，那得要照學術規矩來；那時，錯就錯、對就對，不通商量。可是，假使你剛好遇到某一個大師正在說法，他都是依文解義，那你也不該破斥他，除非他否定正法。因爲他的層次就是那樣，他所攝受的眾生們的因緣也是那樣，那你就不該破他。雖然他只是個表相的僧寶，你也得尊重他；他雖然只是依文解義，你也得尊重他；因爲：成爲勝義僧不是每一個人都作得到、都應該作到的事。而且勝義僧永遠是少數人，這一點是大家都應該認知的。這一段經文的意思，我幫諸位這樣複習一下，大家就瞭解了。也就是對三寶要有絕對的尊重，然後向下要「起大悲想」，去攝受眾生；如果能「起大悲想」攝受眾生時，就不會有身口意行的過失讓眾生生起煩惱，這就是這一段經文所說的重點。那麼接下來 世尊又怎麼開示呢？

經文：【「文殊師利！是菩薩摩訶薩於後末世法欲滅時，有成就是第三安樂行者，說是法時無能惱亂，得好同學共讀誦是經，亦得大眾而來聽受，聽已能持，持已能誦，誦已能說，說已能書；若使人書、供養經卷、恭敬、尊重、讚歎。」爾時世尊欲重宣此義，而說偈言：「

若欲說是經，當捨嫉恚慢、諂誑邪僞心，常修質直行。

不輕蔑於人，亦不戲論法，不令他疑悔，云汝不得佛。

是佛子說法，常柔和能忍，慈悲於一切，不生懈怠心。

十方大菩薩，愍眾故行道，應生恭敬心，是則我大師。

於諸佛世尊，生無上父想，破於憍慢心，說法無障礙。

第三法如是，智者應守護，一心安樂行，無量眾所敬。」】

語譯：【世尊告訴文殊師利菩薩說：「像這樣的菩薩摩訶薩，在後世正法即將要滅失的時候，如果有人能夠成就這第三種安樂行的人，當他演說《妙法蓮華經》時，沒有人能夠惱亂於他，而且可以得到好的同學，共同來讀誦這一部經典，也可以獲得大眾前來聽受，而大眾前來聽聞之後也同樣能夠受持，能受持之後也能讀誦，能讀誦之後也能爲人解說，能爲人解說以後也能夠自己親自書寫；甚至於還能教導別人，以及轉而教導別人去書寫經卷、供養經卷、恭敬經卷、尊重、讚歎經卷。」這時世尊想要重新宣示這個道理，就用偈頌重說了一遍：

「如果想要爲人演說這部《法華經》，應當捨棄嫉妒瞋恚和慢心，還得要捨棄諂誑邪僞的心，常常要修行使自己的心地的本質變得很直爽。

不可以輕蔑於別人，也不對勝妙法作出任何戲論，更不使別人對於法產生了懷疑以及後悔，說『你根本不可能成佛』。

像這樣的佛子爲別人說《法華經》時，永遠都是可以很調柔、很溫和而能夠安忍，並且起慈悲心來面對一切有情，心中不生起懈怠之心。

至於十方世界的諸大菩薩們，他們是爲了悲愍眾生的緣故而行菩薩道，對於演說《法華經》的這種大菩薩們，應該從深心之中生起恭敬心來，認爲

『十方世界這一些大菩薩們都是我的大師』。

對於諸佛世尊，則應該生起至高無上的父王之想，把自己心中的憍慢心完全破壞掉，這樣來爲人說法時就不會有所障礙。

演述《妙法蓮華經》的第三個安樂行法大約就是這樣子，有智慧的人應該這樣守護自心、守護眾生心，一心一意來修這個安樂行，將會成爲無量眾生所恭敬的菩薩摩訶薩。」

講義：佛說：「文殊師利！像這樣行第三種安樂行的菩薩，在未來末法時代剩下一千年、五百年的時候，正法即將滅沒了，如果他那時能夠成就這第三種安樂行，那麼他演說這部《妙法蓮華經》時，將不會有人來惱亂他，」這意思是說《法華經》的眞實義理，很難令人信受；因爲佛陀的境界不可思議，而你現在對那些寡聞少慧的人，講出佛陀這種深妙境界，叫他們如何相信呢？不能相信的結果，當然就會毀謗、會抵制你，因此在那個時節要爲人演講《法華經》時，應當要修這第三種安樂行：你本身要對三寶有恭敬心，別人就不會譏嫌於你；你也要對眾生有大悲心，眾生感受到你一心一意要利樂或救護他們的心意，也就不會抵制你。

假使對三寶不恭敬，有的眾生就會起煩惱；例如中國禪宗有好多祖師訶佛罵祖，那他能攝受多少人？眞的有限。有時候一開口就說：「三藏十二部經藏是老僧坐具。」當眾誇大口說：「三藏十二部經典是我這個年紀大的出家人所坐的椅子，是用來給我坐的。」有的祖師也說：「經典是我拿來擦拭身上瘡疣的紙。」唉！但他們是眞正開悟的祖師啊！都是禪宗的祖師，可是等到他們年紀大的時候，尤其是捨報前那幾年，還會不會這樣誇大口？個個都乖了！爲什麼呢？因爲後來發覺那三藏十二部經雖然是文字寫的，卻也不是他們所能輕視的，因爲其中有很多法義都是他們所不懂的，然後最後才發覺：「諸佛智慧不可思議，諸佛福德廣大難可想像啊！」如果他們至死都不改，最後就會被人授記，甚至於被徒弟授記；那德山宣鑒被他的徒弟巖頭全豁授記，就是一個現成的例子。

有一天雪峰把炊飯巾洗好了，正在晾上竹竿要曬太陽；這時德山宣鑒回到寺院來，已是齋遲，他捧了缽要上齋堂，雪峰義存見了就講：「這老和尚！鐘未鳴，鼓未響，托缽向什麼處去？」他聽了轉身就回頭，回方丈室去了！沒想到巖頭全豁後來聽到這件事情，就評論說：「大小德山，不會末後句！」

欸！徒弟竟然說起師父來欸！這德山是何等氣概的人，如何能容許徒弟這樣講他？把巖頭找了來說：「你不肯老僧哪？」「是啊！」「為什麼不肯？」「師父！咱們借一步說話。」德山就把侍者遣出去，方丈室的門關了起來，巖頭全豁就為他開示一番道理。徒弟為師父開示，這德山還眞有福報，有這樣的徒弟；德山第二天上堂說法時就跟昨天不一樣了。

這德山宣鑒是很狂的人，才剛破參就敢去跟大禪師捋虎鬚，眞的很狂。你們不知道，我可是跟他交手過的。結果他說法完了，巖頭全豁聽完走到僧堂前撫掌說：「且喜這老漢會末後句，可惜只得三年！」這徒弟就幫師父授記，德山三年後也就死了。他太狂，如果不狂，他的進步將會更大；但他就是太狂，心性難改。他去捋虎鬚，也一樣被人授記，人家那天晚上就為他授記：「這漢子將來有把茅蓋頭，訶佛罵祖去在。」說這個漢子將來一定會有一把茅草蓋頭，也就是會去住山建立寺院。剛住山時都是搭茅棚，然後有信眾聞風而來，就開始建起寺廟來，德山道場正是這樣成就的。但是，人家早就預記他將來一生都會訶佛罵祖，他果然就訶佛罵祖一生。

這表示什麼？表示他對於法的實質沒有很深入，對十方菩薩僧的實質也沒有很深入，對佛陀的證量大多不知，只知道他自己那個層次。可是你們去看克勤大師，去看五祖法演，再去看更上一代的白雲守端，他們都是過三關的人，他們有哪一個人敢對三寶不恭敬？你看 克勤大師一生拈提諸方，可是他對三寶恭敬得不得了！這就是說：自己恭敬於三寶的時候，大眾對他也就恭敬。德山自己落在狂禪裡面，以為這一悟了就大事已畢，瞧不起天下人，也瞧不起車載斗量的《大藏經》，認為那都只是文字，沒什麼值得重視的。問題是，那些文字裡面的意思他有如實理解嗎？他有具足理解嗎？沒有！那他一生訶佛罵祖，就成為故步自封，心狂了以後為人教禪，便叫作狂禪；於是他就不再進步了，所以德山悟後一生就原地踏步、停在那裡。他從龍潭崇信那裡得了法以後，一生就停在那裡，既沒有眼見佛性，也沒有過牢關；最後解悟牢關，還是他的徒弟巖頭全豁幫忙的，也還只是解悟而已。如此看來，狂有何好處？都沒有。但為什麼會落入狂禪裡面？因為對三寶的實質沒有深入了知。

佛陀在這裡告訴我們的第三個安樂行，正是強調這一點：對於「佛、法、僧」要有深入的理解與恭敬。可是這裡說的「佛」講的不是聲聞教的佛，而是講大乘教的佛；「法」講的是佛法，不是聲聞緣覺法；「僧」是指十方世界的菩薩僧，不是指這地球上的聲聞僧。也不是講凡夫僧，因為你既然有能力講《妙法蓮華經》，就是證悟後進修而得道種智的勝義菩薩僧，當然不歸依凡夫僧，而要歸依於十方世界的菩薩摩訶薩們。不是只歸依一個人、一個大菩薩，而是歸依於十方法界一切菩薩摩訶薩，就是歸依十方世界菩薩僧團。因為那些大菩薩們，他們可以十方世界來來去去，那你坐在這裡講《法華經》，請問你明天能不能去極樂世界一遊然後又回來？作不到，可是人家十方世界諸大菩薩們隨意來來去去啊！那你要不要把那些大菩薩們作大師想、放在心中？當然要啊！這時還能夠訶佛罵祖嗎？不能欸！德山宣鑒一生訶佛罵祖，可是他所罵過的祖師，有哪一個比他差？而且大多數超越他。所以，你應該恭敬於三寶，你也如實顯現出來，當大家都知道你來演述《法華經》的時候，你才有智慧把三寶的實質顯示出來。如果不能如實瞭解三寶的實質，就無法如實宣演《法華經》，那你講《法華經》時一定會被人家挑毛病，於是無法成就安樂行。

那麼你講《法華經》時也不可以歧視別人，有時說：「你們學佛還不滿二十年的人，都別來聽，因爲你們一定聽不懂，你們一定也不會相信。」可千萬別這麼說，因爲這麼一說，眾生將會生起煩惱——上中下根三種眾生都會生起煩惱。上根人說：「啊？這個人會這麼說話，表示他對《法華經》的理解不夠深入，一定只會依文解義，我不需要去聽他講解。」下根人呢，他們心裡面想：「這個人分明瞧不起我嘛！那我何必去招他羞辱呢？」也不去聽他講經了，然後還反過來抵制他。那麼中根人呢，他們心裡想：「我去聽他講經，他是不是一天到晚都會瞧不起我？就算我去聽了，心中對他也還是會有所疑，那我就無法如實信受啊！他既然是大善知識，能出來爲人演講《法華經》，爲什麼竟然沒有大悲心呢？講經都是公開說的，爲什麼我們不可以聽？」於是他們也不想聽了，因爲他們心中有煩惱。然後只剩下對他有具足信心的人聽經，這些人跟隨他聽了很久以後，聽到最後說：「欸！原來師父也只是依文解義。」爲什麼呢？因爲像那樣的人，一定只能依文解義，能懂什麼？

這就是於眾生沒有「大悲想」，然後他「於三寶所」沒有深入而深廣的理解。因此他演述《法華經》時，就會跟《法華經》的眞實義有很大的差距。

那麼他這樣演講《法華經》時，今天徒弟說：「師父！你講解那個地方好像不對喔！」明天另一個徒弟又說：「師父！你講解另一處經文也不對喔！」那你想，他還能夠安樂嗎？他每天講經都要準備著「誰又要質疑我」了，所以惱亂他的人不在少數啊。但是他不能怪別人，應該要怪自己，因爲他沒有遵守 世尊說的「安樂行」。他如果遵守這第三個「安樂行」，一切聽經的人不管聽懂或聽不懂，不管是不是聽出他有毛病，都不會跟他計較。這是因爲他很有「大悲心」，雖然有些地方說錯了，但眾生能體會他對大家是有「大悲心」的，看在這個情分上，也就不說話了；大家就聽取所要聽的，錯的部分就把它丟在一邊，那他也可以安樂地繼續講下去。他如果「恭敬於三寶」，眾生也會想：「這個人不管有沒有證悟，至少他對三寶很恭敬，這是我應該學習的。」於是大家依教奉行，那他講《法華經》就不會有人來惱亂於他。

不但如此，還有一個好處：「得好同學共讀誦是經，」也就是說，他將會得到好的同學。既是同學就會同見，同見就會同行。世尊門下沒有二法，就是同一個「成佛之道」，只有方便解說與究竟說的差別，沒有第二種法。所以古時宗門下一向也這麼問：「世尊無二法，如何是世尊的法？」所以這第三個「安樂行」是一定要遵守的；當你與大家都成爲同學而不是「異學」時，你的所見就會與大家相同。

如果你學《法華經》成佛之道，另一個人學《阿含經》成羅漢之道，而兩個人主張都說自己學的就是成佛之道，那就不是同學了。每一個道場裡面產生紛爭，大部分原因就是不同學：你學那個法，我學這個法。然後互相比較，因此就有閒話開始產生。如果是學同一個法，就沒這個問題了。來到正覺同修會裡面，大家都是同學；同樣學什麼呢？學如來藏——學「此經」。如果有個人進來說：「我學離念靈知。」那他就不是你們的同學，你們一定會說：「你落入意識去了，落在識陰中，你沒有斷我見。」因爲不同學。如果是同學，就沒有這個問題，只有層次高低和深廣的差別問題，但是不會互相攻訐。所以得到好同學，也是一種福報。

如果是「異學」，那就有一群人一定要離開這個道場獨立出去，爲什麼呢？因爲既不是同學，所見不同就會有紛爭，當然就要鬧分裂，最後是成就破和合僧的重罪。聲聞法的部派佛教，最後分裂成十八個部派，都是什麼原因呢，都因爲所見不同；所見不同的原因則是因爲所學不同，所以那些聲聞凡夫僧們不聽上座部長老的說法，他們堅持己見，於是就分裂出去了。分出去以後，凡夫僧團中又因爲各人的所見不同，又繼續分裂出去，最後達到十八個部派。但那都跟菩薩僧團無關，那是聲聞法中分裂的事，是從聲聞法上座部分裂出去的，最後成爲十八個部派。

十八個部派都是從上座部分裂出去的，然而上座部長老們都是聲聞法的阿羅漢們，並不是菩薩法呀！都跟馬鳴、龍樹、提婆、無著、護法、戒賢、玄奘、潙山、克勤、大慧、篤卜巴、多羅那他等菩薩們，一脈相傳下來的菩薩僧團無關。聲聞部派佛教的第一次分裂是什麼原因？只因爲一個很簡單的原因，上座部長老們說：「所有阿羅漢都是自證自知的。」那一些凡夫的聲聞僧卻說：「不！阿羅漢一定要有佛陀印證，才可以說是阿羅漢。」可是佛在《阿含經》中已經講過了：「阿羅漢們自說我生已盡，梵行已立，所作已辦，不受後有，知如眞。」都是自己已經清楚知道不受後有，如實而知的。所有阿羅漢們都很清楚知道：「我來世可以不受後有，不再有未來世的受生。」如果不能確定自己來世不受後有，就不是阿羅漢，一定是凡夫。

不然就是菩薩，因爲菩薩說：「我故意再保留一分思惑，故意再生起一分思惑，我要以此最後一分思惑滋潤未來世的受生，繼續廣行菩薩道。」這也是自作證自知的。阿羅漢也是如實知道：「我的受生到此世已經滅盡了，我知道自己捨報後可以不受後有。」可是那些聲聞凡夫們，與上座部那些長老們爭執說：「不！一定要有佛陀印證的人，才是眞的阿羅漢。」那時佛陀已經入滅幾百年了，他們的意思就是說：「你們這些長老都不是阿羅漢，你們沒有比我們殊勝的地方，你們證量都不比我們高。」這就是聲聞凡夫僧的所見，於是他們就從上座部分裂出去了。

分裂出去就沒事了嗎？不！他們分裂出去依舊因爲法義認知的不同，不免繼續紛爭又再分裂，可是上座部還是原來的上座部。那些分裂出去的聲聞部派就繼續分裂，而上座部到了後來如果再有凡夫僧進來修學，也難免又再分裂出去，勢不可免。可是爲什麼會再分裂呢？因爲不是同學啊！可是菩薩僧團不會分裂的，菩薩僧團會在爲首的菩薩不斷分配出去的情況下，繼續弘法：「你去甲地弘法，你去乙地弘法。」可是始終歸屬於同一個勝義僧團。自古以來實證的菩薩僧團沒有分裂過，因爲菩薩們不會搞分裂；搞分裂的人都是解悟者或是凡夫，最後是成就破大乘勝義和合僧的重業，老死之前還是得要對眾懺悔滅罪，其他的人也就樹倒猢猻散。大乘勝義菩薩僧團為什麼不搞分裂呢？都因為是同學嘛！所以「得好同學」是一種福報。

那你到底有沒有福報？可以轉頭往旁邊前後左右看一看：是不是同學？是同學，這就是諸位有福報。當你四周圍都是同學的時候，想要退轉都不容易，因為一定會互相攝受。如果不是同學，他遲早就會離開，那就是搞分裂。可是自古以來勝義菩薩僧團，你找不到分裂的記錄，原因就是因為菩薩所教的自從佛世以來，一脈相傳都是同一個如來藏妙法，都知道所有業行全都會落謝在自己的如來藏裡面，不會失落而不報，所以一切的菩薩就依這樣的法繼續弘揚下去。

勝義的大乘菩薩僧團不會分裂，會分裂的都是異見異學而產生了邪論的凡夫菩薩僧團，因此各人有了不同見解，就會有不同的修學內容而分裂，都因為不是同學；所以說，「得好同學」眞是福報。你如果能夠於眾生有大悲想，於「三寶所」極尊重，當你演述《法華經》時就會得到好同學，不是很差的同學。有好同學共同來研讀《法華經》時，假使什麼地方自己沒有留意到其中的密意，那麼互相研討、互相砥礪，你知道那個部分告訴我，我知道這個部分告訴你，大家都可以增長道業。所謂智者千慮必有一失，愚者千慮必有一得；如果一千個愚人，每一人把那一得都提出來，不就等於一個智者了嗎？大家互相分享，那麼對於經中的眞實義，大家就能共同提升，所以「得好同學」很重要。

「得好同學」時不但能夠共讀《法華經》，也可以「得大眾而來聽受」，爲什麼呢？因爲你有好同學啊！你沒有見到的地方別人看見了：「欸！這一段應該另外有什麼意思。」他能幫著你提示，大家都提供意見出來。假使有一千個愚人作「好同學」，愚人總是會有一得，每一個愚人千慮之下必有一個正確的所見。那你把這些正確的所見都集合起來，不就是智者了嗎？這時你比古時候的智顗大師，更有資格稱爲智者大師。所以當你能夠有這些好同學共讀這一部《妙法蓮華經》——也就是如來藏妙法，那麼你就有能力爲人演述《法華經》，當然就會有大眾前來聽受。

然後大眾在你這樣深妙說法之下，聽完了就能夠「受持」，能夠受持就能夠「讀誦」。讀誦的意思是什麼？「受持」是心不退轉，「讀誦」的意思則是時時在「轉經」。轉經，聽懂了沒？你們聽過《金剛經宗通》，「轉經」的意思應該聽懂了。那麼能夠轉經就是能誦，能誦的人就能爲人解說，能爲人解說當然也可以註解：說已能書。如果不註解，至少也可以把經中的文字抄起來讓它流傳。甚至於進一步教導別人同樣「受持、書寫、供養經卷」，不斷傳出去以後，最後就是大家一樣都對此經「恭敬、尊重、讚歎」。

所以菩薩度眾生要改個方式，不要老是躲在深山裡面。維摩詰菩薩有躲在深山裡面嗎？沒有！文殊師利菩薩有躲在深山裡面嗎？也沒有啊！他躲在龍宮裡面，那可是「其數無量不可稱計」的人跟他在學法，所以他沒辦法躲欸！菩薩是不是應該這樣？因此應當要這樣不斷地利益眾生，而不是想要躲起來自己每天讀經打坐過好日子。那種生活其實也只是換一種生活方式而已，本來是朝九晚五上班的生活，現在換爲打坐讀經的生活，也是在過生活，並不是在行菩薩道。行菩薩道就是一直爲眾生作事，當然有個前提，就是你要有智慧來爲眾生作事，不要用凡夫僧的境界一直爲眾生作事，因爲所作未辦。

成佛之道是福慧雙修。智慧，對於實證的菩薩來講，智慧是比較容易修的，福德才是最難修的，可是有多少人知道？沒有幾個人知道，大家想的都是：「我趕快拚啊！趕快開悟成佛。」問題是拚到最後就算具足十地智慧功德好了，可是一絲福德都沒有，那會變成怎麼樣？當然，實際上是不可能有這個情形，我只是作一個假設：假設有那樣的菩薩，就變成左邊沒有翅膀，而右邊的翅膀很厲害；可是右邊翅膀飛得越厲害，他就摔得越厲害。但實際上沒有這樣的大菩薩，所以福德是最難修的。

可是福德也最好修，假使你有遇到因緣，越困難的任務你去作成功，那個福德就越大；在越困難的環境中你去修福德，所得的福德就最大。假使是承平之世讓你好好弘法，都不用破邪顯正，那你得到的福德就小；假使環境是很困難的，你必須要破斥邪說才能顯示正法，這表示你可以救一大票人；不是只有救得一籮筐，而是一串又一串的人，你都把他們救回來，這個福德最大！也許諸位會有一點灰心說：「我來同修會這麼久了，我好努力在破斥邪說，把那些辨正邪說的口袋書、傳單好努力去發，可是我又沒看到什麼結果。」我相信你們一定有很多人這樣想，可是你們眞的不要這樣想，因爲那個改變不是立即的；當你遞出去以後，閱讀的人就會開始改變，但是你要給他們時間發酵啊！

例如日本有一些公司專門製造酵素，那些酵素能不能夠今天投進機器，明天就收成？不行欸！一定要經過一段長時間的發酵。又如現在我們已經努力了二十年，已經使整個台灣佛教界有所改變，對岸的佛教界也有在改變了。現在正統佛教裡面沒有人再罵說：「如來藏是自性見外道、是邪說、是外道神我。」現在沒有人敢再出來罵了。為什麼呢？因為諸位努力去發那一些結緣書，他們拿到一看：「哼！蕭平實的。好，我帶回去找他的毛病。」帶了回去一讀，結果讀到放不下手；最後呢！都已經打安板了，他們怎麼辦呢？就拿個手電筒躲在棉被裡讀，不能讓人瞧見；剛讀到正覺書籍的法師們大約是如此的比較多。

那些發酵的過程，你是看不見的，這表示你遞出了那些口袋書和那些文宣品，是有很大福德的，千萬不要小看它。台灣佛教界的改變，大陸佛教界隨後也改變，就是因為諸位這樣一點一滴去作，經過一段時間持續不斷地教導，然後兩岸的佛教界都開始改變了，所以現在沒有人敢說：「阿含解脫道就是成佛之道。」為什麼呢？因為咱們為他們證實這一點了。

可是這些事情的成功，我一個人作不到，就是要經由諸位的手一一送出去；於是這個福德共業，諸位就跟我綁在一起了。這是同一個共業，叫作「善淨業」的共業，我們這個善淨業就綁在一起了。也許有人說：「未來世，我不再跟你蕭老師相見。」但我告訴你：「你不會成功，一定會再跟我相見。」因為這個福德是綁在一起的。同一個福德未來世要實現時——在世間福德跟出世間法的福德實現時，一定要同在一起才會實現。這樣的因，由於是共同所造的因，未來世成就的福果，就是這一世共同參與的人來共同成就、共同享受，沒有辦法一個人單獨來享受。所以未來世我不可能一個人單獨來享受這個破邪顯正的福德，我的福德與你們共享，你們的福德也與我相共，這個福德很大！

可是諸位也許還有人在心中有一個小問號，那我們就用經中的說法來作個譬喻。例如佛在淨土三經裡面有說：在娑婆世界持八關齋戒一日一夜，勝過在極樂世界修行一百年。那裡的一天等於這裡一個大劫，那裡的一百年等於這裡多久？你算算看啊！看你算術多好，自己算算看。在我們這裡只要持一天的八關齋戒，就勝過在那邊努力修行一百年，而那裡的一天是這裡的一個大劫，那你想，道理是一樣的：因為那裡不需要你破斥邪說，你在那裡想要修福德也難修啊！在這裡正因爲有惡濁的眾生，所以你就從他們身上很容易修到福德。

當你救得一個人離開邪見，你的福德就不可限量。那我問你，你去極樂世界，能夠救誰離開邪見？你一個也救不了。因爲那是 阿彌陀佛諸大菩薩們已經在作了，輪不到你來作。可是在這裡，到處都有邪見的人可以讓你去救，所以在這裡修的福德是很大的。那麼在人間修的福德，例如你在人間度一個人，遠勝過在天界度一萬個人，爲什麼呢？因爲天界眾生容易度，人間難度啊！所以其實最難修的是福德，最難修的並不是智慧。因此，有時會有人問我說：「老師！您什麼時候要再跳上去？」（指證量往上跳升）我說：「還早、還早！」爲什麼？正是福德不夠的問題。如果是智慧，佛陀來加持，一定沒有問題；可是你福德若不夠，智慧就沒有作用，加持了也沒用。

「亦得大眾而來聽受，聽已能持，持已能誦，誦已能說，說已能書；若使人書、供養經卷、恭敬、尊重、讚歎。」所以「得好同學」是一個基礎，「得好同學」就能夠共同讀誦如來藏妙法；然後就能夠「亦得大眾而來聽受」；當大眾來聽受以後，他們「聽已能持，持已能誦，誦已能說」，而且他們「說已能書」，還能夠轉教別人「書寫、供養經卷、恭敬、尊重、讚歎」。這個好比傳染一樣，善法上的感染，那是要贊成的，不必反對。若是惡法的感染，就要趕快把它消毒。因此這第三種安樂行，是爲人演說《法華經》的人應該要作的事；因爲你如果沒有辦法具備這第三種「安樂行」，就得不到好同學，因爲會產生異見異說；就是會有不同的見解、不同的說法，就不能成爲同學；不能成爲同學的結果，是大家的法各不相同；當法各不相同的時候，就會互相攻擊、互相評論，於是就沒有辦法共事了。所謂「道不同不相爲謀」，後來只好分裂了。所以這第三個安樂行法，「於眾生起大悲想，於三寶要深心恭敬」，那麼這樣的人，成就了第三種安樂行時，他爲人演說《法華經》就會很順利，而且度眾生也能很順利。

「若欲說是經，當捨嫉恚慢、諂誑邪偽心，常修質直行。」這時 世尊想要重新宣示這個道理，就用偈頌再來宣示一遍，加強大家的印象。世尊說：「如果有人想要爲人演述《法華經》，應當要捨棄嫉妒心、瞋恚心、慢心、諂媚心、誑惑心、邪見之心以及虛偽心，如果這些心都遠離了，心地一定很直爽地修行。」有諂、有誑、有邪、有偽，心地就不直；有嫉、有恚、有慢，跟眾生就不相應，還能夠度眾生嗎？當他講《法華經》的時候，可能聽眾會一個又一個離開，因爲他的身口意行無法讓眾生跟他相應。所以要「常修質直行」，使自己的心的質地改變，成爲很直爽而不彎曲。

「不輕蔑於人，亦不戲論法，不令他疑悔，云汝不得佛。」「常修質直行」的人都「不輕蔑於人」，對一切人都加以尊重；心地不直的人，看見小孩子時，他會怎麼想？他想：「嗨！這個孩子什麼都不懂！」心地直的人會說：「這小孩好有善根。」不同的人有不同的看法呀！大師們私下裡是不許小孩子靠過來的，都要趕走，可是到了公眾場合大約都會說：「你好乖喔！」「妳好美喔！」「你長得好俊！」「你好聰明！」可是私下裡看到小孩子，全都當作沒看見。這表示什麼？顯示他的心不直，那麼這樣的人與「此經」就不相應。因爲這部經典裡面說的如來藏妙義和三寶眞義的深廣與奧妙，不是他的所知。如果能夠深入了知，他的心地也就直了；心地直了就不會輕蔑人，所以說，各人的往世因緣眞的很難說，千萬別輕易瞧不起人。

大山頭的大和尚們看重的是什麼？是樂善好施的大老闆、大企業家。所以這一些大企業家要見大和尚，隨時都可以見；一見面，支票簿拿出來開：

新台幣一億元。哎呀！眞的好快。可是咱們想要籌一億元爲眾生作事，可就很辛苦了；但他們一億元還不夠用，而我們一千萬元就可以成就大事。都因爲我們不看重那一些事相，所以我們以平等心看待，大企業家來求法，一樣要從禪淨班一步一步學起；不識字的老祖母來了，一樣是從禪淨班一步一步學起。正覺並沒有給大企業家優待說：「**不用每週都來學法，直接就去打禪三，我們就給你開悟。**」沒這回事。

這是因爲以前我們吃過這種悶虧，我們以前不是對大企業家給予優待，而是對那一些出家法師們特別優待。以前我是一心要把正法回歸到寺院去，這是我本來的觀念；所以那一些法師們，他們都沒有來共修，我們就讓他們去打禪三；第一次禪三時就幫他們開悟了，悟了以後也立即死掉了（大眾笑…），因爲還沒有成熟；果實還沒有熟，我不該把他們摘下來。老實說，我講他們還沒有熟，都還是客氣話。所謂成熟，一定先要先開花，然後結出一個小小的果，再慢慢長大；但他們連花都還沒有開（大眾笑…），連花都還沒有生出來，直接就給他們去打禪三，結果不就死光了嗎？

所以我後來就一律平等對待，因此，所有人都要先經過禪淨班的共修；

除非是在某一些特別的地區，我們有某一些規劃，選了一些人要作爲種子，否則將來我到那裡去弘法時，將是無人可用；但他們也得先作出一番成績，讓我看著滿心歡喜說：「這些人確實是菩薩。」當我確定他們是菩薩時，我就可以例外幫忙了。但現在即使是這樣，也不會在他們還沒有花朵時就幫忙證悟；因爲現在我出的書太多了，讀也讀上十幾年了，又努力去推廣正法，他們也努力十幾年了；雖然並沒有在台灣上課，知見大概也熏習差不多了，這就可以開例了，我就可以開緣。在這樣的前提下，他們若眞的悟入了，就不會退轉於佛菩提。

但菩薩在尚未遠離胎昧之前，誰也料不準誰是什麼人再來；所以不要輕蔑於人，而正法中也是什麼樣的人都需要。例如一架飛機在天上飛，只是掉了一顆螺絲釘，那飛機可能就栽了！所以不要看輕一顆小小的螺絲釘，這一顆小小的螺絲釘若是裝錯了，把送油管磨損了，然後就起火燃燒而摔機，可就死掉幾百條人命。那你說，那顆螺絲釘重要不重要？很重要啊！「不輕蔑於人」，在人間弘法時是很重要的，因爲在人間行菩薩道的人，大部分還沒有離開胎昧，那你怎麼能瞭解他過去世的修行成績？你無法瞭解的。當你無法瞭解時，只看這一世就說：「這個人學佛才三、五年，他懂什麼？未來世再說啦！」我們就有人這樣被笑過啊！結果沒想到，她不但明心了，見性了，又當上老師了。她以前被人家笑說：「妳等未來世再說吧。」結果竟然變成這樣子，你能想像嗎？

所以我說，大家都要尊重世尊的教導，不要輕蔑於人，因爲眾生的因緣難可思議。佛在《本生經》裡面也講過很多，確實也是如此。以我自己的例子來說，以前那些輕蔑我的人、嘲笑我的人，後來只能夠懊惱自己，因爲他們看不清楚什麼是眞正的黃金，錯把自己手裡鍍金的鉛塊當作黃金，然後否定我想要送給他們的眞金；卻不知道我當時要給他們的黃金看來只是個金塊，不光亮、不閃耀；但經過雕製打磨拋光以後，那可眞是價值連城；而他們手中那一塊鉛，不論有多麼閃亮光耀，最後終究還是鉛。

所以當初他們輕視一個初學者，就成爲過失了！因爲我這一世從歸依學佛到破參，前後才只有五年，其誰能信？眞的沒有人相信。那時眞的沒有人信，後來我開始說了一些法來度人。我當時連一本著作都沒有，去杭州南路找上一位某空老和尚（大眾笑…）講法，我跟他談念佛。這是個老故事，你們聽我說過好多遍了；但他根本就不信，那他當時「輕蔑於人」的結果呢？就是失去大好的法緣。

雖然後來他自己有改變了，只因爲那一次見面時我談了那一些話。因爲他講淨土法門，我就與他講淨土；我也不講別的，我專講九品往生。我從下品下生講到上品上生，話不投機，二十幾分鐘後我就告辭了。結果才不過一年半，有一次我有事情得處理，我同修自己搭公車回家，沒想到車上放他的錄音帶，聽到他也在講明心開悟的事。以前他老是說：「一句佛號，得要老實地唸，要抱得緊緊地，死也不能放；什麼開悟？那個是大菩薩們的事，跟我們無關。」可是我見了他之後才不過一年半，那公車司機在公車上放錄音帶出來，竟然他也在講明心、講眞如佛性了，那你說他有沒有改變？有啊！可惜的是，他後來又走偏了。

所以說，正法是有毒的，因爲會「毒死凡夫的五陰十八界」。五陰十八界死了，法身慧命才會活轉過來；現在他是死了法身慧命，活不得了，但是也許未來世就能活過來，可能要等幾劫以後吧。所以「輕蔑於人」有無量無邊過失，菩薩絕對「不輕蔑於人」，因爲每一個人的過去世，都很難思議；

例如佛在《本生經》裡面講那一些阿羅漢們、菩薩們的過去世，而在這一世有實證及各種遭遇的事，那都不是偶然，更不是編造的啊！因爲每一個人都有無量的過去世，所以有的人學佛以來十劫，有的人學佛以來千劫，有的人學佛以來萬劫，乃至有的人學佛以來已經無數劫，可是都還沒有離開胎昧。而每一個人臉上沒有寫著說「我學佛三劫」、「我學佛無數劫」，都沒有啊！所以菩薩「不輕蔑於人」，「輕蔑於人」就有無量過失，會在後面逐漸出現。

「亦不戲論法」，爲什麼呢？因爲必須尊重法。戲論於法，把法拿來開玩笑，這也有無量無邊過失；尊重法很重要，並且要從心裡面發出來，然後於身行口行之中顯現出來。尊重法，應該如何尊重？就是不能對法作任何戲論的事，不許把法拿來開玩笑。把法拿來開玩笑，也是一種戲論；但也有不好的戲論，就是隨意扭曲正法的義理，也是不尊重法。以前有人教信徒把我的書蒐集去環保回收，可是有的人不敢，爲什麼呢？因爲他看見我這些書會放光。我們以前第一次印行《禪—悟前與悟後》，是七百多頁的結緣書，是免費贈送的，不是像現在印成兩冊的局版書。那時放在游老師他們家的地下室，結果都沒有白蟻來蛀，因爲住在那裡的白蟻都跑光了。

不說如此，單說我們親教師們寫的書，我也是以尊重的心去讀；雖然我也要幫忙潤色補充等等，可是印了出來以後，我仍然是很恭敬的。我不敢把親教師們寫的書——例如游老師已經有兩本了，我都不敢把它們帶到房間去，因爲晚上睡覺時睡到打呼起來，書本在那邊放光，這樣子恭敬不恭敬？不恭敬。正法就是應該這樣尊重的。以前禪三後你們會寫見道報告給我，我因爲時間忙，往往利用早上蹲恭桶的時候來讀；可是有一次發生事情，我就不敢再這樣作了，從那一次以後我就不在廁所裡讀了。因爲那一篇見道報告竟然引生出沉香焚燒的味道，自從那一次以後，我就先洗手再來讀，什麼事都不幹。

尊重法，其實有很多細節要注意的，但很多人並不瞭解；當你尊重法的時候，你就會尊重十方大菩薩們，也會尊重十方諸佛，那你說法的時候就不可能「戲論法」了。如果「輕蔑於人」，或者「戲論於法」而不尊重於法，人家也會對你生起疑惑：「這個人是實證者嗎？這個人的道業修得好嗎？這個人眞是菩薩摩訶薩嗎？」人家一定會在心中生起疑悔，那你還能好好度人嗎？不尊重法還有一個情形，例如好爲人師、喜歡洩漏密意來吸引別人成爲弟子，所以作人情說：「欸！某甲，我告訴你，開悟就是這個東西，」然後就「如何、如何、如何……」全部明講了。然後某甲心裡面就想：「笑死人了！開悟原來是悟這個東西。」然後他就開始對法生疑了，生疑的結果會怎麼樣呢，一定是後悔：「原來你們開悟是悟得這個。」因爲對方沒有正知見及參禪過程，就導致他的智慧無法生起，也就隨後開始謗法，這也有無量過啊！佛陀說這個就是犯了「法毘奈耶」——違犯了法戒，這是法上的戒律，不是施設行爲規範的十重戒四十八輕戒，不是犯菩薩律儀戒或聲聞律儀戒，而是這個法本身就已經存在的戒律；這是三界中的最重戒，犯了法毘奈耶就是虧損法事、虧損如來，死後得下地獄，這也是不重法而產生的大過失。

由於不重法的緣故也會使眾生疑悔，一定會退轉。所以，我辦過的最早期那三次禪三，到最後一天中午過堂後，如果有人還參不出來，到了三點鐘時，我就全部叫進小參室來明講。明講以後大家怎麼樣呢，都是生疑啊！然後心裡就開始後悔：「原來如此，早知道，我就不跟你蕭平實學法了。」結果就是一個一個全都退轉了！現在剩下來的三朝元老，不會超過十個人。有沒有超過十個？應該不會超過十個人。這也是不重法的一個現象。我就這樣輕易把法給了人家，所以明講了。明講以後，他們既沒有斷我見的過程，也沒有參禪體驗的過程，就不可能否定錯誤的法，因此都是眞妄不分，於是般若智慧起不來，心中生疑，最後的結果就是後悔、退轉。這也是當初我自己悟得太容易，有些不敬重法。所以現在我們爲什麼把關把得很緊？因爲重法呀！如果是眞正的黃金，無緣無故送一卡車給你，你會不會懷疑？一定懷疑啊：「這是眞的嗎？眞的黃金怎麼可能無緣無故，而且非親非故就送給我一卡車？我看這些一定都是假的。」一定這樣想啊！

好啊！如果讓他每天來求，求了就給他一個金戒子。金戒子才幾錢，而且每天來求了半個鐘頭才給他。每天都這樣來求，當他可以把很多個金戒子熔成一個金條時，他就會覺得很珍貴：「這金條可不得了，我求了好久才能熔成這一條金條欸！」可是你若第一次就送一卡車給他，他一定懷疑；明明是眞的黃金，他也會說是假的，因爲眞黃金不可能無緣無故就得到。我以前就是犯了這個毛病，就是太熱心，一天到晚要送法給某甲、送法給某乙、送法給某丙，送到最後他們都生疑，最後都後悔而離開了！那我當初這樣子，對眾生有什麼好處呢？沒有好處。然後我在後來就是要接二連三收拾殘局，還得要作更多更多破邪顯正的工作，才能把虧損掉的福德彌補回來。那一些人被我明講而退轉，我在這些事情上面是虧損自己的大福德；後來我得要設法彌補，要再修集更多的福德，才能夠把虧損掉的福德給彌補回來。

所以「不要輕蔑人，不要戲論法，不要作任何身口意行讓人家懷疑」；更不好的就是如此：「云汝不得佛。」乾脆明講，說某人永遠不可能成佛。本來輕蔑只是放在心裡面，有時轉過頭來，撇一下嘴，心裡生起一個字：「哼！」如果對方不注意還不會瞧見呢！可是他如果明講：「你的根基距離成佛之道太遠了，這不是你能夠學的啦！你等下輩子再來。」那個人滿腔的菩薩心，才剛剛發起來，就被這一桶冰水給澆熄了，整個冷掉了。大家要想一想，這樣對自己的福德有多大的虧損？要想想這一點喔！這是虧損很大的福德，因為度一個人發起菩薩性的福德，是勝過度無數人得阿羅漢；本來你幫他發起菩薩心的時候，你的福德已經超過度無數人成為阿羅漢；現在他的菩薩心發起來，你卻當面告訴他說：「你還早呢，你等下一劫再來修學佛菩提。」或是說：「下一世再來吧。」結果你能夠接引這個人的因緣便消失了，那你的福德就跟著消失了。

這樣子想通了，算盤會不會打？會了喔！所以，以後不要對任何人說：「你這一世沒有因緣開悟，回家去好好讀經就好了。」不要這樣講，因爲那不但是輕蔑於人，而且是戲論於法。因爲，法是平等的，任何一個人都可能有因緣；所以黃龍禪師說：「生緣處處。」因此不要讓別人生起疑悔之心，更不要親自開口說：「你沒有因緣，你等未來世再說。」我們固然要隨順因緣去幫眾生開悟，但是卻要鼓勵人家發菩薩心，鼓勵他建立信心，努力在五十二個階位裡面勇猛往前走，去利樂眾生，讓正法久住，這樣才是講《法華經》的人所應該要作的事。今天就講到這裡。

（未完，詳續第十三輯講解。）

佛菩提二主要道次第概要表——二道並修，以外無別佛法

佛菩提道——大菩提道

十信位修集信心——一劫乃至一萬劫

遠波羅蜜多

資糧位

初住位修集布施功德（以財施爲主）。

二住位修集持戒功德。

三住位修集忍辱功德。

四住位修集精進功德。

五住位修集禪定功德。

六住位修集般若功德（熏習般若中觀及斷我見，加行位也）。

外門廣修六度萬行

見道位

七住位明心般若正觀現前，親證本來自性清淨涅槃。

八住位起於一切法現觀般若中道。漸除性障。

十住位眼見佛性，世界如幻觀成就。

一至十行位，於廣行六度萬行中，依般若中道慧，現觀陰處界猶如陽焰，至第十行滿心位，陽焰觀成就。

一至十迴向位熏習一切種智；修除性障，唯留最後一分思惑不斷。第十迴向滿心位成就菩薩道如夢觀。

內門廣修六度萬行

初地：第十迴向位滿心時，成就道種智一分（八識心王一一親證後，領受五法、三自性、七種第一義、七種性自性、二種無我法）復由勇發十無盡願，成通達位菩薩。復又永伏性障而不具斷，能證慧解脫而不取證，由大願故留惑潤生。此地主修法施波羅蜜多及百法明門。證「猶如鏡像」現觀，故滿初地心。

二地：初地功德滿足以後，再成就道種智一分而入二地；主修戒波羅蜜多及一切種智。滿心位成就「猶如光影」現觀，戒行自然清淨。

解脫道：二乘菩提

← 斷三縛結，成初果解脫

← 薄貪瞋癡，成二果解脫

← 斷五下分結，成三果解脫

入地前的四加行令煩惱障現行悉斷，成四果解脫，留惑潤生。分段生死已斷，煩惱障習氣種子開始斷除，兼斷無始無明上煩惱。

近波羅蜜多

修道位

三地：二地滿心再證道種智一分，故入三地。此地主修忍波羅蜜多及四禪八定、四無量心、五神通。能成就俱解脫果而不取證，留惑潤生。滿心位成就「猶如谷響」現觀及無漏妙定意生身。

四地：由三地再證道種智一分故入四地。主修精進波羅蜜多，於此土及他方世界廣度有緣，無有疲倦。進修一切種智，滿心位成就「如水中月」現觀。

五地：由四地再證道種智一分故入五地。主修禪定波羅蜜多及一切種智，斷除下乘涅槃貪。滿心位成就「變化所成」現觀。

六地：由五地再證道種智一分故入六地。此地主修般若波羅蜜多——依道種智現觀十二因緣一一有支及意生身化身，皆自心真如變化所現，「非有似有」，成就細相觀，不由加行而自然證得滅盡定，成俱解脫大乘無學。

七地：由六地「非有似有」現觀，再證道種智一分故入七地。此地主修一切種智及方便波羅蜜多，由重觀十二有支一一支中之流轉門及還滅門一切細相，成就方便善巧，念念隨入滅盡定。滿心位證得「如犍闥婆城」現觀。

七地滿心斷除故意保留之最後一分思惑時，煩惱障所攝色、受、想三陰有漏習氣種子全部斷盡。

大波羅蜜多

八地：由七地極細相觀成就故再證道種智一分而入八地。此地主修一切種智及願波羅蜜多。至滿心位純無相觀任運恆起，故於相土自在，滿心位復證「如實覺知諸法相意生身」故。

九地：由八地再證道種智一分故入九地。主修力波羅蜜多及一切種智，成就四無礙，滿心位證得「種類俱生無行作意生身」。

十地：由九地再證道種智一分故入此地。此地主修一切種智——智波羅蜜多。滿心位起大法智雲，及現起大法智雲所含藏種種功德，成受職菩薩。

等覺：由十地道種智成就故入此地。此地應修一切種智，圓滿等覺地無生法忍；於百劫中修集極廣大福德，以之圓滿三十二大人相及無量隨形好。

煩惱障所攝行、識二陰無漏習氣種子任運漸斷，所知障所攝上煩惱任運漸斷。

圓滿波羅蜜多

究竟位

妙覺：示現受生人間已斷盡煩惱障一切習氣種子，並斷盡所知障一切隨眠，永斷變易生死無明，成就大般涅槃，四智圓明。人間捨壽後，報身常住色究竟天利樂十方地上菩薩；以諸化身利樂有情，永無盡期，成就究竟佛道。

斷盡變易生死
成就大般涅槃

圓滿成就究竟佛果

佛子蕭平實　謹製
（二〇〇九、〇二　修訂）
（二〇一二、〇二　增補）

佛教正覺同修會〈修學佛道次第表〉

第一階段

＊以憶佛及拜佛方式修習動中定力。
＊學第一義佛法及禪法知見。
＊無相拜佛功夫成就。
＊具備一念相續功夫—動靜中皆能看話頭。
＊努力培植福德資糧，勤修三福淨業。

第二階段

＊參話頭，參公案。
＊開悟明心，一片悟境。
＊鍛鍊功夫求見佛性。
＊眼見佛性〈餘五根亦如是〉親見世界如幻，成就如幻觀。
＊學習禪門差別智。
＊深入第一義經典。
＊修除性障及隨分修學禪定。
＊修證十行位陽焰觀。

第三階段

＊學一切種智真實正理—楞伽經、解深密經、成唯識論…。
＊參究末後句。
＊解悟末後句。
＊透牢關—親自體驗所悟末後句境界，親見實相，無得無失。
＊救護一切眾生迴向正道。護持了義正法，修證十迴向位如夢觀。
＊發十無盡願，修習百法明門，親證猶如鏡像現觀。
＊修除五蓋，發起禪定。持一切善法戒。親證猶如光影現觀。
＊進修四禪八定、四無量心、五神通。進修大乘種智，求證猶如谷響現觀。

佛教正覺同修會 共修現況 及 招生公告　2020/05/03

一、共修現況：（請在共修時間來電，以免無人接聽。）

台北正覺講堂 103 台北市承德路三段 277 號九樓 捷運淡水線圓山站旁 Tel..總機 02-25957295（晚上）（**分機：九樓**辦公室 10、11；知客櫃檯 12、13。 **十樓**知客櫃檯 15、16；書局櫃檯 14。 **五樓**辦公室 18；知客櫃檯 19。**二樓**辦公室 20；知客櫃檯 21。）Fax..25954493

第一講堂 台北市承德路三段 277 號九樓

禪淨班：週一晚班、週三晚班、週四晚班、週五晚班、週六下午班、週六上午班（共修期間二年半，全程免費。皆須報名建立學籍後始可參加共修，欲報名者詳見本公告末頁。）

增上班：瑜伽師地論詳解：單週六晚班。雙週六晚班（重播班）。17.50～20.50。平實導師講解，2003 年 2 月開講至今，僅限已明心之會員參加。

禪門差別智：每月第一週日全天 平實導師主講（事冗暫停）。

不退轉法輪經詳解　本經所說妙法極爲甚深難解，時至末法，已然無有知者；而其甚深絕妙之法，流傳至今依舊多人可證，顯示佛法眞是義學而非玄談，其中甚深極妙令人拍案稱絕之第一義諦妙義。已於 2019 年元月底開講，由平實導師詳解。每逢週二晚上開講，第一至第六講堂都可同時聽聞，歡迎菩薩種性學人，攜眷共同參與此殊勝法會現場聞法，不限制聽講資格。本會學員憑上課證進入第一至第四講堂聽講，會外學人請以身分證件換證進入聽講（此爲大樓管理處安全管理規定之要求，敬請諒解）；第五及第六講堂（B1、B2）對外開放，不需出示任何證件，請由大樓側門直接進入。

第二講堂 台北市承德路三段 267 號十樓。

不退轉法輪經詳解：平實導師講解。每週二 18.50~20.50 影像音聲即時傳輸

禪淨班：週一晚班。

進階班：週三晚班、週四晚班、週五晚班、週六早班、週六下午班。禪淨班結業後轉入共修。

第三講堂 台北市承德路三段 277 號五樓。

不退轉法輪經詳解：平實導師講解。每週二 18.50~20.50 影像音聲即時傳輸

禪淨班：週六下午班。

進階班：週一晚班、週三晚班、週四晚班、週五晚班。

第四講堂 台北市承德路三段 267 號二樓。

不退轉法輪經詳解：平實導師講解。每週二 18.50~20.50 影像音聲即時傳輸

進階班：週一晚班、週三晚班、週四晚班（禪淨班結業後轉入共修）。

第五、第六講堂

不退轉法輪經詳解：平實導師講解。每週二 18.50~20.50 影像音聲即時傳

輪。第五、第六講堂爲**開放式講堂**，不需以身分證件換證即可進入聽講，台北市承德路三段 267 號地下一樓、地下二樓。每逢週二晚上講經時段開放給會外人士自由聽經，請由大樓側面梯階逕行進入聽講。**聽講者請尊重講者的著作權及肖像權，請勿錄音錄影，以免違法；若有錄音錄影被查獲者，將依法處理**。

念佛班 每週日晚上，第六講堂共修（B2），一切求生極樂世界的三寶弟子皆可參加，不限制共修資格。

進階班：週一晚班、週三晚班、週四晚班。

正覺祖師堂 桃園市大溪區美華里信義路 650 巷坑底 5 之 6 號（台 3 號省道 34 公里處 妙法寺對面斜坡道進入）電話 03-3886110 傳眞 03-3881692 本堂供奉 克勤圓悟大師，專供會員每年四月、十月各三次精進禪三共修，兼作本會出家菩薩掛單常住之用。開放參訪日期請參見本會公告。教內共修團體或道場，得另申請其餘時間作團體參訪，務請事先與常住確定日期，以便安排常住菩薩接引導覽，亦免妨礙常住菩薩之日常作息及修行。

桃園正覺講堂（第一、第二講堂）：桃園市介壽路 286、288 號 10 樓（陽明運動公園對面）電話：03-3749363（請於共修時聯繫，或與台北聯繫）

禪淨班：週一晚班（1）、週一晚班（2）、週三晚班、週四晚班、週五晚班。

進階班：週四晚班、週五晚班、週六上午班。

增上班：雙週六晚班（增上重播班）。

不退轉法輪經詳解：平實導師講解。每週二晚上，以台北正覺講堂所錄 DVD 放映；歡迎會外學人共同聽講，不需出示身分證件。

新竹正覺講堂 新竹市東光路 55 號二樓之一 電話 03-5724297（晚上）

第一講堂：

禪淨班：週五晚班。

進階班：週三晚班、週四晚班、週六上午班（由禪淨班結業後轉入共修）。

增上班：單週六晚班。雙週六晚班（重播班）。

不退轉法輪經詳解：平實導師講解。每週二晚上，以台北正覺講堂所錄 DVD 放映。歡迎會外學人共同聽講，不需出示身分證件。

第二講堂：

禪淨班：週一晚班、週三晚班、週四晚班、週六上午班。

不退轉法輪經詳解：每週二晚上與第一講堂同步播放講經 DVD。

第三、第四講堂：裝修完畢，即將開放。

台中正覺講堂 04-23816090（晚上）

第一講堂 台中市南屯區五權西路二段 666 號 13 樓之四（國泰世華銀行樓上。鄰近縣市經第一高速公路前來者，由五權西路交流道可以快速到達，大樓旁有停車場，對面有素食館）。

禪淨班：週四晚班、週五晚班。

進階班：週一晚班、週三晚班、週六上午班（由禪淨班結業後轉入共修）。

增上班：單週六晚班。雙週六晚班（重播班）。

不退轉法輪經詳解：平實導師講解。每週二晚上，以台北正覺講堂所錄 DVD 放映。歡迎會外學人共同聽講，不需出示身分證件。

第二講堂　台中市南屯區五權西路二段 666 號 4 樓

禪淨班：週一晚班、週三晚班。

第三講堂台中市南屯區五權西路二段 666 號 4 樓

禪淨班：週一晚班。

第四講堂台中市南屯區五權西路二段 666 號 4 樓。

進階班：週一晚班、週四晚班、週六上午班。由禪淨班結業後轉入共修。

不退轉法輪經詳解：每週二晚上與第一講堂同步播放講經 DVD。

嘉義正覺講堂　嘉義市友愛路 288 號八樓之一　電話：05-2318228

第一講堂：

禪淨班：週四晚班、週五晚班、週六上午班。

進階班：週一晚班、週三晚班（由禪淨班結業後轉入共修）。

增上班：單週六晚班。雙週六晚班（重播班）。

不退轉法輪經詳解：平實導師講解。每週二晚上，以台北正覺講堂所錄 DVD 放映。歡迎會外學人共同聽講，不需出示身分證件。

第二講堂　嘉義市友愛路 288 號八樓之二。

第三講堂　嘉義市友愛路 288 號四樓之七。

禪淨班：週一晚班、週三晚班。

台南正覺講堂

第一講堂　台南市西門路四段 15 號 4 樓。06-2820541（晚上）

禪淨班：週一晚班、週三晚班、週四晚班、週五晚班、週六下午班。

增上班：單週六晚班。雙週六晚班（重播班）。

第二講堂　台南市西門路四段 15 號 3 樓。

不退轉法輪經詳解：每週二晚上與第三講堂同步播放講經 DVD。

第三講堂　台南市西門路四段 15 號 3 樓。

進階班：週一晚班，週三晚班、週四晚班、週五晚班（由禪淨班結業後轉入共修）。

不退轉法輪經詳解：平實導師講解。每週二晚上，以台北正覺講堂所錄 DVD 放映。歡迎會外學人共同聽講，不需出示身分證件。。

高雄正覺講堂　高雄市新興區中正三路 45 號五樓 07-2234248（晚上）

第一講堂（五樓）：

禪淨班：週一晚班、週三晚班、週四晚班、週五晚班、週六上午班。

增上班：單週六晚班。雙週六晚班（重播班）。

不退轉法輪經詳解：平實導師講解。每週二晚上，以台北正覺講堂所錄 DVD 放映。歡迎會外學人共同聽講，不需出示身分證件。

第二講堂（四樓）：

進階班：週三晚班、週四晚班、週六上午班（由禪淨班結業後轉入共修）。

不退轉法輪經詳解：每週二晚上與第一講堂同步播放講經 DVD。

第三講堂（三樓）：

進階班：週四晚班（由禪淨班結業後轉入共修）。

香港正覺講堂

九龍觀塘，成業街 10 號，電訊一代廣場 27 樓 E 室。

（觀塘地鐵站 B1 出口，步行約 4 分鐘）。電話：(852) 23262231

英文地址：Unit E，27th Floor, TG Place, 10 Shing Yip Street, Kwun Tong, Kowloon

禪淨班：雙週六下午班、雙週日下午班、單週六下午班、單週日下午班

進階班：雙週五晚上班、雙週日早上班（由禪淨班結業後轉入共修）。

增上班：每月第一週週日，以台北增上班課程錄成 DVD 放映之。

增上重播班：每月第一週週六，以台北增上班課程錄成 DVD 放映之。

大法鼓經詳解：平實導師講解。每週六、日 19:00～21:00，以台北正覺講堂所錄 DVD 放映；歡迎會外學人共同聽講，不需出示身分證件。

美國洛杉磯正覺講堂　☆已遷移新址☆

825 S. Lemon Ave Diamond Bar, CA 91789 U.S.A.

Tel. (909) 595-5222（請於週六 9:00~18:00 之間聯繫）

Cell. (626) 454-0607

禪淨班：每逢週末 16：00~18：00 上課。

進階班：每逢週末上午 10：00~12：00 上課。

不退轉法輪經詳解：平實導師講解。每週六下午 13：30~15：30 以台北所錄 DVD 放映。歡迎各界人士共享第一義諦無上法益，不需報名。

二、招生公告　**本會台北講堂及全省各講堂、香港講堂，每逢四月、十月下旬開新班，每週共修一次**（每次二小時。開課日起三個月內仍可插班）；**但美國洛杉磯共修處之禪淨班得隨時插班共修。各班共修期間皆爲二年半，全程免費，欲參加者請向本會函索報名表**（各共修處皆於共修時間方有人執事，非共修時間請勿電詢或前來洽詢、請書），**或直接從本會官方網站(http://www.enlighten.org.tw/newsflash/class)或成佛之道網站下載報名表**。共修期滿時，若經報名禪三審核通過者，可參加四天三夜之禪三精進共修，有機會明心、取證如來藏，發起般若實相智慧，成爲實義菩薩，脫離凡夫菩薩位。

三、新春禮佛祈福 農曆**年假**期間停止共修：自農曆新年前七天起停止共修與弘法，正月 8 日起回復共修、弘法事務。新春期間正月初一～初七 9.00～17.00 開放台北講堂、正月初一~初三開放新竹、台中、嘉義、台南、高雄講堂，以及大溪禪三道場（正覺祖師堂），方便會員供佛、祈福及會外人士請書。美國洛杉磯共修處之休假時間，請逕詢該共修處。

密宗四大派修雙身法，是外道性力派的邪法；又以生滅的識陰作為常住法，是常見外道，是假的藏傳佛教。

西藏覺囊巴以他空見弘揚第八識如來藏勝法，才是真藏傳佛教

佛教正覺同修會　弘法行事表

2019/02/18

1、**禪淨班**　以無相念佛及拜佛方式修習動中定力，實證一心不亂功夫。傳授解脫道正理及第一義諦佛法，以及參禪知見。共修期間：二年六個月。每逢四月、十月開新班，詳見招生公告表。

2、**進階班**　禪淨班畢業後得轉入此班，進修更深入的佛法，期能證悟明心。各地講堂各有多班，繼續深入佛法、增長定力，悟後得轉入增上班修學道種智，期能證得無生法忍。

3、**增上班 瑜伽師地論**詳解　詳解論中所言凡夫地至佛地等 17 師之修證境界與理論，從凡夫地、聲聞地……宣演到諸地所證無生法忍、一切種智之眞實正理。由平實導師開講，每逢一、三、五週之週末晚上開示，僅限已明心之會員參加。2003 年二月開講至今，預定 2019 年講畢。

4、**不退轉法輪經**詳解　本經所說妙法極爲甚深難解，時至末法，已然無有知者；而其甚深絕妙之法，流傳至今依舊多人可證，顯示佛法眞是義學而非玄談，其中甚深極妙令人拍案稱絕之第一義諦妙義。已於 2019 年元月底開講，由平實導師詳解。不限制聽講資格。

5、**精進禪三**　主三和尚：平實導師。於四天三夜中，以克勤圓悟大師及大慧宗杲之禪風，施設機鋒與小參、公案密意之開示，幫助會員剋期取證，親證不生不滅之眞實心——人人本有之如來藏。每年四月、十月各舉辦三個梯次；平實導師主持。僅限本會會員參加禪淨班共修期滿，報名審核通過者，方可參加。並選擇會中定力、慧力、福德三條件皆已具足之已明心會員，給以指引，令得眼見自己無形無相之佛性遍佈山河大地，眞實而無障礙，得以肉眼現觀世界身心悉皆如幻，具足成就如幻觀，圓滿十住菩薩之證境。

6、**阿含經**詳解　選擇重要之阿含部經典，依無餘涅槃之實際而加以詳解，令大眾得以現觀諸法緣起性空，亦復不墮斷滅見中，顯示經中所隱說之涅槃實際—如來藏—確實已於四阿含中隱說；令大眾得以聞後觀行，確實斷除我見乃至我執，證得**見到**眞現觀，乃至**身證**……等眞現觀；已得大乘或二乘見道者，亦可由此聞熏及聞後之觀行，除斷我所之貪著，成就慧解脫果。由平實導師詳解。不限制聽講資格。

7、**解深密經**詳解　重講本經之目的，在於令諸已悟之人明解大乘法道之成佛次第，以及悟後進修一切種智之內涵，確實證知三種自性性，並得據此證解七眞如、十眞如等正理。每逢週二 18.50~20.50 開示，由平實導師詳解。將於《**不退轉法輪經**》講畢後開講。不限制聽講資格。

8、**成唯識論**詳解　詳解一切種智眞實正理，詳細剖析一切種智之微細深妙廣大正理；並加以舉例說明，使已悟之會員深入體驗所證如來藏之微密行相；及證驗見分相分與所生一切法，皆由如來藏—阿賴耶識—直接或展轉而生，因此證知一切法無我，證知無餘涅槃之本際。將於增上班《瑜伽師地論》講畢後，由平實導師重講。僅限已明心之會員參加。

9、**精選如來藏系經典**詳解　精選如來藏系經典一部，詳細解說，以此完全印證會員所悟如來藏之眞實，得入不退轉住。另行擇期詳細解說之，由平實導師講解。僅限已明心之會員參加。

10、**禪門差別智**　藉禪宗公案之微細淆訛難知難解之處，加以宣說及剖析，以增進明心、見性之功德，啓發差別智，建立擇法眼。每月第一週日全天，由平實導師開示，僅限破參明心後，復又眼見佛性者參加（事冗暫停）。

11、**枯木禪**　先講智者大師的《小止觀》，後說《釋禪波羅蜜》，詳解四禪八定之修證理論與實修方法，細述一般學人修定之邪見與岔路，及對禪定證境之誤會，消除枉用功夫、浪費生命之現象。已悟般若者，可以藉此而實修初禪，進入大乘通教及聲聞教的三果心解脫境界，配合應有的大福德及後得無分別智、十無盡願，即可進入初地心中。親教師：平實導師。未來緣熟時將於正覺寺開講。不限制聽講資格。

註：本會例行年假，自 2004 年起，改爲每年農曆新年前七天開始停息弘法事務及共修課程，農曆正月 8 日回復所有共修及弘法事務。新春期間（每日 9.00~17.00）開放台北講堂，方便會員禮佛祈福及會外人士請書。大溪區的正覺祖師堂，開放參訪時間，詳見〈正覺電子報〉或成佛之道網站。本表得因時節因緣需要而隨時修改之，不另作通知。

佛教正覺同修會　贈閱書籍 目錄　2018/10/20

1.**無相念佛**　平實導師著　回郵 36 元
2.**念佛三昧修學次第**　平實導師述著　回郵 52 元
3.**正法眼藏—護法集**　平實導師述著　回郵 76 元
4.**真假開悟簡易辨正法&佛子之省思**　平實導師著　回郵 26 元
5.**生命實相之辨正**　平實導師著　回郵 31 元
6.**如何契入念佛法門**（附：印順法師否定極樂世界）平實導師著　回郵 26 元
7.**平實書箋**—答元覽居士書　平實導師著　回郵 52 元
8.**三乘唯識**—如來藏系經律彙編　平實導師編　回郵 80 元
（精裝本　長 27 ㎝　寬 21 ㎝　高 7.5 ㎝　重 2.8 公斤）
9.**三時繫念全集**—修正本　回郵掛號 52 元（長 26.5 ㎝×寬 19 ㎝）
10.**明心與初地**　平實導師述　回郵 31 元
11.**邪見與佛法**　平實導師述著　回郵 36 元
12.**甘露法雨**　平實導師述　回郵 36 元
13.**我與無我**　平實導師述　回郵 36 元
14.**學佛之心態**—修正錯誤之學佛心態始能與正法相應 孫正德老師著 回郵52元
附錄：平實導師著**《略說八、九識並存…等之過失》**
15.**大乘無我觀**—《悟前與悟後》別說　平實導師述著　回郵 36 元
16.**佛教之危機**—中國台灣地區現代佛教之真相（附錄：公案拈提六則）
平實導師著　回郵 52 元
17.**燈　影**—燈下黑（覆「求教後學」來函等）　平實導師著　回郵 76 元
18.**護法與毀法**—覆上平居士與徐恒志居士網站毀法二文
張正圜老師著　回郵 76 元
19.**淨土聖道**—兼評**選擇本願念佛**　正德老師著　**由正覺同修會購贈** 回郵 52 元
20.**辨唯識性相**—對「紫蓮心海《辯唯識性相》書中否定阿賴耶識」之回應
正覺同修會 台南共修處法義組 著　回郵 52 元
21.**假如來藏**—對法蓮法師《如來藏與阿賴耶識》書中否定阿賴耶識之回應
正覺同修會 台南共修處法義組 著　回郵 76 元
22.**入不二門**—公案拈提集錦 第一輯（於平實導師公案拈提諸書中選錄約二十則，
合輯爲一冊流通之）平實導師著　回郵 52 元
23.**真假邪說**—西藏密宗索達吉喇嘛《破除邪說論》真是邪說
釋正安法師著　上、下冊回郵各 52 元
24.**真假開悟**—真如、如來藏、阿賴耶識間之關係　平實導師述著　回郵 76 元
25.**真假禪和**—辨正釋傳聖之謗法謬說　孫正德老師著　回郵 76 元
26.**眼見佛性**—駁慧廣法師**眼見佛性的含義**文中謬說
游正光老師著　回郵 52 元

27.**普門自在**—公案拈提集錦 第二輯（於平實導師公案拈提諸書中選錄約二十則，合輯爲一冊流通之）平實導師著 回郵52元

28.**印順法師的悲哀**—以現代禪的質疑為線索 恒毓博士著 回郵52元

29.**識蘊真義**—現觀識蘊內涵、取證初果、親斷三縛結之具體行門。
—依《成唯識論》及《惟識述記》正義，略顯安慧《大乘廣五蘊論》之邪謬
平實導師著 回郵76元

30.**正覺電子報** 各期紙版本 免附回郵 每次最多函索三期或三本。
(已無存書之較早各期，不另增印贈閱)

31.**現代人應有的宗教觀** 蔡正禮老師 著 回郵31元

32.**遠惑趣道**—正覺電子報般若信箱問答錄 第一輯 回郵52元

33.**遠惑趣道**—正覺電子報般若信箱問答錄 第二輯 回郵52元

34.**確保您的權益**—器官捐贈應注意自我保護 游正光老師 著 回郵31元

35.**正覺教團電視弘法三乘菩提 DVD 光碟（一）**
由正覺教團多位親教師共同講述錄製 DVD 8 片，MP3 一片，共 9 片。有二大講題：一爲「三乘菩提之意涵」，二爲「學佛的正知見」。內容精闢，深入淺出，精彩絕倫，幫助大眾快速建立三乘法道的正知見，免被外道邪見所誤導。有志修學三乘佛法之學人不可不看。(製作工本費100元，回郵 52元)

36.**正覺教團電視弘法 DVD 專輯（二）**
總有二大講題：一爲「三乘菩提之念佛法門」，一爲「學佛正知見(第二篇)」，由正覺教團多位親教師輪番講述，內容詳細闡述如何修學念佛法門、實證念佛三昧，以及學佛應具有的正確知見，可以幫助發願往生西方極樂淨土之學人，得以把握往生，更可令學人快速建立三乘法道的正知見，免於被外道邪見所誤導。有志修學三乘佛法之學人不可不看。(一套17片，工本費160元。回郵 76元)

37.**喇嘛性世界**—揭開假藏傳佛教譚崔瑜伽的面紗 張善思 等人合著
由正覺同修會購贈 回郵52元

38.**假藏傳佛教的神話**—性、謊言、喇嘛教 張正玄教授編著
由正覺同修會購贈 回郵52元

39.**隨 緣**—理隨緣與事隨緣 平實導師述 回郵52元。

40.**學佛的覺醒** 正枝居士 著 回郵52元

41.**導師之真實義** 蔡正禮老師 著 回郵31元

42.**淺談達賴喇嘛之雙身法**—兼論解讀「密續」之達文西密碼
吳明芷居士 著 回郵31元

43.**魔界轉世** 張正玄居士 著 回郵31元

44.**一貫道與開悟** 蔡正禮老師 著 回郵31元

45.**博愛**—愛盡天下女人 正覺教育基金會 編印 回郵36元

46.**意識虛妄經教彙編**—實證解脫道的關鍵經文 正覺同修會編印 回郵36元

47.**邪箭囈語**—破斥藏密外道多識仁波切《破魔金剛箭雨論》之邪說

陸正元老師著　上、下冊回郵各 52 元

48.**真假沙門**—依 佛聖教闡釋佛教僧寶之定義

蔡正禮老師著　俟正覺電子報連載後結集出版

49.**真假禪宗**—藉評論釋性廣《印順導師對變質禪法之批判

及對禪宗之肯定》以顯示真假禪宗

附論一：凡夫知見 無助於佛法之信解行證

附論二：世間與出世間一切法皆從如來藏實際而生而顯

余正偉老師著　俟正覺電子報連載後結集出版　回郵未定

★ 上列贈書之郵資，係台灣本島地區郵資，大陸、港、澳地區及外國地區，請另計酌增（大陸、港、澳、國外地區之郵票不許通用）。尚未出版之書，請勿先寄來郵資，以免增加作業煩擾。

★ 本目錄若有變動，唯於後印之書籍及「成佛之道」網站上修正公佈之，不另行個別通知。

函索書籍請寄：佛教正覺同修會　103 台北市承德路 3 段 277 號 9 樓
台灣地區函索書籍者請附寄郵票，無時間購買郵票者可以等值現金抵用，但不接受郵政劃撥、支票、匯票。大陸地區得以人民幣計算，國外地區請以美元計算（請勿寄來當地郵票，在台灣地區不能使用）。欲以掛號寄遞者，請另附掛號郵資。

親自索閱：正覺同修會各共修處。　★請於共修時間前往取書，餘時無人在道場，請勿前往索取；共修時間與地點，詳見書末正覺同修會共修現況表（以近期之共修現況表為準）。

註：正智出版社發售之局版書，請向各大書局購閱。若書局之書架上已經售出而無陳列者，請向書局櫃台指定洽購；若書局不便代購者，請於正覺同修會共修時間前往各共修處請購，正智出版社已派人於共修時間送書前往各共修處流通。 郵政劃撥購書及 大陸地區 購書，請詳別頁正智出版社發售書籍目錄最後頁之說明。

成佛之道 網站：http://www.a202.idv.tw　正覺同修會已出版之結緣書籍，多已登載於 成佛之道 網站，若住外國、或住處遙遠，不便取得正覺同修會贈閱書籍者，可以從本網站閱讀及下載。　書局版之《宗通與說通》亦已上網，台灣讀者可向書局洽購，售價 300 元。《狂密與真密》第一輯~第四輯，亦於 2003.5.1.全部於本網站登載完畢；台灣地區讀者請向書局洽購，每輯約 400 頁，售價 300 元（網站下載紙張費用較貴，容易散失，難以保存，亦較不精美）。

＊＊假藏傳佛教修雙身法，非佛教＊＊

正智出版社 籌募弘法基金發售書籍目錄　2020/07/13

1.**宗門正眼**—公案拈提 第一輯 重拈　平實導師著　500 元

因重寫內容大幅度增加故，字體必須改小，並增爲 576 頁 主文 546 頁。比初版更精彩、更有內容。初版《禪門摩尼寶聚》之讀者，可寄回本公司免費調換新版書。免附回郵，亦無截止期限。（2007 年起，每冊附贈本公司精製公案拈提〈超意境〉CD 一片。市售價格 280 元，多購多贈。）

2.**禪淨圓融**　平實導師著　200 元（第一版舊書可換新版書。）

3.**真實如來藏**　平實導師著　400 元

4.**禪—悟前與悟後**　平實導師著　上、下冊，每冊 250 元

5.**宗門法眼**—公案拈提 第二輯　平實導師著　500 元

（2007 年起，每冊附贈本公司精製公案拈提〈超意境〉CD 一片）

6.**楞伽經詳解**　平實導師著　全套共 10 輯　每輯 250 元

7.**宗門道眼**—公案拈提 第三輯　平實導師著　500 元

（2007 年起，每冊附贈本公司精製公案拈提〈超意境〉CD 一片）

8.**宗門血脈**—公案拈提 第四輯　平實導師著　500 元

（2007 年起，每冊附贈本公司精製公案拈提〈超意境〉CD 一片）

9.**宗通與說通**—成佛之道 平實導師著 主文 381 頁 全書 400 頁售價 300 元

10.**宗門正道**—公案拈提 第五輯　平實導師著　500 元

（2007 年起，每冊附贈本公司精製公案拈提〈超意境〉CD 一片）

11.**狂密與真密　一～四輯**　平實導師著　西藏密宗是人間最邪淫的宗教，本質不是佛教，只是披著佛教外衣的印度教性力派流毒的喇嘛教。此書中將西藏密宗密傳之男女雙身合修樂空雙運所有祕密與修法，毫無保留完全公開，並將全部喇嘛們所不知道的部分也一併公開。內容比大辣出版社喧騰一時的《西藏慾經》更詳細。並且函蓋藏密的所有祕密及其錯誤的中觀見、如來藏見……等，藏密的所有法義都在書中詳述、分析、辨正。每輯主文三百餘頁　每輯全書約 400 頁　售價每輯 300 元

12.**宗門正義**—公案拈提 第六輯　平實導師著　500 元

（2007 年起，每冊附贈本公司精製公案拈提〈超意境〉CD 一片）

13.**心經密意**—心經與解脫道、佛菩提道、祖師公案之關係與密意　平實導師述　300 元

14.**宗門密意**—公案拈提 第七輯　平實導師著　500 元

（2007 年起，每冊附贈本公司精製公案拈提〈超意境〉CD 一片）

15.**淨土聖道**—兼評「選擇本願念佛」　正德老師著　200 元

16.**起信論講記**　平實導師述著　共六輯　每輯三百餘頁　售價各 250 元

17.**優婆塞戒經講記**　平實導師述著 共八輯 每輯三百餘頁 售價各 250 元

18.**真假活佛**—略論附佛外道盧勝彥之邪說（對前岳靈犀網站主張「盧勝彥是證悟者」之修正）　正犀居士（岳靈犀）著　流通價 140 元

19.**阿含正義**—唯識學探源　平實導師著　共七輯　每輯 300 元

20.**超意境** CD 以平實導師公案拈提書中超越意境之頌詞，加上曲風優美的旋律，錄成令人嚮往的超意境歌曲，其中包括正覺發願文及平實導師親自譜成的黃梅調歌曲一首。詞曲雋永，殊堪翫味，可供學禪者吟詠，有助於見道。內附設計精美的彩色小冊，解說每一首詞的背景本事。每片 280 元。【每購買公案拈提書籍一冊，即贈送一片。】

21.**菩薩底憂鬱** CD 將菩薩情懷及禪宗公案寫成新詞，並製作成超越意境的優美歌曲。 1.主題曲〈菩薩底憂鬱〉，描述地後菩薩能離三界生死而迴向繼續生在人間，但因尚未斷盡習氣種子而有極深沈之憂鬱，非三賢位菩薩及二乘聖者所知，此憂鬱在七地滿心位方才斷盡；本曲之詞中所說義理極深，昔來所未曾見；此曲係以優美的情歌風格寫詞及作曲，聞者得以激發嚮往諸地菩薩境界之大心，詞、曲都非常優美，難得一見；其中勝妙義理之解說，已印在附贈之彩色小冊中。 2.以各輯公案拈提中直示禪門入處之頌文，作成各種不同曲風之超意境歌曲，值得玩味、參究；聆聽公案拈提之優美歌曲時，請同時閱讀內附之印刷精美說明小冊，可以領會超越三界的證悟境界；未悟者可以因此引發求悟之意向及疑情，眞發菩提心而邁向求悟之途，乃至因此眞實悟入般若，成眞菩薩。 3.正覺總持咒新曲，總持佛法大意；總持咒之義理，已加以解說並印在隨附之小冊中。本 CD 共有十首歌曲，長達 63 分鐘。每盒各附贈二張購書優惠券。每片 280 元。

22.**禪意無限** CD 平實導師以公案拈提書中偈頌寫成不同風格曲子，與他人所寫不同風格曲子共同錄製出版，幫助參禪人進入禪門超越意識之境界。盒中附贈彩色印製的精美解說小冊，以供聆聽時閱讀，令參禪人得以發起參禪之疑情，即有機會證悟本來面目而發起實相智慧，實證大乘菩提般若，能如實證知般若經中的眞實意。本 CD 共有十首歌曲，長達 69 分鐘，每盒各附贈二張購書優惠券。每片 280 元。

23.**我的菩提路**第一輯 釋悟圓、釋善藏等人合著 售價 300 元

24.**我的菩提路**第二輯 郭正益等人合著 售價 300 元（停售，俟改版後另行發售）

25.**我的菩提路**第三輯 王美伶等人合著 售價 300 元

26.**我的菩提路**第四輯 陳晏平等人合著 售價 300 元

27.**我的菩提路**第五輯 林慈慧等人合著 售價 300 元

28.**我的菩提路**第六輯 劉惠莉等人合著 售價 300 元

29.**鈍鳥與靈龜**—考證後代凡夫對大慧宗杲禪師的無根誹謗。

平實導師著 共 458 頁 售價 350 元

30.**維摩詰經講記** 平實導師述 共六輯 每輯三百餘頁 售價各 250 元

31.**真假外道**—破劉東亮、杜大威、釋證嚴常見外道見 正光老師著 200 元

32.**勝鬘經講記**—兼論印順《勝鬘經講記》對於《勝鬘經》之誤解。

平實導師述 共六輯 每輯三百餘頁 售價 250 元

33.**楞嚴經講記** 平實導師述 共**15**輯，每輯三百餘頁 售價300元
34.**明心與眼見佛性**—駁慧廣〈蕭氏「眼見佛性」與「明心」之非〉文中謬說
正光老師著 共448頁 售價300元
35.**見性與看話頭** 黃正倖老師 著，本書是禪宗參禪的方法論。
內文375頁，全書416頁，售價300元。
36.**達賴真面目**—玩盡天下女人 白正偉老師 等著 中英對照彩色精裝大本 800元
37.**喇嘛性世界**—揭開假藏傳佛教譚崔瑜伽的面紗 張善思 等人著 200元
38.**假藏傳佛教的神話**—性、謊言、喇嘛教 正玄教授編著 200元
39.**金剛經宗通** 平實導師述 共九輯 每輯售價250元。
40.**空行母**—性別、身分定位，以及藏傳佛教。
珍妮·坎貝爾著 呂艾倫 中譯 售價250元
41.**末代達賴**—性交教主的悲歌 張善思、呂艾倫、辛燕編著 售價250元
42.**霧峰無霧**—給哥哥的信 辨正釋印順對佛法的無量誤解
游宗明 老師著 售價250元
43.**霧峰無霧**—第二輯—救護佛子向正道 細說釋印順對佛法的各類誤解
游宗明 老師著 售價250元
44.**第七意識與第八意識？**—穿越時空「超意識」
平實導師述 每冊300元
45.**黯淡的達賴**—失去光彩的諾貝爾和平獎
正覺教育基金會編著 每冊250元
46.**童女迦葉考**—論呂凱文〈佛教輪迴思想的論述分析〉之謬。
平實導師 著 定價180元
47.**人間佛教**—實證者必定不悖三乘菩提
平實導師 述，定價400元
48.**實相經宗通** 平實導師述 共八輯 每輯250元
49.**真心告訴您(一)**—達賴喇嘛在幹什麼？
正覺教育基金會編著 售價250元
50.**中觀金鑑**—詳述應成派中觀的起源與其破法本質
孫正德老師著 分爲上、中、下三冊，每冊250元
51.**藏傳佛教要義**—《狂密與真密》之簡體字版 平實導師 著 上、下冊
僅在大陸流通 每冊300元
52.**法華經講義** 平實導師述 共二十五輯 每輯300元
已於2015/05/31起開始出版，每二個月出版一輯
53.**西藏「活佛轉世」制度**—附佛、造神、世俗法
許正豐、張正玄老師合著 定價150元
54.**廣論三部曲** 郭正益老師著 定價150元
55.**真心告訴您(二)**—達賴喇嘛是佛教僧侶嗎？
—補祝達賴喇嘛八十大壽
正覺教育基金會編著 售價300元

56.**次法**—實證佛法前應有的條件

張善思居士著　分為上、下二冊，每冊 250 元

57.**涅槃**—解說四種涅槃之實證及內涵　平實導師著 上、下冊 各 350 元

58.**山法**—西藏關於他空與佛藏之根本論

篤補巴・喜饒堅贊著　　傑弗里・霍普金斯英譯

張火慶教授、張志成、呂艾倫等中譯　精裝大本 1200 元

59.**假鋒虛焰金剛乘**—揭示顯密正理，兼破索達吉師徒《般若鋒兮金剛焰》

釋正安法師著 簡體字版 即將出版 售價未定

60.**廣論之平議**—宗喀巴《菩提道次第廣論》之平議　正雄居士著

約二或三輯　俟正覺電子報連載後結集出版　書價未定

61.**菩薩學處**—菩薩四攝六度之要義　陸正元老師著　出版日期未定。

62.**八識規矩頌**詳解　○○居士 註解　出版日期另訂　書價未定。

63.**印度佛教史**—法義與考證。依法義史實評論印順《印度佛教思想史、佛教史地考論》之謬說　正偉老師著　出版日期未定　書價未定

64.**中國佛教史**—依中國佛教正法史實而論。○○老師 著　書價未定。

65.**中論正義**—釋龍樹菩薩《中論》頌正理。

孫正德老師著　出版日期未定　書價未定

66.**中觀正義**—註解平實導師《中論正義頌》。

○○法師（居士）著　出版日期未定　書價未定

67.**佛藏經講記**　平實導師述　已於 2019 年 7 月 31 日出版　共 21 輯，每二個月出版一輯，每輯 300 元。

68.**阿含經講記**—將選錄四阿含中數部重要經典全經講解之，講後整理出版。

平實導師述　約二輯　每輯 300 元　出版日期未定

69.**寶積經講記**　平實導師述　每輯三百餘頁 優惠價 300 元 出版日期未定

70.**解深密經講記**　平實導師述 約四輯　將於重講後整理出版

71.**成唯識論略解**　平實導師著　五～六輯　每輯300 元　出版日期未定

72.**修習止觀坐禪法要講記**　平實導師述　每輯三百餘頁

將於正覺寺建成後重講、以講記逐輯出版　出版日期未定

73.**無門關**—《無門關》公案拈提　平實導師著　出版日期未定

74.**中觀再論**—兼述印順《中觀今論》謬誤之平議。正光老師著 出版日期未定

75.**輪迴與超度**—佛教超度法會之真義。

○○法師（居士）著　出版日期未定　書價未定

76.**《釋摩訶衍論》平議**—對偽稱龍樹所造《釋摩訶衍論》之平議

○○法師（居士）著　出版日期未定　書價未定

77.**正覺發願文**註解—以真實大願為因 得證菩提

正德老師著　出版日期未定　書價未定

78.**正覺總持咒**—佛法之總持　正圜老師著　出版日期未定　書價未定

79.**三自性**—依四食、五蘊、十二因緣、十八界法，說三性三無性。

作者未定　出版日期未定

80.**道品**—從三自性說大小乘三十七道品　　作者未定　出版日期未定
81.**大乘緣起觀**—依四聖諦七真如現觀十二緣起 作者未定　出版日期未定
82.**三德**—論解脫德、法身德、般若德。　　作者未定　出版日期未定
83.**真假如來藏**—對印順《如來藏之研究》謬說之平議　作者未定 出版日期未定
84.**大乘道次第**　　作者未定　出版日期未定　書價未定
85.**四緣**—依如來藏故有四緣。　作者未定　出版日期未定
86.**空之探究**—印順《空之探究》謬誤之平議　作者未定 出版日期未定
87.**十法義**—論阿含經中十法之正義　　作者未定　出版日期未定
88.**外道見**—論述外道六十二見　　作者未定　　出版日期未定

正智出版社有限公司 書籍介紹

禪淨圓融：言淨土諸祖所未曾言，示諸宗祖師所未曾示；禪淨圓融，另闢成佛捷徑，兼顧自力他力，闡釋淨土門之速行易行道，亦同時揭櫫聖教門之速行易行道；令廣大淨土行者得免緩行難證之苦，亦令聖道門行者得以藉著淨土速行道而加快成佛之時劫。乃前無古人之超勝見地，非一般弘揚禪淨法門典籍也，先讀為快。平實導師著 200元。

宗門正眼—公案拈提第一輯：繼承克勤圜悟大師碧巖錄宗旨之禪門鉅作。先則舉示當代大法師之邪說，消弭當代禪門大師鄉愿之心態，摧破當今禪門「世俗禪」之妄談；次則旁通教法，表顯宗門正理；繼以道之次第，消弭古今狂禪；後藉言語及文字機鋒，直示宗門入處。悲智雙運，禪味十足，數百年來難得一睹之禪門鉅著也。平實導師著　500元（原初版書《禪門摩尼寶聚》，改版後補充為五百餘頁新書，總計多達二十四萬字，內容更精彩，並改名為《宗門正眼》，讀者原購初版《禪門摩尼寶聚》皆可寄回本公司免費換新，免附回郵，亦無截止期限）（2007年起，凡購買公案拈提第一輯至第七輯，每購一輯皆贈送本公司精製公案拈提〈超意境〉CD一片，市售價格280元，多購多贈）。

禪—悟前與悟後：本書能建立學人悟道之信心與正確知見，圓滿具足而有次第地詳述禪悟之功夫與禪悟之內容，指陳參禪中細微淆訛之處，能使學人明自眞心、見自本性。若未能悟入，亦能以正確知見辨別古今中外一切大師究係眞悟？或屬錯悟？便有能力揀擇，捨名師而選明師，後時必有悟道之緣。一旦悟道，遲者七次人天往返，便出三界，速者一生取辦。學人欲求開悟者，不可不讀。　平實導師著。上、下冊共500元，單冊250元。

真實如來藏：如來藏真實存在，乃宇宙萬有之本體，並非印順法師、達賴喇嘛等人所說之「唯有名相、無此心體」。如來藏是涅槃之本際，是一切有智之人竭盡心智、不斷探索而不能得之生命實相；是古今中外許多大師自以為悟而當面錯過之生命實相。如來藏即是阿賴耶識，乃是一切有情本自具足、不生不滅之真實心。當代中外大師於此書出版之前所未能言者，作者於本書中盡情流露、詳細闡釋。真悟者讀之，必能增益悟境、智慧增上；錯悟者讀之，必能檢討自己之錯誤，免犯大妄語業；未悟者讀之，能知參禪之理路，亦能以之檢查一切名師是否真悟。此書是一切哲學家、宗教家、學佛者及欲昇華心智之人必讀之鉅著。平實導師著 售價400元。

宗門法眼—公案拈提第二輯：列舉實例，闡釋土城廣欽老和尚之悟處；並直示這位不識字的老和尚妙智橫生之根由，繼而剖析禪宗歷代大德之開悟公案，解析當代密宗高僧卡盧仁波切之錯悟證據，並例舉當代顯宗高僧、大居士之錯悟證據（凡健在者，為免影響其名聞利養，皆隱其名）。藉辨正當代名師之邪見，向廣大佛子指陳禪悟之正道，彰顯宗門法眼。悲勇兼出，強捋虎鬚；慈智雙運，巧探驪龍；摩尼寶珠在手，直示宗門入處，禪味十足；若非大悟徹底，不能為之。禪門精奇人物，允宜人手一冊，供作參究及悟後印證之圭臬。本書於2008年4月改版，增寫為大約500頁篇幅，以利學人研讀參究時更易悟入宗門正法，以前所購初版首刷及初版二刷舊書，皆可免費換取新書。平實導師著　500元（2007年起，凡購買公案拈提第一輯至第七輯，每購一輯皆贈送本公司精製公案拈提〈超意境〉CD一片，市售價格280元，多購多贈）。

宗門道眼—公案拈提第三輯：繼宗門法眼之後，再以金剛之作略、慈悲之胸懷、犀利之筆觸，舉示寒山、拾得、布袋三大士之悟處，消弭當代錯悟者對於寒山大士……等之誤會及誹謗。亦舉出民初以來與虛雲和尚齊名之蜀郡鹽亭袁煥仙夫子——南懷瑾老師之師，其「悟處」何在？並蒐羅許多真悟祖師之證悟公案，顯示禪宗歷代祖師之睿智，指陳部分祖師、奧修及當代顯密大師之謬悟，作為殷鑑，幫助禪子建立及修正參禪之方向及知見。假使讀者閱此書已，一時尚未能悟，亦可一面加功用行，一面以此宗門道眼辨別真假善知識，避開錯誤之印證及歧路，可免大妄語業之長劫慘痛果報。欲修禪宗之禪者，務請細讀。平實導師著 售價500元（2007年起，凡購買公案拈提第一輯至第七輯，每購一輯皆贈送本公司精製公案拈提〈超意境〉CD一片，市售價格280元，多購多贈）。

楞伽經詳解：本經是禪宗見道者印證所悟眞僞之根本經典，亦是禪宗見道者悟後起修之依據經典；故達摩祖師於印證二祖慧可大師之後，將此經典連同佛缽祖衣一併交付二祖，令其依此經典佛示金言、進入修道位，修學一切種智。由此可知此經對於眞悟之人修學佛道，是非常重要之一部經典。此經能破外道邪說，亦破佛門中錯悟名師之謬說，亦破禪宗部分祖師之狂禪：不讀經典、一向主張「一悟即成究竟佛」之謬執。並開示愚夫所行禪、觀察義禪、攀緣如禪、如來禪等差別，令行者對於三乘禪法差異有所分辨；亦糾正禪宗祖師古來對於如來禪之誤解，嗣後可免以訛傳訛之弊。此經亦是法相唯識宗之根本經典，禪者悟後欲修一切種智而入初地者，必須詳讀。平實導師著，全套共十輯，已全部出版完畢，每輯主文約320頁，每冊約352頁，定價250元。

宗門血脈—公案拈提第四輯：末法怪象—許多修行人自以爲悟，每將無念靈知認作眞實；崇尚二乘法諸師及其徒衆，則將外於如來藏之緣起性空—無因論之無常空、斷滅空、一切法空—錯認爲 佛所說之般若空性。這兩種現象已於當今海峽兩岸及美加地區顯密大師之中普遍存在；人人自以爲悟，心高氣壯，便敢寫書解釋祖師證悟之公案，大多出於意識思惟所得，言不及義，錯誤百出，因此誤導廣大佛子同陷大妄語之地獄業中而不能自知。彼等書中所說之悟處，其實處處違背第一義經典之聖言量。彼等諸人不論是否身披袈裟，都非佛法宗門血脈，或雖有禪宗法脈之傳承，亦只徒具形式；猶如螟蛉，非眞血脈，未悟得根本眞實故。禪子欲知 佛、祖之眞血脈者，請讀此書，便知分曉。平實導師著，主文452頁，全書464頁，定價500元（2007年起，凡購買公案拈提第一輯至第七輯，每購一輯皆贈送本公司精製公案拈提〈超意境〉CD一片，市售價格280元，多購多贈）。

宗通與說通：古今中外，錯誤之人如麻似粟，每以常見外道所說之靈知心，認作眞心；或妄想虛空之勝性能量爲眞如，或錯認物質四大元素藉冥性（靈知心本體）能成就吾人色身及知覺，或認初禪至四禪中之了知心爲不生不滅之涅槃心。此等皆非通宗者之見地。復有錯悟之人一向主張「宗門與教門不相干」，此即尚未通達宗門之人也。其實宗門與教門互通不二，宗門所證者乃是眞如與佛性，故教門與宗門不二。本書作者以宗教二門互通之見地，細說「宗通與說通」，從初見道至悟後起修之道、細說分明；並將諸宗諸派在整體佛教中之地位與次第，加以明確之教判，學人讀之即可了知佛法之梗概也。欲擇明師學法之前，允宜先讀。平實導師著，主文共381頁，全書392頁，只售成本價300元。

宗門正道—公案拈提第五輯：修學大乘佛法有二果須證—解脫果及大菩提果。二乘人不證大菩提果，唯證解脫果；此果之智慧，名爲聲聞菩提、緣覺菩提。大乘佛子所證二果之菩提果爲佛菩提，故名大菩提果，其慧名爲一切種智—函蓋二乘解脫果。然此大乘二果修證，須經由禪宗之宗門證悟方能相應。而宗門證悟極難，自古已然；其所以難者，咎在古今佛教界普遍存在三種邪見：1.以修定認作佛法，2.以無因論之緣起性空—否定涅槃本際如來藏以後之一切法空作爲佛法，3.以常見外道邪見（離語言妄念之靈知性）作爲佛法。如是邪見，或因自身正見未立所致，或因邪師之邪教導所致，或因無始劫來虛妄熏習所致。若不破除此三種邪見，永劫不悟宗門眞義、不入大乘正道，唯能外門廣修菩薩行。平實導師於此書中，有極爲詳細之說明，有志佛子欲摧邪見、入於內門修菩薩行者，當閱此書。主文共496頁，全書512頁。售價500元（2007年起，凡購買公案拈提第一輯至第七輯，每購一輯皆贈送本公司精製公案拈提〈超意境〉CD一片，市售價格280元，多購多贈）。

狂密與眞密：密教之修學，皆由有相之觀行法門而入，其最終目標仍不離顯教經典所說第一義諦之修證；若離顯教第一義經典、或違背顯教第一義經典，即非佛教。西藏密教之觀行法，如灌頂、觀想、遷識法、寶瓶氣、大聖歡喜雙身修法、喜金剛、無上瑜伽、大樂光明、樂空雙運等，皆是印度教兩性生生不息思想之轉化，自始至終皆以如何能運用交合淫樂之法達到全身受樂爲其中心思想，純屬欲界五欲的貪愛，不能令人超出欲界輪迴，更不能令人斷除我見；何況大乘之明心與見性，更無論矣！故密宗之法絕非佛法也。而其明光大手印、大圓滿法教，又皆同以常見外道所說離語言妄念之無念靈知心錯認爲佛地之眞如，不能直指不生不滅之眞如。西藏密宗所有法王與徒衆，都尚未開頂門眼，不能辨別眞僞，以依人不依法、依密續不依經典故，不肯將其上師喇嘛所說對照第一義經典，純依密續之藏密祖師所說爲準，因此而誇大其證德與證量，動輒謂彼祖師上師爲究竟佛、爲地上菩薩；如今台海兩岸亦有自謂其師證量高於釋迦文佛者，然觀其師所述，猶未見道，仍在觀行即佛階段，尚未到禪宗相似即佛、分證即佛階位，竟敢標榜爲究竟佛及地上法王，誑惑初機學人。凡此怪象皆是狂密，不同於眞密之修行者。近年狂密盛行，密宗行者被誤導者極衆，動輒自謂已證佛地眞如，自視爲究竟佛，陷於大妄語業中而不知自省，反謗顯宗眞修實證者之證量粗淺；或如義雲高與釋性圓…等人，於報紙上公然誹謗眞實證道者爲「騙子、無道人、人妖、癩蛤蟆…」等，造下誹謗大乘勝義僧之大惡業；或以外道法中有爲有作之甘露、魔術……等法，誑騙初機學人，狂言彼外道法爲眞佛法。如是怪象，在西藏密宗及附藏密之外道中，不一而足，舉之不盡，學人宜應愼思明辨，以免上當後又犯毀破菩薩戒之重罪。密宗學人若欲遠離邪知邪見者，請閱此書，即能了知密宗之邪謬，從此遠離邪見與邪修，轉入眞正之佛道。平實導師著 共四輯 每輯約400頁（主文約340頁）每輯售價300元。

宗門正義—公案拈提第六輯：佛教有六大危機，乃是藏密化、世俗化、膚淺化、學術化、宗門密意失傳、悟後進修諸地之次第混淆；其中尤以宗門密意之失傳，爲當代佛教最大之危機。由宗門密意失傳故，易令　世尊本懷普被錯解，易令　世尊正法被轉易爲外道法，以及加以淺化、世俗化，是故宗門密意之廣泛弘傳與具緣佛弟子，極爲重要。然而欲令宗門密意之廣泛弘傳予具緣之佛弟子者，必須同時配合錯誤知見之解析、普令佛弟子知之，然後輔以公案解析之直示入處，方能令具緣之佛弟子悟入。而此二者，皆須以公案拈提之方式爲之，方易成其功、竟其業，是故平實導師續作宗門正義一書，以利學人。全書500餘頁，售價500元（2007年起，凡購買公案拈提第一輯至第七輯，每購一輯皆贈送本公司精製公案拈提〈超意境〉CD一片，市售價格280元，多購多贈）。

心經密意—心經與解脫道、佛菩提道、祖師公案之關係與密意。二乘菩提所證之解脫道，實依第八識心之斷除煩惱障現行而立解脫之名；大乘菩提所證之佛菩提道，實依親證第八識如來藏之涅槃性、清淨自性、及其中道性而立般若之名；禪宗祖師公案所證之眞心，即是此第八識如來藏；是故三乘佛法所修所證之三乘菩提，皆依此如來藏心而立名也。此第八識心，即是《心經》所說之心也。證得此如來藏已，即能漸入大乘佛菩提道，亦可因證知此心而了知二乘無學所不能知之無餘涅槃本際，是故《心經》之密意，與三乘佛菩提之關係極爲密切、不可分割，三乘佛法皆依此心而立名故。今者平實導師以其所證解脫道之無生智及佛菩提之般若種智，將《心經》與解脫道、佛菩提道、祖師公案之關係與密意，以演講之方式，用淺顯之語句和盤托出，發前人所未言，呈三乘菩提之眞義，令人藉此《心經密意》一舉而窺三乘菩提之堂奧，迴異諸方言不及義之說；欲求眞實佛智者、不可不讀！主文317頁，連同跋文及序文…等共384頁，售價300元。

宗門密意—公案拈提第七輯：佛教之世俗化，將導致學人以信仰作爲學佛，則將以感應及世間法之庇祐，作爲學佛之主要目標，不能了知學佛之主要目標爲親證三乘菩提。大乘菩提則以般若實相智慧爲主要修習目標，以二乘菩提解脫道爲附帶修習之標的；是故學習大乘法者，應以禪宗之證悟爲要務，能親入大乘菩提之實相般若智慧中故，般若實相智慧非二乘聖人所能知故。此書則以台灣世俗化佛教之三大法師，說法似是而非之實例，配合眞悟祖師之公案解析，提示證悟般若之關節，令學人易得悟入。平實導師著，全書五百餘頁，售價500元（2007年起，凡購買公案拈提第一輯至第七輯，每購一輯皆贈送本公司精製公案拈提〈超意境〉CD一片，市售價格280元，多購多贈）。

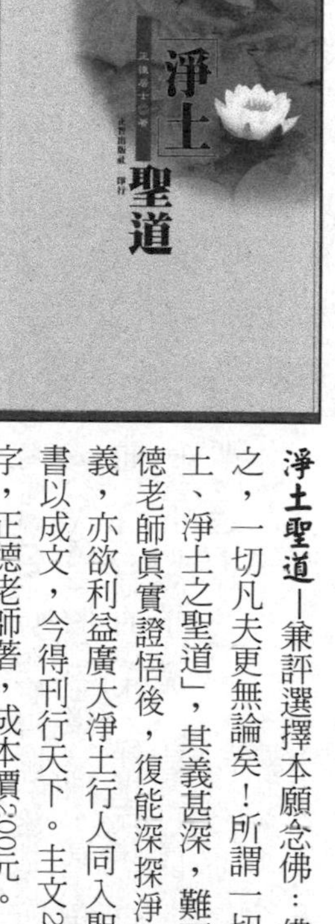

淨土聖道—兼評選擇本願念佛：佛法甚深極廣，般若玄微，非諸二乘聖僧所能知之，一切凡夫更無論矣！所謂一切證量皆歸淨土是也！是故大乘法中「聖道之淨土、淨土之聖道」，其義甚深，難可了知；乃至眞悟之人，初心亦難知也。今有正德老師眞實證悟後，復能深探淨土與聖道之緊密關係，憐憫衆生之誤會淨土實義，亦欲利益廣大淨土行人同入聖道，同獲淨土中之聖道門要義，乃振奮心神、書以成文，今得刊行天下。主文279頁，連同序文等共301頁，總有十一萬六千餘字，正德老師著，成本價200元。

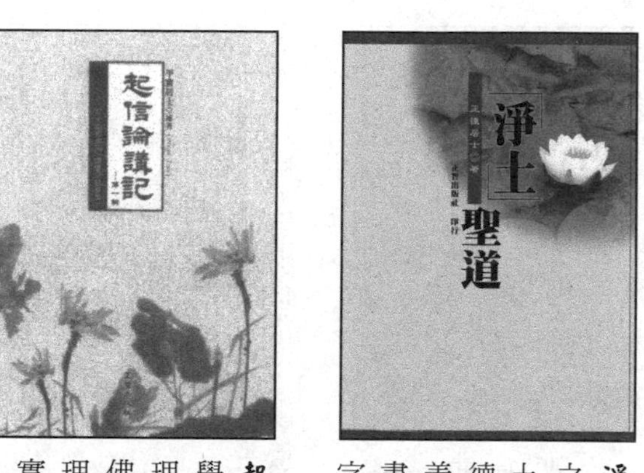

起信論講記：詳解大乘起信論心生滅門與心眞如門之眞實意旨，消除以往大師與學人對起信論所說心生滅門之誤解，由是而得了知眞心如來藏之非常非斷中道正理；亦因此一講解，令此論以往隱晦而被誤解之眞實義，得以如實顯示，令大乘佛菩提道之正理得以顯揚光大；初機學者亦可藉此正論所顯示之法義，對大乘法理生起正信，從此得以眞發菩提心，眞入大乘法中修學，世世常修菩薩正行。平實導師演述，共六輯，都已出版，每輯三百餘頁，售價各250元。

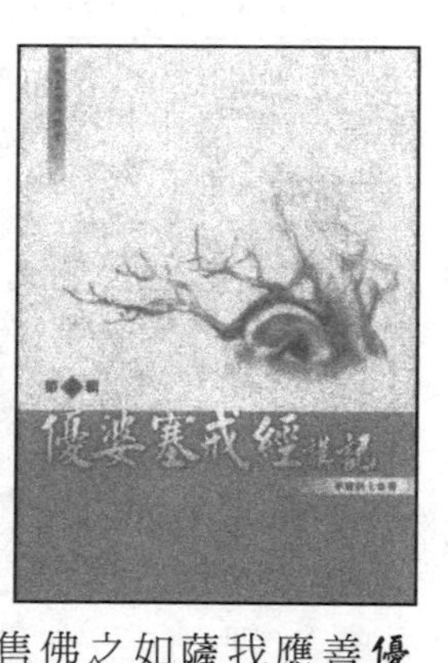

優婆塞戒經講記：本經詳述在家菩薩修學大乘佛法，應如何受持菩薩戒？對人間善行應如何看待？對三寶應如何護持？應如何正確地修集此世後世證法之福德？應如何修集後世「行菩薩道之資糧」？並詳述第一義諦之正義：五蘊非我非異我、自作自受、異作異受、不作不受……等深妙法義，乃是修學大乘佛法、行菩薩行之在家菩薩所應當了知者。出家菩薩今世或未來世登地已，捨報之後多數將如華嚴經中諸大菩薩，以在家菩薩身而修行菩薩行，故亦應以此經所述正理而修之，配合《楞伽經、解深密經、楞嚴經、華嚴經》等道次第正理，方得漸次成就佛道；故此經是一切大乘行者皆應證知之正法。平實導師講述，每輯三百餘頁，售價各250元；共八輯，已全部出版。

真假活佛—略論附佛外道盧勝彥之邪說：人人身中都有眞活佛，永生不滅而有大神用，但衆生都不了知，所以常被身外的西藏密宗假活佛籠罩欺瞞。本來就眞實存在的眞活佛，才是眞正的密宗無上密！諾那活佛因此而說禪宗是大密宗，但藏密的所有活佛都不知道、也不曾實證自身中的眞活佛。本書詳實宣示眞活佛的道理，舉證盧勝彥的「佛法」不是眞佛法，也顯示盧勝彥是假活佛，直接的闡釋第一義佛法見道的眞實正理。眞佛宗的所有上師與學人們，都應該詳細閱讀，包括盧勝彥個人在內。正犀居士著，優惠價140元。

阿含正義—唯識學探源：廣說四大部《阿含經》諸經中隱說之眞正義理，一一舉示佛陀本懷，令阿含時期初轉法輪根本經典之眞義，如實顯現於佛子眼前。並提示末法大師對於阿含眞義誤解之實例，一一比對之，證實唯識增上慧學確於原始佛法之阿含諸經中已隱覆密意而略說之，證實 世尊確於原始佛法中已曾密意而說第八識如來藏之總相；亦證實 世尊在四阿含中已說此藏識是名色十八界之因、之本—證明如來藏是能生萬法之根本心。佛子可據此修正以往受諸大師（譬如西藏密宗應成派中觀師：印順、昭慧、性廣、大願、達賴、宗喀巴、寂天、月稱、……等人）誤導之邪見，建立正見，轉入正道乃至親證初果而無困難；書中並詳說三果所證的心解脫，以及四果慧解脫的親證，都是如實可行的具體知見與行門。全書共七輯，已出版完畢。平實導師著，每輯三百餘頁，售價300元。

超意境CD：以平實導師公案拈提書中超越意境之頌詞，加上曲風優美的旋律，錄成令人嚮往的超意境歌曲，其中包括正覺發願文及平實導師親自譜成的黃梅調歌曲一首。詞曲雋永，殊堪翫味，可供學禪者吟詠，有助於見道。內附設計精美的彩色小冊，解說每一首詞的背景本事。每片280元。【每購買公案拈提書籍一冊，即贈送一片。】

我的菩提路第一輯：凡夫及二乘聖人不能實證的佛菩提證悟，末法時代的今天仍然有人能得實證，由正覺同修會釋悟圓、釋善藏法師等二十餘位實證如來藏者所寫的見道報告，已爲當代學人見證宗門正法之絲縷不絕，證明大乘義學的法脈仍然存在，爲末法時代求悟般若之學人照耀出光明的坦途。由二十餘位大乘見道者所繕，敘述各種不同的學法、見道因緣與過程，參禪求悟者必讀。全書三百餘頁，售價300元。

我的菩提路第二輯：由郭正益老師等人合著，書中詳述彼等諸人歷經各處道場學法，一一修學而加以檢擇之不同過程以後，因閱讀正覺同修會、正智出版社書籍而發起抉擇分，轉入正覺同修會中修學；乃至學法及見道之過程，都一一詳述之。（本書暫停發售，俟改版重新發售流通。）

我的菩提路第三輯：由王美伶老師等人合著。自從正覺同修會成立以來，每年夏初、冬初都舉辦精進禪三共修，藉以助益會中同修們得以證悟明心發起般若實相智慧；凡已實證而被平實導師印證者，皆書具見道報告用以證明佛法之眞實可證而非玄學，證明佛法並非純屬思想、理論而無實質，是故每年都能有人證明正覺同修會的「實證佛教」主張並非虛語。特別是眼見佛性一法，自古以來中國禪宗祖師實證者極寡，較之明心開悟的證境更難令人信受；至2017年初，正覺同修會中的證悟明心者已近五百人，然而其中眼見佛性者至今唯十餘人爾，可謂難能可貴，是故明心後欲冀眼見佛性者實屬不易。黃正倖老師是懸絕七年無人見性後的第一人，她於2009年的見性報告刊於本書的第二輯中，爲大眾證明佛性確實可以眼見；其後七年之中求見性者都屬解悟佛性而無人眼見，幸而又經七年後的2016冬初，以及2017夏初的禪三，復有三人眼見佛性，希冀鼓舞四眾佛子求見佛性之大心，今則具載一則於書末，顯示求見佛性之事實經歷，供養現代佛教界欲得見性之四眾弟子。全書四百頁，售價300元，已於2017年6月30日發行。

我的菩提路第四輯：由陳晏平等人著。中國禪宗祖師往往有所謂「見性」之言，所言多屬看見如來藏具有能令人發起成佛之自性，並非《大般涅槃經》中　如來所說之眼見佛性。眼見佛性者，於親見佛性之時，即能於山河大地眼見自己佛性，亦能於他人身上眼見自己佛性及對方之佛性，如是境界無法爲尚未實證者解釋；勉強說之，縱使眞實明心證悟之人聞之，亦只能以自身明心之境界想像之，但不論如何想像多屬非量，能有正確之比量者亦是稀有，故說眼見佛性極爲困難。眼見佛性之人若所見極分明時，在所見佛性之境界下所眼見之山河大地、自己五蘊身心皆是虛幻，自有異於明心者之解脫功德受用，此後永不思證二乘涅槃，必定邁向成佛之道而進入第十住位中，已超第一阿僧祇劫三分有一，可謂之爲超劫精進也。今又有明心之後眼見佛性之人出於人間，將其明心及後來見性之報告，連同其餘證悟明心者之精彩報告一同收錄於此書中，供養眞求佛法實證之四眾佛子。全書380頁，售價300元，已於2018年6月30日發行。

我的菩提路第五輯：林慈慧老師等人著，本輯中所舉學人從相似正法中來到正覺同修會的過程，各人都有不同，發生的因緣亦是各有差別，然而都會指向同一個目標——證實生命實相的源底，確證自己生從何來、死往何去的事實，所以最後都證明佛法眞實而可親證，絕非玄學；本書將彼等諸人的始修及末後證悟之實例，羅列出來以供學人參考。本期亦有一位會裡的老師，是從1995年即開始追隨　平實導師修學，1997年明心後持續進修不斷，直到2017年眼見佛性之實例，足可證明《大般涅槃經》中世尊開示眼見佛性之法正眞無訛，第十住位的實證在末法時代的今天仍有可能，如今一併具載於書中以供學人參考，並供養現代佛教界欲得見性之四眾弟子。全書四百頁，售價300元，已於2019年12月31日發行。

我的菩提路第六輯：劉正莉老師等人著。書中詳敘學佛路程之辛苦萬端，直至得遇正法之後如何修行終能實證，現觀眞如而入勝義菩薩僧數。本輯亦錄入一位1990年明心後追隨平實導師學法弘法的老師，不數年後又再眼見佛性的實證者，文中詳述見性之過程，欲令學人深信眼見佛性其實不難，冀得奮力向前而得實證。然古來能得明心又得見性之祖師極寡，禪師們所謂見性者往往屬於明心時親見第八識如來藏具備能使人成佛之自性，即名見性，例如六祖等人，是明心時看見了如來藏具有能使人成佛的自性，當作見性，其實只是明心而階眞見道位，尚非眼見佛性。但非《大般涅槃經》中所說之「眼見佛性」之實證。今本書提供十幾篇明心見道報告及眼見佛性者的見性報告一篇，以饗讀者，已於2020年6月30日出版。全書384頁，300元。

鈍鳥與靈龜：鈍鳥及靈龜二物，被宗門證悟者說爲二種人：前者是精修禪定而無智慧者，也是以定爲禪的愚癡禪人；後者是或有禪定、或無禪定的宗門證悟者，凡已證悟者皆是靈龜。但後者被人虛造事實，用以嘲笑大慧宗杲禪師，說他雖是靈龜，卻不免被天童禪師預記「患背」痛苦而亡：「鈍鳥離巢易，靈龜脫殼難。」藉以貶低大慧宗杲的證量。同時將天童禪師實證如來藏的證量，曲解爲意識境界的離念靈知。自從大慧禪師入滅以後，錯悟凡夫對他的不實毀謗就一直存在著不曾止息，並且捏造的假事實也隨著年月的增加而越來越多，終至編成「鈍鳥與靈龜」的假公案、假故事。本書是考證大慧與天童之間的不朽情誼，顯現這件假公案的虛妄不實；更見大慧宗杲面對惡勢力時的正直不阿，亦顯示大慧對天童禪師的至情深義，將使後人對大慧宗杲的誣謗至此而止，不再有人誤犯毀謗賢聖的惡業。書中亦舉證宗門的所悟確以第八識如來藏爲標的，詳讀之後必可改正以前被錯悟大師誤導的參禪知見，日後必定有助於實證禪宗的開悟境界，得階大乘眞見道位中，即是實證般若之賢聖。全書459頁，售價350元。

維摩詰經講記：本經係　世尊在世時，由等覺菩薩維摩詰居士藉疾病而演說之大乘菩提無上妙義，所說函蓋甚廣，然極簡略，是故今時諸方大師與學人讀之悉皆錯解，何況能知其中隱含之深妙正義，是故普遍無法爲人解說；若強爲人說，則成依文解義而有諸多過失。今由平實導師公開宣講之後，詳實解釋其中密意，令維摩詰菩薩所說大乘不可思議解脫之深妙正法得以正確宣流於人間，利益當代學人及與諸方大師。書中詳實演述大乘佛法深妙不共二乘之智慧境界，顯示諸法之中絕待之實相境界，建立大乘菩薩妙道於永遠不敗不壞之地，以此成就護法偉功，欲冀永利娑婆人天。已經宣講圓滿整理成書流通，以利諸方大師及諸學人。全書共六輯，每輯三百餘頁，售價各250元。

真假外道：本書具體舉證佛門中的常見外道知見實例，並加以教證及理證上的辨正，幫助讀者輕鬆而快速的了知常見外道的錯誤知見，進而遠離佛門內外的常見外道知見，因此即能改正修學方向而快速實證佛法。游正光老師著　。成本價200元。

勝鬘經講記：如來藏爲三乘菩提之所依，若離如來藏心體及其含藏之一切種子，即無三界有情及一切世間法，亦無二乘菩提緣起性空之出世間法；本經詳說無始無明、一念無明皆依如來藏而有之正理，藉著詳解煩惱障與所知障間之關係，令學人深入了知二乘菩提與佛菩提相異之妙理；聞後即可了知佛菩提之特勝處及三乘修道之方向與原理，邁向攝受正法而速成佛道的境界中。平實導師講述，共六輯，每輯三百餘頁，售價各250元。

楞嚴經講記：楞嚴經係密教部之重要經典，亦是顯教中普受重視之經典；經中宣說明心與見性之內涵極爲詳細，將一切法都會歸如來藏及佛性—妙眞如性；亦闡釋佛菩提道修學過程中之種種魔境，以及外道誤會涅槃之狀況，旁及三界世間之起源。然因言句深澀難解，法義亦復深妙寬廣，學人讀之普難通達，是故讀者大多誤會，不能如實理解佛所說之明心與見性內涵，亦因是故多有悟錯之人引爲開悟之證言，成就大妄語罪。今由平實導師詳細講解之後，整理成文，以易讀易懂之語體文刊行天下，以利學人。全書十五輯，全部出版完畢。每輯三百餘頁，售價每輯300元。

明心與眼見佛性：本書細述明心與眼見佛性之異同，同時顯示了中國禪宗破初參明心與重關眼見佛性二關之間的關聯；書中又藉法義辨正而旁述其他許多勝妙法義，讀後必能遠離佛門長久以來積非成是的錯誤知見，令讀者在佛法的實證上有極大助益。也藉慧廣法師的謬論來教導佛門學人回歸正知正見，遠離古今禪門錯悟者所墮的意識境界，非唯有助於斷我見，也對未來的開悟明心實證第八識如來藏有所助益，是故學禪者都應細讀之。游正光老師著　共448頁　售價300元。

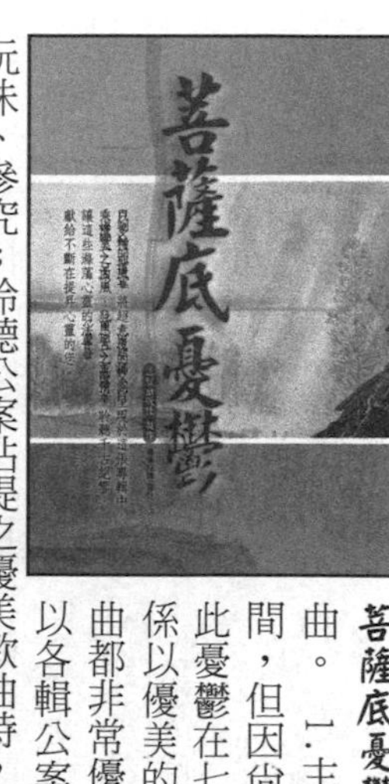

菩薩底憂鬱CD：將菩薩情懷及禪宗公案寫成新詞，並製作成超越意境的優美歌曲。1.主題曲〈菩薩底憂鬱〉，描述地後菩薩能離三界生死而迴向繼續生在人間，但因尚未斷盡習氣種子而有極深沈之憂鬱，非三賢位菩薩及二乘聖者所知，此憂鬱在七地滿心位方才斷盡；本曲之詞中所說義理極深，昔來所未曾見；此曲係以優美的情歌風格寫詞及作曲，聞者得以激發嚮往諸地菩薩境界之大心，詞、曲都非常優美，難得一見；其中勝妙義理之解說，已印在附贈之彩色小冊中。2.以各輯公案拈提中直示禪門入處之頌文，作成各種不同曲風之超意境歌曲，值得玩味、參究；聆聽公案拈提之優美歌曲時，請同時閱讀內附之印刷精美說明小冊，可以領會超越三界的證悟境界；未悟者可以因此引發求悟之意向及疑情，眞發菩提心而邁向求悟之途，乃至因此眞實悟入般若，成眞菩薩。3.正覺總持咒新曲，總持佛法大意；總持咒之義理，已加以解說並印在隨附之小冊中。本CD共有十首歌曲，長達63分鐘，附贈二張購書優惠券。每片280元。

禪意無限CD：平實導師以公案拈提書中偈頌寫成不同風格曲子，與他人所寫不同風格曲子共同錄製出版，幫助參禪人進入禪門超越意識之境界。盒中附贈彩色印製的精美解說小冊，以供聆聽時閱讀，令參禪人得以發起參禪之疑情，即有機會證悟本來面目，實證大乘菩提般若。本CD共有十首歌曲，長達69分鐘，每盒各附贈二張購書優惠券。每片280元。

金剛經宗通：三界唯心，萬法唯識，是成佛之修證內容，是諸地菩薩之所修；般若則是成佛之道（實證三界唯心、萬法唯識）的入門，若未證悟實相般若，即無成佛之可能，必將永在外門廣行菩薩六度，永在凡夫位中。然而實相般若的發起，全賴實證萬法的實相；若欲證知萬法的眞相，則必須探究萬法之所從來，則須實證自心如來—金剛心如來藏，然後現觀這個金剛心的金剛性、眞實性、如如性、清淨性、涅槃性、能生萬法的自性性、本住性，名爲證眞如；進而現觀三界六道唯是此金剛心所成，人間萬法須藉八識心王和合運作方能現起。如是實證

《華嚴經》的「三界唯心、萬法唯識」以後，由此等現觀而發起實相般若智慧，繼續進修第十住位的如幻觀、第十行位的陽焰觀、第十迴向位的如夢觀，再生起增上意樂而勇發十無盡願，方能滿足三賢位的實證，轉入初地；自知成佛之道而無偏倚，從此按部就班、次第進修乃至成佛。第八識自心如來是般若智慧之所依，般若智慧的修證則要從實證金剛心自心如來開始；《金剛經》則是解說自心如來之經典，是一切三賢位菩薩所應進修之實相般若經典。這一套書，是將平實導師宣講的《金剛經宗通》內容，整理成文字而流通之；書中所說義理，迥異古今諸家依文解義之說，指出大乘見道方向與理路，有益於禪宗學人求開悟見道，及轉入內門廣修六度萬行。已於2013年9月出版完畢，總共9輯，每輯約三百餘頁，售價各250元。

空行母—性別、身分定位，以及藏傳佛教：本書作者爲蘇格蘭哲學家，因爲嚮往佛教深妙的哲學內涵，於是進入當年盛行於歐美的假藏傳佛教密宗，擔任卡盧仁波切的翻譯工作多年以後，被邀請成爲卡盧的空行母（又名佛母、明妃），開始了她在密宗裡的實修過程；後來發覺在密宗雙身法中的修行，其實無法使自己成佛，也發覺密宗對女性岐視而處處貶抑，並剝奪女性在雙身法中擔任一半角色時應有的身分定位。當她發覺自己只是雙身法中被喇嘛利用的工具，沒有獲得絲毫應有的尊重與基本定位時，發現了密宗的父權社會控制女性的本質；於是作者傷心地離開了卡盧仁波切與密宗，但是卻被恐嚇不許講出她在密宗裡的經歷，也不許她說出自己對密宗的教義與教制下對女性剝削的本質，否則將被咒殺死亡。後來她去加拿大定居，十餘年後方才擺脫這個恐嚇陰影，下定決心將親身經歷的實情及觀察到的事實寫下來並且出版，公諸於世。出版之後，她被流亡的達賴集團人士大力攻訐，誣指她爲精神狀態失常、說謊……等。但有智之士並未被達賴集團的政治操作及各國政府政治運作吹捧達賴的表相所欺，使她的書銷售無阻而又再版。正智出版社鑑於作者此書是親身經歷的事實，所說具有針對「藏傳佛教」而作學術研究的價值，也有使人認清假藏傳佛教剝削佛母、明妃的男性本位實質，因此洽請作者同意中譯而出版於華人地區。珍妮·坎貝爾女士著，呂艾倫 中譯，每冊250元。

霧峰無霧—給哥哥的信　本書作者藉兄弟之間信件往來論義，略述佛法大義；並以多篇短文辨義，舉出釋印順對佛法的無量誤解證據，並一一給予簡單而清晰的辨正，令人一讀即知。久讀、多讀之後即能認清楚釋印順的六識論見解，與眞實佛法之牴觸是多麼嚴重；於是在久讀、多讀之後，於不知不覺之間提升了對佛法的極深入理解，正知正見就在不知不覺間建立起來了。當三乘佛法的正知見建立起來之後，對於三乘菩提的見道條件便將隨之具足，於是聲聞解脫道的見道也就水到渠成；接著大乘見道的因緣也將次第成熟，未來自然也會有親見大乘菩提之道的因緣，悟入大乘實相般若也將自然成功，自能通達般若系列諸經而成實義菩薩。作者居住於南投縣霧峰鄉，自喻見道之後不復再見霧峰之霧，故鄉原野美景一一明見，於是立此書名爲《霧峰無霧》；讀者若欲撥霧見月，可以此書爲緣。游宗明　老師著　已於2015年出版　售價250元。

霧峰無霧—第二輯—救護佛子向正道　本書作者藉釋印順著作中之各種錯謬法義提出辨正，以詳實的文義一一提出理論上及實證上之解析，列舉釋印順對佛法的無量誤解證據，藉此教導佛門大師與學人釐清佛法義理，遠離岐途轉入正道，然後知所進修，久之便能見道明心而入大乘勝義僧數。被釋印順誤導的大師與學人極多，很難救轉，是故作者大發悲心深入解說其錯謬之所在，佐以各種義理辨正而令讀者在不知不覺之間轉歸正道。如是久讀之後欲得斷身見、證初果，即不爲難事；乃至久之亦得大乘見道而得證眞如，脫離空有二邊而住中道，實相般若智慧生起，於佛法不再茫然，漸漸亦知悟後進修之道。屆此之時，對於大乘般若等深妙法之迷雲暗霧亦將一掃而空，生命及宇宙萬物之故鄉原野美景一一明見，是故本書仍名《霧峰無霧》，爲第二輯；讀者若欲撥雲見日、離霧見月，可以此書爲緣。游宗明　老師著　已於2019年出版　售價250元。

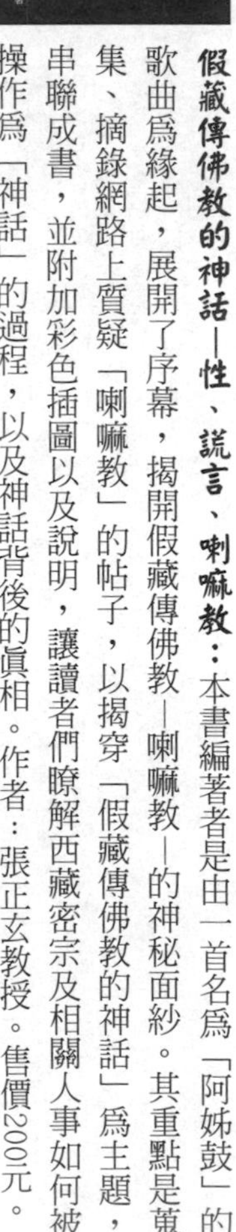

假藏傳佛教的神話—性、謊言、喇嘛教：本書編著者是由一首名爲「阿姊鼓」的歌曲爲緣起，展開了序幕，揭開假藏傳佛教—喇嘛教—的神秘面紗。其重點是蒐集、摘錄網路上質疑「喇嘛教」的帖子，以揭穿「假藏傳佛教的神話」爲主題，串聯成書，並附加彩色插圖以及說明，讓讀者們瞭解西藏密宗及相關人事如何被操作爲「神話」的過程，以及神話背後的眞相。作者：張正玄教授。售價200元。

達賴真面目—玩盡天下女人：假使您不想戴綠帽子，請記得詳細閱讀此書；假使您不想讓好朋友戴綠帽子，請您將此書介紹給您的好朋友。假使您想保護家中的女性，也想要保護好朋友的女眷，請記得將此書送給家中的女性和好友的女眷都來閱讀。本書爲印刷精美的大本彩色中英對照精裝本，爲您揭開達賴喇嘛的眞面目，內容精彩不容錯過，爲利益社會大衆，特別以優惠價格嘉惠所有讀者。編著者：白志偉等。大開版雪銅紙彩色精裝本。售價800元。

童女迦葉考—論呂凱文〈佛教輪迴思想的論述分析〉之謬：童女迦葉是佛世率領五百大比丘遊行於人間的歷史事實，是以童貞行而依止菩薩戒弘化於人間的大菩薩，不依別解脫戒（聲聞戒）來弘化於人間。這是大乘佛教與聲聞佛教同時存在於佛世的歷史明證，證明大乘佛教不是從聲聞法中分裂出來的部派佛教的產物，卻是聲聞佛教分裂出來的部派佛教聲聞凡夫僧所不樂見的史實；於是古今聲聞法中的凡夫都欲加以扭曲而作詭說，更是末法時代高聲大呼「大乘非佛說」的六識論聲聞凡夫極力想要扭曲的佛教史實之一，於是想方設法扭曲迦葉菩薩爲聲聞僧，以及扭曲迦葉童女爲比丘僧等荒謬不實之論著便陸續出現，古時聲聞僧寫作的《分別功德論》是最具體之事例，現代之代表作則是呂凱文先生的〈佛教輪迴思想的論述分析〉論文。鑑於如是假藉學術考證以籠罩大衆之不實謬論，未來仍將繼續造作及流竄於佛教界，繼續扼殺大乘佛教學人法身慧命，必須舉證辨正之，遂成此書。平實導師 著，每冊180元。

末代達賴—性交教主的悲歌：簡介從藏傳僞佛教（喇嘛教）的修行核心—性力派男女雙修，探討達賴喇嘛及藏傳僞佛教的修行內涵。書中引用外國知名學者著作、世界各地新聞報導，包含：歷代達賴喇嘛的祕史、達賴六世修雙身法的事蹟，以及《時輪續》中的性交灌頂儀式……等；達賴喇嘛書中開示的雙修法、達賴喇嘛的黑暗政治手段；達賴喇嘛所領導的寺院爆發喇嘛性侵兒童；新聞報導《西藏生死書》作者索甲仁波切性侵女信徒、澳洲喇嘛秋達公開道歉、美國最大假藏傳佛教組織領導人邱陽創巴仁波切的性氾濫，等等事件背後眞相的揭露。作者：張善思、呂艾倫、辛燕。售價250元。

黯淡的達賴—失去光彩的諾貝爾和平獎：本書舉出很多證據與論述，詳述達賴喇嘛不爲世人所知的一面，顯示達賴喇嘛並不是眞正的和平使者，而是假借諾貝爾和平獎的光環來欺騙世人；透過本書的說明與舉證，讀者可以更清楚的瞭解，達賴喇嘛是結合暴力、黑暗、淫欲於喇嘛教裡的集團首領，其政治行爲與宗教主張，早已讓諾貝爾和平獎的光環染污了。　本書由財團法人正覺教育基金會寫作、編輯，由正覺出版社印行，每冊250元。

第七意識與第八意識？—穿越時空「超意識」：「三界唯心，萬法唯識」是佛教中應該實證的聖教，也是《華嚴經》中明載而可以實證的法界實相。唯心者，三界一切境界、一切諸法唯是一心所成就，即是每一個有情的第八識如來藏，不是意識心。唯識者，即是人類各各都具足的八識心王——眼識、耳鼻舌身意識、意根、阿賴耶識，第八阿賴耶識又名如來藏，人類五陰相應的萬法，莫不由八識心王共同運作而成就，故說萬法唯識。依聖教量及現量、比量，都可以證明意識是二法因緣生，是由第八識藉意根與法塵二法爲因緣而出生，又是夜夜斷滅不存之生滅心，即無可能反過來出生第七識意根、第八識如來藏，當知不可能從生滅性的意識心中，細分出恆審思量的第七識意根，更無可能細分出恆而不審的第八識如來藏。本書是將演講內容整理成文字，細說如是內容，並已在《正覺電子報》連載完畢，今彙集成書以廣流通，欲幫助佛門有緣人斷除意識我見，跳脫於識陰之外而取證聲聞初果；嗣後修學禪宗時即得不墮外道神我之中，得以求證第八識金剛心而發起般若實智。平實導師 述，每冊300元。

中觀金鑑—詳述應成派中觀的起源與其破法本質：學佛人往往迷於中觀學派之不同學說，被應成派與自續派所迷惑；修學般若中觀二十年後自以爲實證般若中觀了，卻仍不曾入門，甫聞實證般若中觀者之所說，則茫無所知，迷惑不解；隨後信心盡失，不知如何實證佛法；凡此，皆因惑於這二派中觀學說所致。自續派中觀所說同於常見，以意識境界立爲第八識如來藏之境界，應成派所說則同於斷見，但又同立意識爲常住法，故亦具足斷常二見。今者孫正德老師有鑑於此，乃將起源於密宗的應成派中觀學說，追本溯源，詳考其來源之外，亦一一舉證其立論內容，詳加辨正，令密宗雙身法祖師以識陰境界而造之應成派中觀學說本質，詳細呈現於學人眼前，令其維護雙身法之目的無所遁形。若欲遠離密宗此二大派中觀謬說，欲於三乘菩提有所進道者，允宜具足閱讀並細加思惟，反覆讀之以後將可捨棄邪道返歸正道，則於般若之實證即有可能，證後自能現觀如來藏之中道境界而成就中觀。本書分上、中、下三冊，每冊250元，全部出版完畢。

人間佛教—實證者必定不悖三乘菩提：「大乘非佛說」的講法似乎流傳已久，卻只是日本人企圖擺脫中國正統佛教的影響，而在明治維新時期才開始提出來的說法；台灣佛教、大陸佛教的淺學無智之人，由於未曾實證佛法而迷信日本人錯誤的學術考證，錯認爲這些別有用心的日本佛學考證的講法爲天竺佛教的眞實歷史；甚至還有更激進的反對佛教者提出「釋迦牟尼佛並非眞實存在，只是後人捏造的假歷史人物」，竟然也有少數人願意跟著「學術」的假光環而信受不疑，於是開始有一些佛教界人士造作了反對中國佛教而推崇南洋小乘佛教的行爲，使佛教的信仰者難以檢擇，導致一般大陸人士開始轉入基督教的盲目迷信中。在這些佛教及外教人士之中，也就有一分人根據此邪說而大聲主張「大乘非佛說」的謬論，這些人以「人間佛教」的名義來抵制中國正統佛教，公然宣稱中國的大乘佛教是由聲聞部派佛教的凡夫僧所創造出來的。這樣的說法流傳於台灣及大陸佛教界凡夫僧之中已久，卻非眞正的佛教歷史中曾經發生過的事，只是繼承六識論的聲聞法中凡夫僧依自己的意識境界立場，純憑臆想而編造出來的妄想說法，卻已經影響許多無智之凡夫僧俗信受不移。本書則是從佛教的經藏法義實質及實證的現量內涵本質立論，證明大乘佛法本是佛說，是從《阿含正義》尚未說過的不同面向來討論「人間佛教」的議題，證明「大乘眞佛說」。閱讀本書可以斷除六識論邪見，迴入三乘菩提正道發起實證的因緣；也能斷除禪宗學人學禪時普遍存在之錯誤知見，對於建立參禪時的正知見有很深的著墨。 平實導師 述，內文488頁，全書528頁，定價400元。

喇嘛性世界—揭開假藏傳佛教譚崔瑜伽的面紗：這個世界中的喇嘛，號稱來自世外桃源的香格里拉，穿著或紅或黃的喇嘛長袍，散布於我們的身邊傳教灌頂，吸引了無數的人嚮往學習；這些喇嘛虔誠地爲大衆祈福，手中拿著寶杵（金剛）與寶鈴（蓮花），口中唸著咒語：「唵‧嘛呢‧叭咪‧吽……」，咒語的意思是說：「我至誠歸命金剛杵上的寶珠伸向蓮花寶穴之中」！「喇嘛性世界」是什麼樣的「世界」呢？本書將爲您呈現喇嘛世界的面貌。當您發現眞相以後，您將會唸：「噢！喇嘛‧性‧世界，譚崔性交嘛！」作者：張善思、呂艾倫。售價200元。

見性與看話頭：黃正倖老師的《見性與看話頭》於《正覺電子報》連載完畢，今結集出版。書中詳說禪宗看話頭的詳細方法，並細說看話頭與眼見佛性的關係，以及眼見佛性者求見佛性前必須具備的條件。本書是禪宗實修者追求明心開悟時參禪的方法書，也是求見佛性者作功夫時必讀的方法書，內容兼顧眼見佛性的理論與實修之方法，是依實修之體驗配合理論而詳述，條理分明而且極爲詳實、周全、深入。本書內文375頁，全書416頁，售價300元。

實相經宗通：學佛之目的在於實證一切法界背後之實相，禪宗稱之爲本來面目或本地風光，佛菩提道中稱之爲實相法界；此實相法界即是金剛藏，又名佛法之祕密藏，即是能生有情五陰、十八界及宇宙萬有（山河大地、諸天、三惡道世間）的第八識如來藏，又名阿賴耶識心，即是禪宗祖師所說的眞如心，此心即是三界萬有背後的實相。證得此第八識心時，自能瞭解般若諸經中隱說的種種密意，即得發起實相般若——實相智慧。每見學佛人修學佛法二十年後仍對實相般若茫然無知，亦不知如何入門，茫無所趣；更因不知三乘菩提的互異互同，是故越是久學者對佛法越覺茫然，都肇因於尚未瞭解佛法的全貌，亦未瞭解佛法的修證內容即是第八識心所致。本書對於修學佛法者所應實證的實相境界提出明確解析，並提示趣入佛菩提道的入手處，有心親證實相般若的佛法實修者，宜詳讀之，於佛菩提道之實證即有下手處。平實導師述著，共八輯，已於2016年出版完畢，每輯成本價250元。

真心告訴您(一)——達賴喇嘛在幹什麼？這是一本報導篇章的選集，更是「破邪顯正」的暮鼓晨鐘。「破邪」是戳破假象，說明達賴喇嘛及其所率領的密宗四大派法王、喇嘛們，弘傳的佛法是仿冒的佛法；他們是假藏傳佛教，是坦特羅(譚崔性交)外道法和藏地崇奉鬼神的苯教混合成的「喇嘛教」，推廣的是以所謂「無上瑜伽」的男女雙身法冒充佛法的假佛教，詐財騙色誤導眾生，常常造成信徒家庭破碎、家中兒少失怙的嚴重後果。「顯正」是揭櫫眞相，指出眞正的藏傳佛教只有一個，就是覺囊巴，傳的是 釋迦牟尼佛演繹的第八識如來藏妙法，稱爲他空見大中觀。正覺教育基金會即以此古今輝映的如來藏正法正知見，在眞心新聞網中逐次報導出來，將箇中原委「眞心告訴您」，如今結集成書，與想要知道密宗眞相的您分享。售價250元。

法華經講義：此書爲平實導師始從2009/7/21演述至2014/1/14之講經錄音整理所成。世尊一代時教，總分五時三教，即是華嚴時、聲聞緣覺教、般若教、種智唯識教、法華時；依此五時三教區分爲藏、通、別、圓四教。本經是最後一時的圓教經典，圓滿收攝一切法教於本經中，是故最後的圓教聖訓中，特地指出無有三乘菩提，其實唯有一佛乘；皆因眾生愚迷故，方便區分爲三乘菩提以助眾生證道。世尊於此經中特地說明如來示現於人間的唯一大事因緣，便是爲有緣眾生「開、示、悟、入」諸佛的所知所見——第八識如來藏妙眞如心，並於諸品中隱說「妙法蓮花」如來藏心的密意。然因此經所說甚深難解，眞義隱晦，古來難得有人能窺堂奧；平實導師以知如是密意故，特爲末法佛門四眾演述《妙法蓮華經》中各品蘊含之密意，使古來未曾被古德註解出來的「此經」密意，如實顯示於當代學人眼前。乃至〈藥王菩薩本事品〉、〈妙音菩薩品〉、〈觀世音菩薩普門品〉、〈普賢菩薩勸發品〉中的微細密意，亦皆一併詳述之，開前人所未曾言之密意，示前人所未見之妙法。最後乃至以〈法華大義〉而總其成，全經妙旨貫通始終，而依佛旨圓攝於一心如來藏妙心，厥爲曠古未有之大說也。平實導師述，共有25輯，已於2019/05/31出版完畢。每輯300元。

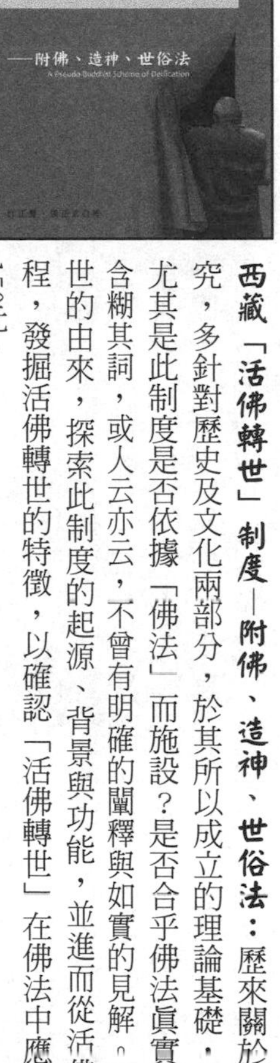

西藏「活佛轉世」制度—附佛、造神、世俗法：歷來關於喇嘛教活佛轉世的研究，多針對歷史及文化兩部分，於其所以成立的理論基礎，較少系統化的探討。尤其是此制度是否依據「佛法」而施設？是否合乎佛法眞實義？現有的文獻大多含糊其詞，或人云亦云，不曾有明確的闡釋與如實的見解。因此本文先從活佛轉世的由來，探索此制度的起源、背景與功能，並進而從活佛的尋訪與認證之過程，發掘活佛轉世的特徵，以確認「活佛轉世」在佛法中應具足何種果德。定價150元。

眞心告訴您（二）—達賴喇嘛是佛教僧侶嗎？補祝達賴喇嘛八十大壽：這是一本針對當今達賴喇嘛所領導的喇嘛教，冒用佛教名相、於師徒間或師兄姊間，實修男女邪淫，而從佛法三乘菩提的現量與聖教量，揭發其謊言與邪術，證明達賴及其喇嘛教是仿冒佛教的外道，是「假藏傳佛教」。藏密四大派教義雖有「八識論」與「六識論」的表面差異，然其實修之內容，皆共許「無上瑜伽」四部灌頂爲究竟「成佛」之法門，也就是共以男女雙修之邪淫法爲「即身成佛」之密要，雖美其名曰「欲貪爲道」之「金剛乘」，並誇稱其成就超越於（應身佛）釋迦牟尼佛所傳之顯教般若乘之上；然詳考其理論，則或以意識離念時之粗細心爲第八識如來藏，或以中脈裡的明點爲第八識如來藏，或如宗喀巴與達賴堅決主張第六意識爲常恆不變之眞心者，分別墮於外道之常見與斷見中；全然違背 佛說能生五蘊之如來藏的實質。售價300元。

涅槃—解說四種涅槃之實證及內涵：眞正學佛之人，首要即是見道，由見道故方有涅槃之實證，證涅槃者方能出生死，但涅槃有四種：二乘聖者的有餘涅槃、無餘涅槃，以及大乘聖者的本來自性清淨涅槃、佛地的無住處涅槃。大乘聖者實證本來自性清淨涅槃，入地前再取證二乘涅槃，然後起惑潤生捨離二乘涅槃，繼續進修而在七地心前斷盡三界愛之習氣種子，依七地無生法忍之具足而證得念念入滅盡定；八地後進斷異熟生死，直至妙覺地下生人間成佛，具足四種涅槃，方是眞正成佛。此理古來少人言，以致誤會涅槃正理者比比皆是，今於此書中廣說四種涅槃、如何實證之理、實證前應有之條件，實屬本世紀佛教界極重要之著作，令人對涅槃有正確無訛之認識，然後可以依之實行而得實證。本書共有上下二冊，每冊各四百餘頁，對涅槃詳加解說，每冊各350元。

佛藏經講義：本經說明爲何佛菩提難以實證之原因，都因往昔無數阿僧祇劫前的邪見，引生此世求證時之業障而難以實證。即以諸法實相詳細解說，繼之以念佛品、念法品、念僧品，說明諸佛與法之實質；然後以淨戒品之說明，期待佛弟子四眾堅持清淨戒而轉化心性，並以往古品的實例說明，教導四眾務必滅除邪見轉入正見中，然後以了戒品的說明和囑累品的付囑，期望末法時代的佛門四眾弟子皆能清淨知見而得以實證。平實導師於此經中有極深入的解說，總共21輯，每輯300元，於2019/07/31開始發行。

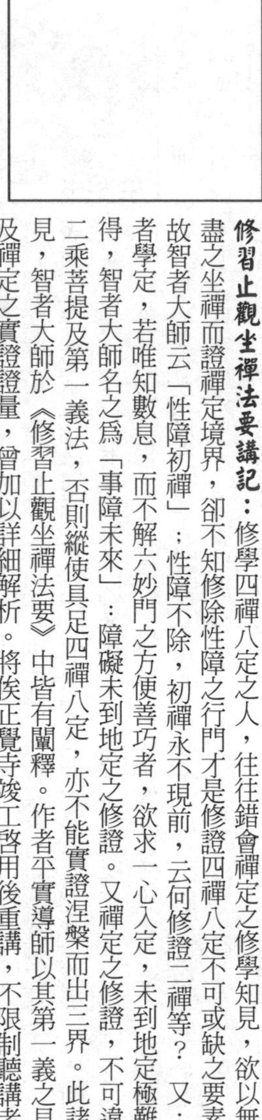

修習止觀坐禪法要講記：修學四禪八定之人，往往錯會禪定之修學知見，欲以無止盡之坐禪而證禪定境界，卻不知修除性障之行門才是修證四禪八定不可或缺之要素，故智者大師云「性障初禪」；性障不除，初禪永不現前，云何修證二禪等？又：行者學定，若唯知數息，而不解六妙門之方便善巧者，欲求一心入定，未到地定極難可得，智者大師名之爲「事障未來」：障礙未到地定之修證。又禪定之修證，不可違背二乘菩提及第一義法，否則縱使具足四禪八定，亦不能實證涅槃而出三界。此諸知見，智者大師於《修習止觀坐禪法要》中皆有闡釋。作者平實導師以其第一義之見地及禪定之實證證量，曾加以詳細解析。將俟正覺寺竣工啓用後重講，不限制聽講者資格；講後將以語體文整理出版。欲修習世間定及增上定之學者，宜細讀之。平實導師述著。

解深密經講記：本經係 世尊晚年第三轉法輪，宣說地上菩薩所應熏修之唯識正義經典，經中所說義理乃是大乘一切種智增上慧學，以阿陀那識—如來藏—阿賴耶識爲主體。禪宗之證悟者，若欲修證初地無生法忍乃至八地無生法忍者，必須修學《楞伽經、解深密經》所說之八識心王一切種智；此二經所說正法，方是眞正成佛之道；印順法師否定第八識如來藏之後所說萬法緣起性空之法，是以誤會後之二乘解脫道取代大乘眞正成佛之道，尚且不符二乘解脫道正理，亦已墮於斷滅見中，不可謂爲成佛之道也。平實導師曾於本會郭故理事長往生時，於喪宅中從首七開始宣講，於每一七各宣講三小時，至第十七而快速略講圓滿，作爲郭老之往生佛事功德，迴向郭老早證八地、速返娑婆住持正法。茲爲今時後世學人故，將擇期重講《解深密經》，以淺顯之語句講畢後，將會整理成文，用供證悟者進道；亦令諸方未悟者，據此經中佛語正義，修正邪見，依之速能入道。平實導師述著，全書輯數未定，每輯三百餘頁，將於未來重講完畢後逐輯出版。

阿含經講記—小乘解脫道之修證：數百年來，南傳佛法所說證果之不實，所說解脫道之虛妄，所弘解脫道法義之世俗化，皆已少人知之；從南洋傳入台灣與大陸之後，所說法義虛謬之事，亦復少人知之；今時台灣全島印順系統之法師居士，多不知南傳佛法數百年來所說解脫道之義理已然偏斜、已然世俗化、已非眞正之二乘解脫正道，猶極力推崇與弘揚。彼等南傳佛法近代所謂之證果者皆非眞實證果者，譬如阿迦曼、葛印卡、帕奧禪師、一行禪師……等人，悉皆未斷我見故。近年更有台灣南部大願法師，高抬南傳佛法之二乘修證行門爲「捷徑究竟解脫之道」者，然而南傳佛法縱使眞修實證，得成阿羅漢，至高唯是二乘菩提解脫之道，絕非究竟解脫，無餘涅槃中之實際尚未得證故，法界之實相尚未了知故，習氣種子待除故，一切種智未實證故，焉得謂爲「究竟解脫」？即使南傳佛法近代眞有實證之阿羅漢，尚且不及三賢位中之七住明心菩薩本來自性清淨涅槃智慧境界，則不能知此賢位菩薩所證之無餘涅槃實際，仍非大乘佛法中之見道者，何況普未實證聲聞果乃至未斷我見之人？謬充證果已屬逾越，更何況是誤會二乘菩提之後，以未斷我見之凡夫知見所說之二乘菩提解脫偏斜法道，焉可高抬爲「究竟解脫」？而且自稱「捷徑之道」？又妄言解脫之道即是成佛之道，完全否定般若實智、否定三乘菩提所依之如來藏心體，此理大大不通也！平實導師爲令修學二乘菩提欲證解脫果者，普得迴入二乘菩提正見、正道中，是故選錄四阿含諸經中，對於二乘解脫道法義有具足圓滿說明之經典，預定未來十年內將會加以詳細講解，令學佛人得以了知二乘解脫道之修證理路與行門，庶免被人誤導之後，未證言證，梵行未立，干犯道禁自稱阿羅漢或成佛，成大妄語，欲升反墮。本書首重斷除我見，以助行者斷除我見而實證初果爲著眼之目標，若能根據此書內容，配合平實導師所著《識蘊眞義》《阿含正義》內涵而作實地觀行，實證初果非爲難事，行者可以藉此三書自行確認聲聞初果爲實際可得現觀成就之事。此書中除依二乘經典所說加以宣示外，亦依斷除我見等之證量，及大乘法中道種智之證量，對於意識心之體性加以細述，令諸二乘學人必定得斷我見、常見，免除三縛結之繫縛。次則宣示斷除我執之理，欲令升進而得薄貪瞋痴，乃至斷五下分結…等。平實導師將擇期講述，然後整理成書。共二冊，每冊三百餘頁。每輯300元。

喇嘛教修外道雙身法，墮識陰境界，非佛教

弘揚如來藏他空見的覺囊派才是眞正藏傳佛教

總經銷： 聯合發行股份有限公司

231 新北市新店區寶橋路 235 巷 6 弄 6 號 4F

Tel.02－2917-8022（代表號） Fax.02－2915-6275（代表號）

零售：1.**全台連鎖經銷書局：**

三民書局、誠品書局、何嘉仁書店

敦煌書店、紀伊國屋、金石堂書局、建宏書局

諾貝爾圖書城、墊腳石圖書文化廣場

2.**台北市：**佛化人生 **大安區**羅斯福路 3 段 325 號 6 樓之 4 台電大樓對面

3.**新北市：**春大地書店 **蘆洲區**中正路 117 號

4.**桃園市：**御書堂 **龍潭區**中正路 123 號

5.**新竹市：**大學書局 **東區**建功路 10 號

6.**台中市：**瑞成書局 **東區**雙十路 1 段 4 之 33 號

佛教詠春書局 **南屯區**永春東路 884 號

文春書店 **霧峰區**中正路 1087 號

7.**彰化市：**心泉佛教文化中心 南瑤路 286 號

8.**高雄市：**政大書城 **前鎮區**中華五路 789 號 2 樓（高雄夢時代店）

明儀書局 **三民區**明福街 2 號

青年書局 **苓雅區**青年一路 141 號

9.**台東市：**東普佛教文物流通處 博愛路 282 號

10.**其餘鄉鎮市經銷書局：**請電詢總經銷**聯合**公司。

11.**大陸地區請洽：**

香港：樂文書店

旺角店 :香港九龍旺角西洋菜街 62 號 3 樓

電話 : (852) 2390 3723 email: luckwinbooks@gmail.com

銅鑼灣店 :香港銅鑼灣駱克道 506 號 2 樓

電話 : (852) 2881 1150 email: luckwinbs@gmail.com

廈門：廈門外圖臺灣書店有限公司

地址：廈門市思明區湖濱南路809 號 廈門外圖書城3 樓 郵編：361004

電話：0592-5061658（臺灣地區請撥打 86-592-5061658）

E-mail：JKB118＠188.COM

12.**美國：世界日報圖書部：**紐約圖書部 電話 7187468889#6262

洛杉磯圖書部 電話 3232616972#202

13.**國內外地區網路購書：**

正智出版社 書香園地 http://books.enlighten.org.tw/

（書籍簡介、經銷書局可直接聯結下列網路書局購書）

三民 網路書局 http://www.sanmin.com.tw

誠品 網路書局 http://www.eslitebooks.com

博客來 網路書局 http://www.books.com.tw

金石堂 網路書局　http://www.kingstone.com.tw

聯合 網路書局　http:// www.nh.com.tw

附註：1.請儘量向各經銷書局購買：郵政劃撥需要八天才能寄到（本公司在您劃撥後第四天才能接到劃撥單，次日寄出後第二天您才能收到書籍，此六天中可能會遇到週休二日，是故共需八天才能收到書籍）若想要早日收到書籍者，請劃撥完畢後，將劃撥收據貼在紙上，旁邊寫上您的姓名、住址、郵區、電話、買書詳細內容，直接傳眞到本公司 02-28344822，並來電 02-28316727、28327495 確認是否已收到您的傳眞，即可提前收到書籍。 2.因台灣每月皆有五十餘種宗教類書籍上架，書局書架空間有限，故唯有新書方有機會上架，通常每次只能有一本新書上架；本公司出版新書，大多上架不久便已售出，若書局未再叫貨補充者，書架上即無新書陳列，則請直接向書局櫃台訂購。 3.若書局不便代購時，可於晚上共修時間向正覺同修會各共修處請購（共修時間及地點，詳閱**共修現況表**。每年例行年假期間請勿前往請書，年假期間請見共修現況表）。 4.郵購：郵政劃撥帳號 19068241。 5.正覺同修會會員購書都以八折計價（戶籍台北市者爲一般會員，外縣市爲護持會員）都可獲得優待，欲一次購買全部書籍者，可以考慮入會，節省書費。入會費一千元（第一年初加入時才需要繳），年費二千元。**6.尚未出版之書籍，請勿預先郵寄書款與本公司，謝謝您！** 7.若欲一次購齊本公司書籍，或同時取得正覺同修會贈閱之全部書籍者，請於正覺同修會共修時間，親到各共修處請購及索取；**台北市讀者**請洽：103 台北市承德路二段 267 號 10 樓（捷運淡水線 圓山站旁）請書時間：週一至週五爲 18.00~21.00，第一、三、五週週六爲 10.00~21.00，雙週之週六爲 10.00~18.00 請購處專線電話：25957295-分機 14（於請書時間方有人接聽）。

敬告大陸讀者：

大陸讀者購書、索書捷徑（尚未在大陸出版的書籍，以下二個途徑都可以購得，電子書另包括結緣書籍）：

1.廈門外國圖書公司：廈門市思明區湖濱南路 809 號 廈門外圖書城 3F

郵編：361004 電話：0592-5061658 網址：http://www.xibc.com.cn/

2.電子書：正智出版社有限公司及正覺同修會在台灣印行的各種局版書、結緣書，已有『**正覺電子書**』陸續上線中，提供讀者於手機、平板電腦上購書、下載、閱讀正智出版社、正覺同修會及正覺教育基金會所出版之電子書，詳細訊息敬請參閱『正覺電子書』專頁：http://books.enlighten.org.tw/ebook

關於平實導師的書訊，請上網查閱：

成佛之道 http://www.a202.idv.tw

正智出版社 書香園地 http://books.enlighten.org.tw/

中國網採訪佛教正覺同修會、正覺教育基金會訊息：

http://big5.china.com.cn/gate/big5/fangtan.china.com.cn/2014-06/19/content_32714638.htm

http://pinpai.china.com.cn/

★ 正智出版社有限公司售書之稅後盈餘，全部捐助財團法人正覺寺籌備處、佛教正覺同修會、正覺教育基金會，供作弘法及購建道場之用；懇請諸方大德支持，功德無量。

★ 聲 明 ★

本社於 2015/01/01 開始調整本目錄中部分書籍之售價，以因應各項成本的持續增加。

＊ 喇嘛教修外道雙身法、墮識陰境界，非佛教 ＊

＊ 弘揚如來藏他空見的覺囊派才是真正藏傳佛教 ＊

售後服務—換書啓事(免附回郵)　2017/12/05

《楞伽經詳解》第三輯初版免費調換新書啓事：茲因 平實導師弘法早期尚未回復往世全部證量，有些法義接受他人的說法，寫書當時並未察覺而有二處（同一種法義）跟著誤說，如今發現已將之修正。茲爲顧及讀者權益，已開始免費調換新書；敬請所有讀者將以前所購第三輯（不論第幾刷），攜回或寄回本公司免費換新；郵寄者之回郵由本公司負擔，不需寄來郵票。因此而造成讀者閱讀、以及換書的不便，在此向所有讀者致上萬分的歉意，祈請讀者大眾見諒！

《楞嚴經講記》第 14 輯初版首刷本免費調換新書啓事：本講記第 14 輯出版前因 平實導師諸事繁忙，未將之重新閱讀而只改正校對時發現的錯別字，故未能發覺十年前所說法義有部分錯誤，於第 15 輯付印前重閱時才發覺第 14 輯中有部分錯誤尚未改正。今已重新審閱修改並已重印完成，煩請所有讀者將以前所購第 14 輯初版首刷本，寄回本公司免費換新（初版二刷本無錯誤），本公司將於寄回新書時同時附上您寄書來換新時的郵資，並在此向所有讀者致上最誠懇的歉意。

《心經密意》初版書免費調換二版新書啓事：本書係演講錄音整理成書，講時因時間所限，省略部分段落未講。後於再版時補寫增加 13 頁，維持原價流通之。茲爲顧及初版讀者權益，自 2003/9/30 開始免費調換新書，原有初版一刷、二刷書籍，皆可寄來本公司換書。

《宗門法眼》已經增寫改版爲 464 頁新書，2008 年 6 月中旬出版。讀者原有初版之第一刷、第二刷書本，都可以寄回本公司免費調換改版新書。改版後之公案及錯悟事例維持不變，但將內容加以增說，較改版前更具有廣度與深度，將更能助益讀者參究實相。

換書者免附回郵，亦無截止期限；舊書請寄：111 台北郵政 73-151 號信箱 或 103 台北市承德路三段 267 號 10 樓 正智出版社有限公司。舊書若有塗鴨、殘缺、破損者，仍可換取新書；但缺頁之舊書至少應仍有五分之三頁數，方可換書。所有讀者不必顧念本公司是否有盈餘之問題，都請踴躍寄來換書；本公司成立之目的不是營利，只要能眞實利益學人，即已達到成立及運作之目的。若以郵寄方式換書者，免附回郵；並於寄回新書時，由本公司附上您寄來書籍時耗用的郵資。造成您不便之處，再次致上萬分的歉意。

正智出版社有限公司 啓

換書及道歉公告

《法華經講義》第十三輯，因謄稿、印製等相關人員作業疏失，導致該書中的經文及內文用字將「**親近**」誤植成「清淨」。茲為顧及讀者權益，自 2017/8/30 開始免費調換新書；敬請所有讀者將以前所購第十三輯初版首刷及二刷本，攜回或寄回本社免費換新，或請自行更正其中的錯誤之處；郵寄者之回郵由本社負擔，不需寄來郵票。同時對因此而造成讀者閱讀、以及換書的困擾及不便，在此向所有讀者致上最誠懇的歉意，祈請讀者大眾見諒！錯誤更正說明如下：

一、第 256 頁第 10 行~第 14 行：【就是先要具備「**法親近處**」、「**眾生親近處**」；法**親近**處就是在實相之法有所實證，如果在實相法上有所實證，他在二乘菩提中自然也能有所實證，以這個作為第一個**親近**處——第一個基礎。然後還要有第二個基礎，就是瞭解應該如何善待眾生；對於眾生不要有排斥或者是貪取之心，平等觀待而攝受、親近一切有情。以這兩個**親近**處作為基礎，來實行其他三個安樂行法。】。

二、第 268 頁第 13 行：【具足了那兩個「**親近處**」，使你能夠在末法時代，如實而圓滿的演述《法華經》時，那麼你作這個夢，它就是如理作意的，完全符合邏輯去完成這個過程，就表示你那個晚上，在那短短的一場夢中，已經度了不少眾生了。】

正智出版社有限公司 敬啓

國家圖書館出版品預行編目(CIP)資料

法華經講義 / 平實導師述. -- 初版. -
- 臺北市 : 正智, 2015.05　面 ;　公分

ISBN 978-986-56553-0-3 (第一輯：平裝)
ISBN 978-986-56554-6-4 (第二輯：平裝)
ISBN 978-986-56555-6-3 (第三輯：平裝)
ISBN 978-986-56556-1-7 (第四輯：平裝)
ISBN 978-986-56556-9-3 (第五輯：平裝)
ISBN 978-986-56557-9-2 (第六輯：平裝)
ISBN 978-986-56558-2-2 (第七輯：平裝)
ISBN 978-986-56558-9-1 (第八輯：平裝)
ISBN 978-986-56559-8-3 (第九輯：平裝)
ISBN 978-986-93725-2-7 (第十輯：平裝)
ISBN 978-986-93725-4-1 (第十一輯：平裝)
ISBN 978-986-93725-6-5 (第十二輯：平裝)
ISBN 978-986-93725-7-2 (第十三輯：平裝)
ISBN 978-986-94970-3-9 (第十四輯：平裝)
ISBN 978-986-94970-7-7 (第十五輯：平裝)
ISBN 978-986-94970-9-1 (第十六輯：平裝)
ISBN 978-986-95830-1-5 (第十七輯：平裝)
ISBN 978-986-95830-4-6 (第十八輯：平裝)
ISBN 978-986-95830-9-1 (第十九輯：平裝)
ISBN 978-986-96548-1-4 (第二十輯：平裝)
ISBN 978-986-96548-5-2 (第二十一輯：平裝)
ISBN 978-986-97233-0-5 (第二十二輯：平裝)
ISBN 978-986-97233-2-9 (第二十三輯：平裝)
ISBN 978-986-97233-4-3 (第二十四輯：平裝)
ISBN 978-986-97233-6-7 (第二十五輯：平裝)

1. 法華部

221.5　104004638

法華經講義——第十二輯

著述者：平實導師
音文轉換：章乃鈞、高惠齡、劉惠莉、蔡正利、黃昇金
校　對：章乃鈞 陳介源 孫淑貞 傅素嫻 王美伶
出版者：正智出版社有限公司
電話：〇二 28327495　28316727（白天）
傳眞：〇二 28344822
111 台北郵政 73-151 號信箱
郵政劃撥帳號：一九〇六八二四一
正覺講堂：總機〇二 25957295（夜間）
總經銷：聯合發行股份有限公司
231 新北市新店區寶橋路 235 巷 6 弄 6 號 4 樓
電話：〇二 29178022（代表號）
傳眞：〇二 29156275
初版首刷：二〇一七年三月三十一日　二千冊
初版四刷：二〇二〇年八月十五日　二千冊
定　價：三〇〇元